LUIS MORATÓ PEÑA

LOS INKAS
HIJOS DEL DIOS SOL EN LA PENUMBRA

HISTORIA DEL TAWANTINSUYU

LOS INKAS HIJOS DEL DIOS SOL EN LA PENUMBRA
Historia del Tawantinsuyu
POR LUIS MORATÓ PEÑA

Burning Bulb Publishing
P.O. Box 4721
Bridgeport, WV 26330-4721
United States of America
info@BurningBulbPublishing.com

Copyright © 2013 Burning Bulb Publishing. All rights reserved.

First printing.
Edition ISBN
Paperback 978-0-61576-918-9

First edition.
Printed in the United States of America.
Library of Congress Control Number: 2013932880

Obra dedicada a los herederos de la Cultura Inka de Bolivia, Ecuador, Perú, norte de la Argentina y Chile. A mi esposa Haydée Lara, mi hijo Luis Angel, mis hijas Lenny, Susy, Lis Karina, Carla Caterina Morató Lara, Alcira de Valverde y Larisa Guerreiro.

INDICE

Presentación V
Introducción VII

I. TEORÍAS SOBRE LA CIVILIZACIÓN DEL NUEVO MUNDO
Origen de las civilizaciones americanas 1
Teoría autoctonista e inmigracionista
Historia de Espinar y los K'anas 2

II. PERIODO HISTÓRICO DE LOS INKAS
El Tawantinsuyu 5
Cusco Imperial. Capital del Tawantinsuyu 7
Yachaywasi. La Casa del Saber 10
Los Dioses Andinos 12
"Hombres de maiz". Mitología Maya 13
La dinastía Inka 15
Agricultura Nivel técnico de los Inkas 17
Sistema económico del Imperio Inka 23
Estratificación social Inka 24
Awaq warmi. La tejedora 26
Arte mayor de los Inkas. El Tejido 27
Inti watana. Machupijchu. El reloj solar 28
Machupijchu. Monumental ciudad sagrada 29
Aqllawasi. La casa de las elegidas 31
Qurikancha. El templo del Dios Sol 34
Inkallaqta. Fortaleza arqueolólogica 38
Khipu y yupana. Sistema informático Inka 42
Toponimias en el Perú 46
La Etnia Uru: Chipaya, Iruitu, y Muratu 48
Yana. El amor. Yanakuna. Los esclavos. 50
Los nativos pre-inkas de la América del Sur 53
Familias Lingüísticas: Tupiguaraní, Ge, Arawak, Singuano, Karajó, Kayapó 55
Nueva colonización Inka 57

Wanp'u (Balsa). Wank'a Willka (Felipillo) 58
Pachakutiq Inka Yupanki 60
Waskar Inka (Titu Kusi Wallpaq) 61
Ataw Wallpaq Inka (Atawallpa) 64

III. PERIODO COLONIAL DE LOS INKAS

Caida del Tawantinsuyu 67
La invasión española. Las colonias de América 69
El trauma de la conquista 72
Qhiswa o qhishwa (Quechua o quichua) 74
Origen del nombre quechua o quichua 76
El quichua y el Tawantinsuyu 78
José Gabriel Kunturkanki Tupaq Amaru y Micaela Bastidas. La Heroína 81
Tupaq Katari Julian Apasa y Aguerrida lider Bartolina Sisa 83
Historiadores de Potosí colonial 85
Pueblos y cronistas en el Coloniaje 86
Chiriguanos y Araucanos en el coloniaje 89
Tradicion y aculturación 90
La transformacion social del conquistador 93

IV. CRONISTAS Y ESCRITORES INDOAMERICANOS

Escritores mestizos 99
Inka Garcilaso de La Vega (Gómez Suarez de Fogueroa) 101
Dicotomías culturales 103
Historiadores eclesíasticos 104
Fray Bartolomé de Las Casas 107
Fray Bartolomé de Las Casas. La defensa de los indios 108
Botin del Emperador 110
Suma y Narración de los Inkas 110
El Cronista Juan de Betanzos 112
Interpretación de La conquista del Perú 114
Literatura quichua 116
Ch'aska Ñawi. Ojos bellos como el Lucero 117
La tradición oral 118

La poesía descriptiva. 119
Juan Wallparimachi Mayta 120
Mamay. Mi Madre 120
Juan Wallparimachi Mayta. La conciencia nacional-ética quechua. 121
Divinidad de los Kallawayas 128
La Lírica Kallawaya. Quchu Pachamamapaq 129
Jarawiwan Aranwawan. Poesía y teatro 130
El mito del Inkarrí 131
Hallaron una lengua común 131

V. PERIODO DE LA INDEPENDENCIA. DESAFÍOS DE LA INTERCULTURALIDAD
Indianismo e Indigenismo 135
Qayna ñak'arinchis. Paqarintaq jawkalla kawsayninchis. 136
José María Arguedas 138
Economía del Estado Inka 140
La coca en los Andes. 141
Simbología de los textiles. Los Tejidos de K'ultha 143
Supervivencia de la Pentafonía Musical en el Callejón de Huaylas–Ancash. . . 148
Takili wat'a. La isla de Taquili 152

VI. REIVINDICACIÓN CAMPESINA EN BOLIVIA MITOS EN EL QULLASUYU
Literatura y poesia aymara. "Pilpintu" 154
Tawakunaqa. Jarawi. Liqiliqi (Leqeleqe). Pichitanka 155
Irpastay. Me la llevo 156
Autores en favor de los marginados 157
Rijch'ariy. Despierta. Poesía hecha canción 157
Bolivia Plurinacional. 158
Mitimaes en el valle de Cochabamba 159
Visita a Pocona en 1557 161
Origen del maíz. Mitología Inka 165
Bolivar, Melgarejo y Tupaq Katari 167
Leyenda de amor del volcán Sajama 167
Inkataka. Ciudadela Prehispánica 169
Creación de la Pedagogía Nacional. 170

IV

Jesus Lara. Biografía 171
Educación Liberadora 173
UNESCO y lenguas indígenas 174
Decretos Supremos para escuelas indígenas. 176
Educacion Bilingüe 177
Tatanchispa P'unchaynin. El Día del Padre 177
Bibliografía 180
Obras sobre el quechua o runasimi 183

PRESENTACIÓN

Esta obra es para quienes tengan interés en conocer el Imperio del Tawantinsuyu desde su orígen hasta el presente. La gente nativa Inka era muy sociable, activa, trabajadora incansable, de profunda fe humana, por eso en menos de un siglo llegaron a un alto nivel de desarrollo, donde nadie era pobre ni rico, y esto les permitía llevar una vida de bonanza. La gente se consideraba ser descendiente del Dios Sol y el Inka era el rey supremo y divino, que gobernaba con la cooperación de la panaka o dinastía familiar.

La invasión de los españoles en 1532 destruyó esta armonia y el Imperio del Tawantinsuyu sucumbió. Los invasores durante tres siglos los esclavizaron a los nativos e inclusive los degradaron a la escala animal, les imprimían todo tipo de bejámenes. Entonces los nativos indígenas y algunos mestizos se levantaron, lucharon por la libertad, derrotaron el yugo español y lograron la Independencia de estos países, desafortunadamente los hijos de los invasores que nacieron en estos países continuaron con la dominación.

Los nativos quechua-aymaras fueron totalmente discriminados, al respecto voy a permitirme insertar lo que le pasó en el colegio a Franz Tamayo (1879-1956), un gran intelectual aymara, poeta, político, escritor fecundo de la literatura boliviana. Su padre volcó todo su amor a Franz, su primogénito, para demostrar que los **indígenas no son estúpidos**, le envió a Franz a La Paz a estudiar en el Colegio San Calixto y Ayacucho, uno de sus condiscipulos descubrió que era **nativo aymara** y le gritó: **¡Fuera de aquí indio!** Este término es uno de los más peores insultos desde la colonia. Entonces Dn. Isaac, padre de Franz que era hacendado, decidió que estudiase en casa con profesores particulares, allí aprendió inglés, francés, música, y a sus 10 años publicó en Brasil su primer verso en portugués y a los 18 fue a Europa, allí perfeccionó el alemán, el griego y el latín y se contactó con sus autores preferidos. Franz Tamayo destacaba con orgullo que en sus venas sólo corría **sangre pura aymara** y no había una gota de **cholo**.

Yo soy nativo quechua, nacido en **Pocona**, un pueblo agrícola pre-inka que posee los tres pisos ecológicos, su nombre **puquna**, significa tierra muy fecunda. Los Inkas para cultivar estas ricas tierras, trasladaron como colonizadores (mitmaqkuna) a los chuwis, k'anas, qusqus, qutas, urumuratus y otras etnias, pero todas ellas, procedían de muy apartadas regiones del Imperio Incaico y hablaban distintos dialectos del quichua. En los primeros años de su contacto los colonizadores o mitmaqkuna, tuvieron dificultades en la comunicación, pero el trabajo comunitario en las faenas agrícolas y el contacto social diario, favorecieron

VI

la intercomunicación y obtuvieron un quechua florido con el aporte de los sinónimos de los diferentes dialectos, este es el quechua que hablamos en Bolivia y por ende en Pocona.

Mis padres después de mi primer año en la escuela de mi pueblo, me anunciaron el viaje a la ciudad de Cochabamba para que estudie. En efecto al día siguiente salimos de viaje en caballos y los regalos de papa, choclo y durazno iban en los burros. Cuando llegamos a la ciudad fuimos a la casa de la noble familia Mariscal, allí le entregaron los regalos al Sr. Mariscal y le pidieron que me haga inscribir en una buena escuela como familiar suyo. El señor aceptó gustoso y me incribió como a su nieto en la "Escuela Viscarra", de esa manera nadie descubrió que yo era del campo nativo quechua, ya que la educación era únicamente para la gente considerada noble o de alto linaje.

Antes de jubilarme en Cornell University donde era profesor de español y quechua, empecé a escribir el vasto **Diccionario Quichua Inter-dialectal Trilingüe** que incluye los dialectos más hablados de Ecuador, Perú y Bolivia. Por esta razón viajé muchas veces al campo para compartir con los campesinos y a veces algunos de ellos me respondían a mis preguntas en español. Esta forma de actuar es un signo de aculturación, en esos casos yo para conseguir la conversación en quechua, les decía que yo hablo sólo dos idiomas quechua e inglés, y que me haga el favor de responderme en uno de ellos, entonces lograba que el diálogo fuese en quechua.

La discriminación y la aculturación de la gente quechua y aymara son las razones por las que me he propuesto escribir este libro compilado, para que tengan conocimiento de que nuestros ancestros eran gente de valer y descender de ellos es un honor y no es ser **indio estúpido** como pensaban los invasores españoles. Los jóvenes nativos de la nueva generación hablan el español, espero que ellos después de informarse en esta obra no tengan vergüenza de hablar su lengua y cultivar su cultura ancestral, porque de otra manera el quechua se convertirá en quechuañol.

Luis Morató Peña

VII
INTRODUCCIÓN
LOS ANDES

Los **Inkas del Tawantinsuyu** en muy corto periodo unificaron las diferentes étnias que luchaban entre sí y lograron implantar un interés profundo por el bienestar social y económico. La naturaleza geográfica accidentada del Tawantinsuyu, requería inteligencia y espíritu de trabajo mancomunado para cultivar y dominarla. Sin embargo en menos de un siglo (1438-1532) se convirtió en un poderoso Imperio con grandes obras, desde que los **cusqueños** y el **Inka Pachakutiq Yupanki** derrotaron a los **Chancas**, que eran sus implacables enemigos. Sólo a partir de entonces puede hablarse de la organización de instituciones y de las grandes expediciones de conquista, primero a los espacios cercanos a Cusco, como el Callao, Chancas, Cajamarca y después se extendió al norte hasta el río **Anqasmayu** (río Azul), hoy Guatará situado en Colombia y al sud hasta el río **Maule** en Chile.

El Tawantinsuyu era una **confederación** de pueblos libres, unidos por caminos empedrados construidos a lo largo de miles de kilómetros, que cruzaban el desierto, subían y bajaban por las serranías, y se comunicaban mediante los chaskis. Los ríos, los precipicios y las profundas quebradas tenían puentes colgantes. El alimento estaba almacenado en enormes depósitos llamados **qullqas** (silos) a lo largo y ancho del Imperio. Las provisiones de reserva para todo el país se almacenaban en los **tampus** para usar en épocas de sequía, heladas o de hambre. Estos tampus también tenían depósitos de tejidos, armas, y eran alojamientos para pernoctar y alimentarse. Estaban edificados a lo largo del camino real situados entre 4 y 5 leguas de distancia por las diferencias topográficas.

En el Tawantinsuyu el saludo, era la **ley suprema** de la nación: Ama llulla (no seas mentiroso). Ama qhilla (no seas perezoso) y Ama suwa (no seas ladrón). La persona que infringía una de estas normas era castigada según el delito hasta con la **pena capital**. El estado velaba por el hogar familiar, por eso el **puriq** (inspector) visitaba los hogares en cualquier momento para controlar la nutrición, la higiene, el trato a los hijos e hijas, y si hallaba a una ama de casa **sucia**, era castigada por su comunidad y en público se le imponía comer **comida sucia**.

La abundancia determinó una organización donde la **propiedad** era **social**, por ende "todo era de todos" y cuanto precisaban se distrubuía equitativamente en el país empezando por los productos para la alimentación. Los seres humanos eran idénticos así mismos en carne y espíritu. Tal responsabilidad, unida a la supuesta intervención del estado en los matrimonios, ha llevado a algunos autores a hablar del Imperio Socialista de los Inkas (Louis Baudin, París 1928), mientras que otros piensan que fue el modelo que inspiró a Tomás Moro para que escriba su obra Utopía.

La comunidad andina desarrolló la agricultura, astronomía, medicina, tejidos, cerámica, construcción de andenes o terrazas, y realizó asombrosas obras públicas de ingeniería que dieron fama a los Inkas durante siglos; las masivas fortalezas y templos tales como **Qurikancha** (Templo del Sol), **Aqllawasi** (Casa de las elegidas), la sagrada ciudad **Machupijchu**, que es una de las siete maravillas del mundo, edificada por el Inka Pachakutiq sobre una fortaleza natural, **Inkallaqta**, principal fortaleza provincial del complejo arqueológico en Pocona, construida por el Inka Tupaq Yupanki, en la que se mantenía una fuerte guarnición para evitar la invasión de los chiriguanos.

Los inkas según algunos investigadores tenían qillqa o escritura, de ahí deriva qillqay que es escribir, pintarrajear o pintar; qillqana es un tema que se debe escribir; y qillqa-qhaway es leer, pero fue abolida por Tupaq Kawri por razones políticas bajo pena de muerte, y se sustituyó con los khipu que es un lenguaje gráfico y sistema informático inka. Los khipukamayuq eran los maestros expertos que preservaban la historia del Tawantinsuyu y los datos estadísticos, además de poseer la yupana o ábaco andino usado para ejecutar sus operaciones de contabilidad.

Los inkas eran sumamente religiosos, se preciaban ser hijos del **Dios Sol**. Los dioses andinos representaron fundamentalmente el papel de dioses de sustento y por ende de la vida. El Inka era considerado el ser **divino y solar**. A los ojos de la gente era la viva manifestación de la divinidad, la imagen divina que tenía el poder de comunicar **Janaq Pacha** o mundo de arriba, con el **Kay Pacha** o el mundo de abajo que habitamos. El culto oficial al Sol y al Inka desaparecieron en los Andes, después de la invasión española, sin embargo el culto popular sigue vinculado a los wak'as (dioses locales) y sus fiestas se sincretisan con las de la iglesia católica.

En el año 1532 Franciso Pizarro llegó a Cajamarca con sus huestes españolas y con ardides lo apresaron al Inka Ataw Wallpaq y luego de recibir el oro y la plata que ofreció como rescate por su libertad, lo ahorcaron el día 29 de agosto de 1533. Su muerte representa la **extinción del Imperio del Tawantinsuyu**, y el inicio del régimen de la Corona de Castilla. Los invasores no tenían la menor idea de la sociedad inkaica, los menospreciaban con animadversión y gobernaban con saña con aquel proverbio que decía: "Dios está en el cielo, el rey está lejos y yo mando aquí".

Las huestes invasoras impusieron violentamente su estilo de vida y señorearon sobre el Tawantinsuyu por espacio de tres siglos, esclavisando a nuestros antepasados, los sometieron a todo tipo de trabajos, principalmente a la explotación del oro y la plata. En estos tres siglos en el **Cerro Rico de Potosí** murieron más de ocho millones de mitayos. No contentos con la explotación, los invasores hacían gala de su machismo, golpeaban a la gente nativa llamándola "indio estúpido" o "india bruta". Ese término no sólo discriminaba y menospreciaba a la gente oriunda del Tawantinsuyu, sino que la rebajaba a la escala animal y que sólo era útil para trabajar y transportar la carga, al presente se los conoce como "campesino" o "campesina".

X

Los países andinos lograron su independencia, empero de nada sirvió la sangre nativa derramada por conseguir su libertad y retornar a su vida de paz y amor del pasado. Desafortunadamente sólo los criollos y algunos mestizos heredaron el poder y los nativos andinos **hijos del Dios Sol** entraron en la **penumbra** y siguieron siendo explotados por los terratenientes en sus haciendas y por los varones mineros como mit'anis en las minas por más de un siglo. A pesar de que se dictaron leyes durante el periodo republicano para la educación de la gente nativa, pero jamás se dió cumplimiento. Los nativos andinos trabajaban gratuitamente para los nuevos patrones, y ante la falta de comida, los amos criollos y mestizos intensificaron el cultivo de la coca en grandes cantidades, y el gran poder nutritivo de esta hoja permitió la supervivencia de la gente nativa andina.

La **hoja de coca** según los estudios científicos es nutritiva, posee un alto grado de proteinas, carbohidratos, calcio, fósforo, hierro, potasio, magnesio, calorías, vitamina A, C, D, riboflovina, fibra cruda, alfa y beta carotina. Tiene más calcio que la leche, tanto fósforo como el pescado, más hierro que la espinaca, fortalece los huesos, los dientes, y da energía o vigor al cuerpo; quita el apetito momentáneamente y calma la sed. Es un tónico normalizador y purificador de la sangre y de las funciones del cuerpo.

Los abusos de los españoles a los indígenas, trajo dos respuestas distintas: La primera, provocó un poderoso movimiento de **indignación** moral en la isla caribeña y en España. El movimiento fue dirigido por los **dominicos** horrorizados por las condiciones en que encontraron las islas del Caribe cuando llegaron en 1510. Su mayor exponente del Caribe fue Antonio de Montecinos quien, en su sermón predicado en **Santo Domingo**, un día domingo antes de las Navidades de 1511, denunció los maltratos infringidos a los indios y se negó a dar comunión a los encomenderos que los consideraba responsables.

El escritor José Durán, en su obra histórica: *La transformación social del conquistador*, narra que después de siglo y medio de la independencia, todavía son hondas las raíces del prejuicio de los invasores, pretendida secta de malvados, hampa internacional, bestias sedientas de oro. Pretender comprender una época tan importante sin querer desembarazarse de las odiosas banderías, equivale a errar desde el primer paso.

Fray Bartolomé de Las Casas, fue un recalcitrante defensor de los indios, quien en 1514 renunció a su encomienda y a sus intereses comerciales en la isla, dedicando 52 años de su vida turbulenta a la defensa de los súbditos indios de la Corona Española. Los invasores, horda siniestra de usurpadores y ladrones, arrebataron a los indios con violencia y crueldad, contra la voluntad de los dueños, el oro, la plata y el dinero, y despojaron a los reyes y señores naturales de sus dignidades reales, de sus títulos y honores, de sus derechos y jurisdicciones.

Durante el Virreynato de Toledo, se dió mucho énfasis al runasimi o quichua para poder usar la lengua e imponer su cultura y sobre todo la religión, por eso se creó la cátedra de quechua en la Universidad de San Marcos en 1579 y era requisito para graduarse de sacerdote, entonces el quechua fue lengua de prestigio en los Andes y duró dos siglos. Como consecuencia de la revolución de Tupaq Amaru, por Decreto del 29 de marzo de 1784 del **Virrey Jauregui** se extinguió el quechua y produjo un cambio político lingüístico obligando que la gente use el castellano. Se produjo una rápida aculturación social de los señores y el mantenimiento de la tradición por los plebeyos.

Santo Tomás, vino a Lima con el primer equipo de frailes dominicanos a cargo de Fray Vicente de Valverde en 1538 y usando como informante principal al indígena Pedro Tupaq Yupanki, fue el primero en aprender el quichua y escribir el primer libro de *Gramática y Vocabulario del runasimi* que terminó de escribirlo el año 1555 en Perú, luego lo publicó en Valladolid, España, en 1560, y por primera vez él bautiza al runasimi con el nombre de quechua o quichua y desde esa época este nombre se ha generalizado hasta hoy.

En Bolivia, mi patria, frente a la despiadada explotación de la gente campesina, surgió la Revolución del 9 de abril de 1952, y se promulgaron las leyes de la Reforma Agraria, la Nacionalización de las Minas, el Voto Universal, la Reforma Educativa, fue así como volvió la tierra a sus legítimos dueños los campesinos, las minas al estado, la gente nativa recobró sus derechos de ciudadanía y se liberó de la explotación y para sepultar la discriminación y el menosprecio se abrieron escuelas en todos los rincones del país y así elevar su autoestima de los nativos.

El espíritu de esta obra compilada de muchos autores de aquella época, será útil para quienes desean conocer lo que aconteció con el Imperio de los Inkas. El país de nuestros ancestros era fundamentalmente un estado amante de la paz social, del amor a la humanidad, por eso su contenido pueda ser la chispa virtuosa que le permita recobrar esa fuerza espiritual valorando sus grandes atributos de amor a sus semejantes sin los complejos sociales de discriminación que degradan a la humanidad. Personalmente espero que los campesinos de los países andinos de Bolivia, Ecuador, Perú, norte de Argentina y de Chile y sud de Colombia sigan la huella luminosa que nos dejaron los Inkas, quienes con su sabiduría no sólo fundaron el gran pueblo del Tawantinsuyu, sino que con su inspiración y arduo trabajo desarrollaron y llegaron a un alto nivel económico donde todos disfrutaban del bien estar social.

XII

El quichua o runasimi no es fácil traducirla al español o a otro idioma, porque es una lengua del corazón, del espíritu, del amor a sus semejantes y a la naturaleza. Esa dulzura, felicidad, amor del alma andino, disgusto, rabia o ira, se percibe en sus facciones del rostro en el momento en que está conversando o discutiendo.

Naturalmente que esto se debe a la diferencia de cultura. A este fin me permito incertar lo que sucedió entre una joven campesina y un cholito algo presumido, quien la perseguía y un día tuvieron un cambio de palabras, y posteriormente por casualidad se encuentran en una fiesta, el cholito saluda a todo el grupo y pretende no verla a la joven campesina, entonces ella se arma de valor, se le aproxima y le dice:

¡YU! Q'APIYKURILLAWAYPIS ARI

Esta frase quiere decir: ¡Oye! Ya que tú no me tienes simpatía, menos podrías quererme, pero por favor por lo menos por cortesía deberías saludarme dándome la mano.

Luis Morató Peña

I. TEORÍAS SOBRE LA CIVILIZACIÓN DEL NUEVO MUNDO ORIGEN DE LAS CIVILIZACIONES AMERICANAS

Teorías de la difusión transoceánica.

Se relaciona con supuestos teóricos acerca de la capacidad inventiva del hombre. Los llamados difusionistas creen que los elementos culturales se inventan una o muy pocas veces y que la distribución de los rasgos culturales, resulta de su propagación a partir de un punto de origen único. Si el elemento cultural se encuentra tanto en las civilizaciones del Viejo como del Nuevo Mundo, concluyen que debe haber sido transmitido del uno al otro.

Teoría del paralelismo.

El llamado paralelismo sostiene que ciertos elementos culturales surgen repetidamente siempre que existan las condiciones adecuadas para su desarrollo, y que por lo tanto en historia de la cultura, aceptan el origen independiente de elementos culturales semejantes. Este punto de vista domina hoy en el estudio del desarrollo de las civilizaciones americanas u otras, con el propósito de explicar los grandes lineamientos del proceso de evolución social. Por lo tanto, da más importancia a temas como el nacimiento y el desarrollo de la agricultura.

Supuestas influencias en las civilizaciones americanas.

Las manifestaciones de arte entre los **maoríes de Nueva Zelanda**, se encuentra en el tatuaje y en la madera tallada. Este estilo se ha relacionado con el arte Chavín en los Andes, del cual se han hecho comparaciones con el arte Olmeca de Mesoamérica.

Antes del surgimiento del Tawantinsuyu o Estado Inka, esa extensa área estaba poblada por decenas de grupos distintos de diferentes tamaños; así el grupo étnico Chupaychus que vivía en el valle de Huallaga y en la región de Huánucu, Perú, se componía de una jefatura de alrededor de diez mil personas. Huánucu, era una ciudad inka de más o menos 2 km2. de 5000 viviendas, 500 almacenes y 15.000 habitantes.

Los Lupaqas eran los más conocidos entre los pueblos aymaras, surgieron durante la época preinka. Vivían en la orilla oeste del lago Titicaca, en la parte más elevada del altiplano. Componían un reino poderoso de cien mil habitantes, los inkas construyeron un templo del culto solar sobre su territorio.

Un estado más antiguo que el de los inkas era el Wari, era una cultura de gran extensión. Surgió en la puna, su centro urbano principal, estaba cerca de la actual ciudad de Ayacucho, Perú. Se dice que Wari y Tiyawanaku tenían contacto. Afirman que el urbanismo y el militarismo empezaron en Wari e influyeron en la sociedad de los Andes. Los inkas de la región de Cusco representaban, al principio, un grupo étnico de menor importancia relativamente pequeña, que se distinguieron de los demás sólo por su singular puesto en la historia.

El Estado de los Inkas, era la cima de esta estructura de unidades interconectadas. Se impuso un aparato político y militar a todos estos grupos étnicos, mientras seguían confiando en su jerarquía de los kurakas o señores. Dentro del ayllu los pastos eran sostenidos por la comunidad. La tierra cultivable estaba repartida a las unidades familiares en proporción a su tamaño, así, en teoría, este reparto tenía lugar periódicamente.

En cuanto al año de origen del Tawantinsuyu hay varias hipótesis: Sarmiento de Gamboa dice en el año 256, Gutierrez de Santa Clara en el 723, Cabello Valboa en el 946, Calancha en el 1032, Waman Puma en el año del nacimiento de Cristo. El peruano Julio César Tello complementa que la cuarta edad del Tawantinsuyu comprende desde el año 1321, reinado de Inka Ruk'a en el Cusco, hasta 1532, año en que llegó Pizarro a Q'asamarka (Cajamarca). Esta ciudad es muy importante por los restos arqueológicos, los baños del Inka, el sistema de irrigación y sobre todo la habitación donde Ataw Wallpaq ofreció el oro y la plata como rescate por su libertad.

TEORÍA AUTOCTONISTA E INMIGRACIONISTA
HISTORIA DE ESPINAR Y LOS K'ANAS

El escritor Marco E. Jimenez Coa nos presenta una de sus grandes obras bajo el título de Historia general de Espinar, después de largos años de investigación empieza a rastrear de dónde vino el poblador americano; para esto ha constituido dos tipos de planteamientos: La teoría autoctonista y la inmigracionista.

La primera sostenida por el argentino Florentino Ameghino, que con el hallasgo de unos restos fósiles que él dijo que pertenecía al "Homo pampeanus" del periodo terciario, comenzó a originar serios debates, en las que se comprobó que estos restos eran del periodo cuaternario, quedando en consecuencia totalmente refutado.

La segunda se divide en tres: La de origen asiático, sostenida por el antropólogo norteamericano Alex Herdlika; la de origen oceánico, sostenida por el francés Paúl Rivet, y la de origen australiano sostenida por el portugués Méndez Correía.

Cualquiera sea el criterio adoptado, todos podemos suscribir las siguientes palabras de un especialista francés: "Si el americano no es autóctono, llegó al nuevo mundo con conocimientos y técnicas sencillos, propios de la edad peleolítica, sus adquisiciones posteriores se las debe asímismo a su genio inventivo que le permitió levantarse poco a poco por sus propios medios un monumento sólido y bello que fue su cultura".

El Dr. Javier Pulgar Vidal dice: "La obra del Hombre en el Perú es el resultado de su constante acción en las altas cordilleras y en el corazón de la selva". El Dr. Antonio Guevara Espinoza antes del florecimiento de las culturas pre-inkas distingue tres épocas de este orden: Época pre-agrícola o lítica (8000 a 4000 a.C.). Época de agricultura incipiente (4000 a 1400 a.C.). Época de la agricultura tardía (1400 a.C. a 1000 d.C.).

El hombre de Yawri, habita la provincia Espinar y antes se llamaba Yawri situada en la puna, con restos precerámicos, con crianza de camélidos y sitios de pastoreo. El hombre de Yawri vivió en cuevas en las cercanías de las pinturas rupestres de color rojo, negro, café y blanco en Chisicata, Trapichipampa y Yutu.

Como sabemos el Imperio Wari surge de la unión de los Tiyawanaku con los Warpa. Su ejército avanzaba arrasando todo y llegó a incorpor a los Nazca, Moche, Cajamarca y otros, llegando a ocupar Cusco y Arequipa.

En el caso del pueblo K'ana, su identidad está marcado por la fusión de influencias tanto de Wari como de Tiyawanaku sobre una base Chavinoide. Su nacimiento como Centro Cultural estaría sustentado por los ayllus: Chiqas, alqasanas, wanuwanus, mullus, waynas, qispis, wisar, q'iritas, kunturpusas, anqus, alqamaris, warkas, chañis, chuqis, qawas, etc.

El Inka Lluq'i Yupanki penetró hasta el oeste de Qullaw y sometió a los k'anas y qullas, pero no estuvieron libres de sediciones. Lluq'i Yupanki gobernó hacia el año 1260 d.C. El hijo de Pachakutiq, Tupaq Yupanki gobernó de 1471 a 1493, fue quien sofocó una rebelión qulla y llevó una expedición militar a la región selvática del Alto Madre de Dios, pero no pudo concluir debido a que tuvo que marchar repentinamente en dirección sur, al Qullaw que se había sublevado. Este cometido lo llevó a conquistar todo el altiplano boliviano y luego Chile hasta el río Bío-Bío.

Los k'anas y los qanchis permanecieron leales al emperador Tupaq Inka y contribuyeron con cientos de soldados para el ejército imperial. Ellos fueron integrados a la organización social, económica, política y religiosa del Imperio Inkaico, y que subsistió hasta la década de 1530, en forma efectiva. En esos años aparecen súbitamente las primeras noticias de la llegada de los peninsulares barbudos que rompen la armonía de la organización imperial.

El año 1780, se levanta el cacique de Tungasuka, Surimana y Pampamarka Gabriel Kunturkanki, bajo la denominación de Inka Tupaq Amaru II contra los abusos perpetrados por los españoles, y en la que la participación de los k'anas fue notable. Ningún jefe indio traicionó al abanderado de la rebelión. Por intermedio de ellos él llevó su acción a las diferentes provincias del Obispado de Cusco, Abancay, Aymaraes, Cotabambas, Paruro o Chilques, Masques, Chumbivilcas, Tinta o Canas, Canchis, Carabaya, Lampa, Azángaro, pasó a las jurisdicciones virreynales sudamericanas. Pero dos subaltenos mistis, vendieron al caudillo y a doña Micaela Bastidas, estos eran los traidores Francisco Santa Cruz y Ventura Landaeta.

II. PERIODO HISTÓRICO DE LOS INKAS
EL TAWANTINSUYU

Tawantinsuyu proviene de la palabra quechua tawa que significa cuatro, el infijo –ntin tiene la función de unir y el sustantivo suyu quiere decir estado o región, por ende en español sería: Los Cuatro Estados Unidos que están situados en los cuatro puntos cardinales, y Cusco su capital.

El Tawantinsuyu Imperial se extendía al norte hasta Anqasmayu (Río Azul) hoy Guatará, situado al sud de Colombia cerca a la frontera del Ecuador. Al sud hasta el río Maule en la república de Chile. Al este hasta la selva tropical y al oeste hasta el Océano Pacífico. Chinchaysuyu comprendía desde el Cusco hasta los Pastos incluyendo el reyno de Quito; Qullasuyu desde la ciudad capitalina hasta el sur de Bolivia, parte de Argentina y de Chile, Antisuyu abarcaba todo el territorio este de Cusco y Kuntisuyu al oeste hasta la costa del Océano Pacífico. Cada suyu o estado estaba regido por un gobernador elegido por el Inka.

La época Imperial del Tawantinsuyu, surge con Pachakutiq Inka Yupanki a partir de la derrota de los Chancas. Pachakutiq fue realmente el primer conquistador y organizador de instituciones para enfrentar a la enorme expansión del territorio y la gran población, gobernó con sapiencia 33 años (1438-1471).

Al respecto el cronista padre Cabello Balboa escribió en 1556 afirmando que Pachakutiq fue el creador del censo y de la manera de recaudar los ingresos del estado. Lo compara con los mejores capitanes griegos y romanos de la historia clásica. Al respecto la Dra. Rolena Adorno de Ohio State University, añade que Guaman Puma de Ayala en su contexto, introduce en varias ocasiones la noción de Pachakutiq como recurso interpretativo en su narración de la Historia Andina. Pachakutiq tiene que ver con la destrucción y renovación cíclicas del mundo y del tiempo "El mundo que se transforma", renovaciones y transformaciones propias de la vida del cosmos o de la humanidad, Pachakutiq es él que transforma el mundo Andino.

Pachakutiq fue quien dividió el Imperio Inkaico en cuatro suyus (estados), cada suyo en wamanis (departamentos), con su capital y parcialidades de cuarenta mil familias, regido por un Wamanin Apu. Los wamanis en sayas (provincias) y cuatro sayas formaban un wamani. Las sayas en junus (secciones), cada una con diez mil familias, regidos por un Junu Kuraka. Los junus se dividían en ayllus (comarcas) y cada ayllu comprendía las markas (comunidades).

Pachakutiq, era hijo de Wiraqucha Inka y de su legítima esposa y hermana Mama Runtu Kaya. Su primer nombre era Titu Manqu Qhapaq. Pachakutiq no sólo es identificado con el periodo del inicio de la expansión cusqueña o de la organización estatal que él simbolizó, sino que se trata de una figura arquetipa repetida por los inkas. Sólo a partir de Pachakutiq puede hablarse de grandes expediciones de conquista, primero a los espacios cercanos a Cusco, como el Callao y Chancas, y luego llegaron por los Andes al centro del Perú actual hasta Q'asamarka (Cajamarca) hacia el norte.

Las principales nacionalidades en el Tawantinsuyu eran: En Chinchaysuyu: taqmara, kurampa, sulla, wamanqa, q'asamarka, tumpis, chachapuya, karankis y mantas. En Qullasuyu: tapaqri, sipisipi, puquna, t'utura, miski, ampara, tujma, kupayapu y kutimpu. En Antisuyu: pillkupata, jawisqa, tunu, chunchu y musu. En Kuntisuyu: allqa, tawrisma, pumatampu, uwina, karawilli, piqta, wamanpallpa, jayari y qillqa.

El Tawantinsuyu era **Pre-América**, una confederación de pueblos libres, unidos por caminos, puentes, acueductos y para su comunicación con chaskis. El alimento estaba almacenado en enormes depósitos llamados qullqas (silos) a lo largo y ancho del continente. Esta abundancia determinó una organización, donde la propiedad era social, por ende "todo era de todos".

CUSCO IMPERIAL CAPITAL DEL TAWANTINSUYU

Cusco históricamente, es la Capital Sagrada del Tawantinsuyu, reino de los Inkas, centro político, social y religioso del cosmos incásico, está a 3400 ms.s/m. Algunos autores manifiestan que el perfil de esta ciudad fue planeada en forma de un puma, un animal sagrado, y sobre riachuelos tales como Ch'unchulmayu, Saphi, Tullumayu y otros que cruzan la ciudad y son afluentes del río Watanáy.

Cusco era la residencia del Inka o Sapa Inka, el venerado soberano por su prosapia divina, gobernaba el Tawantinsuyu con una élite numerosa, en la actualidad es una *Ciudad Inka Colonial*. En el año 1933 el Congreso de Americanistas reunido en la ciudad de La Plata, Argentina, la declara a la ciudad como la Capital Arqueológica de las Américas. En el año 1983 la UNESCO reunida en París, Francia, la declaró Patrimonio Cultural del Mundo y la República del Perú, la incorpora en su Constitución Política como la Capital Histórica del Perú.

Cusco según la leyenda inkaica fue fundada por Manqu Qhapaq y su esposa Mama Uqllu en el valle denominado Aqhamama por mandato del Dios Sol, con la misión de civilizar a los grupos étnicos que vivían en estado de barbarie, por ende ellos se proclamaron ser hijos del Sol. Los Inkas iban desarrollando lentamente y se extendieron conquistando varias etnias, sin embargo los Chankas no se dejaron dominar y se conviertieron en sus peores enemigos.

En los primeros años del siglo XV los Chankas invadieron y saquearon Cusco y después de algunos años los ejércitos chankas se acercaron hacia el Cusco, para atacar no sólo con la intención de saquear sino de conquistar y someter a los inkas bajo su dominio. El viejo Inka Wiraqucha, sin valor para resistir, abandonó Cusco a su suerte y fue a refugiarse en **Caquia Xaquixahuana** al norte de Calca en compañía de sus principales colaboradores.

Ante esta situación uno de sus hijos, el príncipe Inka Yupanki, permaneció en Cusco resuelto a enfrentar al enemigo, organizó un ejército con algunos hermanos, parientes y particularmente con los viejos generales. La gran batalla se libró al principio en las puertas de Cusco, los cusqueños lucharon con bravura, no cedieron, y los derrotaron a los invasores. El príncipe Inka Yupanki con su ejército los persiguió hasta **Ichhupampa**, donde se libró la tremenda batalla en la que corrieron ríos de sangre y ningún chanca quedó con vida y desde entonces esa región es conocida como **Yawarpampa**.

Es a partir de la derrota de los Chankas **Pachakutiq Inka Yupanki**, asume el cargo de soberano y reina treinta y tres años (1438-1471), durante ese periodo se llevó a cabo la grandiosa obra de organización y desarrollo del Imperio, él fue realmente el primer conquistador y organizador de las instituciones para enfrentar la enorme expansión del territorio y la gran población, él transformó el Tawantinsuyu en un vasto Imperio.

En la ciudad capital Cusco se encuentran suntuosos edificios inkaicos tales como: Aqllawasi (la Casa de las Elegidas), Qurikancha (Qorikancha), (templo del Dios Sol), Yachaywasi (la Casa del Saber), en la periferia están Pumaqchupan, Pumakurku, Qulqanpata (Qolqanpata), Q'inqu (Q'enqo), Rimaqpampa, Saqsaywaman y otros complejos que constituyen valiosas obras de ingeniería.

En la actualidad la ciudad de Cusco es la capital del departamento que lleva el mismo nombre. El departarmento tiene trece provincias, cada provincia tiene distritos. La provincia de Cusco tiene ocho distritos que son los siguientes: Santiago, San Sebastián, San Jerónimo, Saylla, Puruy (Poroy), Qusqu (Qosqo), Qhurqa (Qhorqa) y Wanchaq.

La historia Inka se conoce a través de los khipukamayuq, quienes eran los expertos en codificar, descodificar, construir, manejar y leer los khipus. Ellos recibieron estas enseñanzas en el Yachaywasi (Casa del Saber) y fueron los responsables de preservar y transmitir la historia a la nueva generación. Los autores tanto mestizos como españoles se valieron de los khipukamayuq para escribir sus valiosas obras.

Según algunos estudiosos y analistas, el sistema social y político practicado por los Inkas, es considerado como una curiosa unión entre el socialismo (la gente común) y la monarquía (el Inka y la nobleza) sobre una base rígida en lo teocrático.

Cusco, era privilegiada, porque era la única ciudad que tenía escuela denominada yachaywasi. A esta Casa del Saber, sólo tenían acceso los jóvenes de la nobleza Imperial y los advenedizos incorporados por las conquistas territoriales. La finalidad era preparar a los jóvenes en el conocimiento de los khipus, la lengua oficial runasimi o quechua, la religión, la historia de los Inkas y en la guerra.

10
YACHAYWASI. LA CASA DEL SABER

QHAPAQ QOSQO
IMPERIAL CUZCO/CUSCO IMPERIAL

Yachaywasita Inca Ruka sayarichirqa.
Inca Roca fundó la Casa del Saber

El imperio del Tawantinsuyu no fue gobernado únicamente por el Inka o Sapa Inka, sino contaba con la cooperación de mucha otra gente. A fin de que la juventud tenga un profundo conocimiento socio-político y esté preparado para regir los destinos del Tawantinsuyu, el sexto soberano Inka Ruka, había fundado en Cusco una escuela bajo el nombre de Yachaywasi.

En ese centro educativo los profesores eran verdaderos filósofos que impartían sus enseñnzas a los jóvenes adolescentes. Al Yachaywasi o Casa del Saber sólo podían ingresar los **nobles adolescentes** de **Cusco** y los hijos de los **gobernantes regionales**. A los muchachos no aristócratas sus padres y sus familiares les enseñaban desde el momento que nacían a ser gente honorable y respetuosa.

Algunas veces los nobles contrataban a algún famoso filósofo para la educación de sus hijos, tal el caso del Inka Tupaq Yupanki que mandó llevar a Cusco al gobernador de Cajamarca para que enseñara a su hijo Wayna Qhapaq cuando aún éste era adolescente. De igual manera Wayna Qhapaq cuando ya era soberano, mandó llevar al filósofo señor Kari Apasa desde el pueblo de Lupaka, para que enseñara a una de sus hijas.

A los adolescentes les enseñaban en cuatro años para que puedan gobernar en el futuro el Tawantinsuyu. Al Yachaywasi ingresaban luego de cumplir los doce años y a los quince terminaban de estudiar. En la Casa del Saber los estudiantes prestaban suma atención, observaban minuciosamente al profesor, y luego practicaban todo cuanto aprendían.

La escuela del Cusco estaba dirigido por un viejo sabio filósofo, y cuatro maestros, y se avanzaba el programa de estudios en la siguiente forma:

El **primer año**, uno de los profesores enseñaba todo el año el idioma del runasimi o quechua, porque era el idioma oficial del Tawantinsuyu y por ende tenía que ser hablado por todos los habitantes de ese país.

El **segundo año**, otro profesor enseñaba la religión del país, el modo de usar el khipu, cómo y de qué material fabricarlo.

El **tercer año**, otro de los señores maestros enseñaba lo siguiente: Interpretar cada khipu observando los nudos, los colores, la cantidad y la longitud de cada hilo; también enseñaba la manera de usar el ábaco andino, y cómo se debe gobernar el Tawantinsuyu.

El **cuarto año**, otro de los maestros experto en el manejo del khipu, enseñaba de acuerdo al contenido del khipu la historia del Tawantinsuyu desde los tiempos remotos hasta el presente, qué obras hicieron los Inkas durante su gobierno y cada uno de los colaboradores inmediatos.

Después de aprender todo cuanto podían en los cuatro años, los adolescentes nobles se quedaban en Cusco, ayudando al Inka, a uno de los gobernantes, o a los familiares de la realeza. Esta era la manera de poner en práctica lo que habían aprendido. Los hijos del gobernantes regionales, regresaban cada uno a la misma región de donde vinieron. Una vez allí colaboraban a su padre en los actos de gobierno para que un día ellos ya también empiecen a gobernar.

LOS DIOSES ANDINOS

Rafael Karsten (1927), nada menos, calificó al pueblo inka como el más religioso del mundo. Una parte significativa de la religiosidad andina puede ser explicada a la luz de los factores geográficos.

Los **dioses andinos** representaron fundamentalmente, el papel de dioses de sustento y por ende de la vida. El grado de ayuda esperado dependía de la dosis de intensidad puesta en el despliegue cultista de sacrificios y ceremonias. Habían dioses masculinos y femeninos.

Dioses masculinos: Inti, Wiraqucha, Pachakamaq se consideraban como dominantes. Illapa-Qun, es la divinidad andino-costeña al parecer de la misma extracción que Pachakamaq.

Dioses femeninos: Killa, Pachamama. La madre Diosa Pachamama recoge el recato y la pasividad en lo sexual que carateriza a la mujer andina, que aún hay, salvo el caso de la mítica Chawpiñanka a la que sólo el viril Rukanaquta logra saciar su especie de furor sexual.

Chuki-Illa, una deidad andina el Trueno, encargado de producir las lluvias. Era una deidad importante estrechamente asociada con el Dios Sol. Su "bulto" en tejido compartía el templo del Sol en el Cusco, pero tenía sus propias tierras, ingresos y sacerdotes. Toda clase de lluvias, granizos y relámpagos estaban bajo su control. Los niños nacidos mientras tronaba, eran consagrados a su culto, y al llegar a viejos asumían el deber de hacer sacrificios al Trueno.

Illapa, deidad Relámpago, fulgor deslumbrador que produce el rayo, chispa eléctrica en las descargas atmosféricas, fue otro de los manes divinizados por los Inkas.

A los santuarios se ofrendaba muchos **mullus**, que son conchas marinas, a veces enteras, otras partidas y generalmente en polvo. Se ofrendaban a las fuentes, pozos, ríos y a otros santuarios acuáticos, cuando se pedía un clima propicio y salud. De los 330 y más santuarios que enumera Cobo en los alrededores de Cusco, por lo menos 117 eran canales, ríos y otros santuarios.

Qullqiri, era una deidad de Huaruchiri, que para favorecer a sus cuñados creó un manantial y salió tanta agua que amenzaba arrasar todas la tierras. Los parientes políticos enfurecidos gritaron: "Cierra el manantial". Finalmente Qullqiri taponó la fuente con su manto.

Ritual. Los Inkas hacían consultas a las divinidades como Pachakamaq o Wiraqucha en Urkus. La divinidad era interrogada sobre los problemas más importantes que aquejan al hombre, no sólo en el mundo andino sino en cualquier otro lugar. Era conocido en el Tawantinsuyu el ritual adivinatorio de la Kallpa, gracias al cual la divinidad respondía a ciertas preguntas, entre ellas las referentes a la sucesión del máximo cargo politico respaldado por el Dios Sol.

La **Kallpa** consistía en inflar los pulmones de un camélido o los órganos de las aves, y de acuerdo a la forma que tomaban los mismos, se obtenía una información sobre la voluntad divina. La imagen de inflar los pulmones de una llama aparece ya en los mitos de los hermanos Ayar, donde una mujer, Mama Waqu, realiza supuestamente dicha acción, para aterrorizar a sus enemigos.

En la cultura andina, si nacían mellizos del **mismo sexo**, auguraban desgracia, si eran de **diferente** sexo, bendiciones. Existe un paralelismo ritual, prácticamente una simetría, entre las dos divinidades étnicas: Pariaqaqa, constituye principio masculino, y Chawpiñanka, principio femenino.

"HOMBRES DE MAIZ" MITOLOGÍA MAYA

Hemos insertado la **Mitología Maya** sobre el descubrimiento del maíz, porque tiene relación con la **Mitología Inka** sobre el origen del maíz en los Andes. En la tradición Maya, según René Prieto de Souther Methodist University, la hormiga es uno de los insectos responsables para el descubrimiento del maíz. En un mito citado por **Eric Thompson** en su ejemplar *Maya History and Religión*, en que Quetzalcoatl le pregunta a este **insecto**, dónde ha encontrado el grano de maíz que lleva a espaldas. Al principio la hormiga no le responde, pero termina indicándole el cerro Tonacatept (montaña del maíz).

De mayor importancia todavía en lo que concierne al desarrollo temático de la novela de **Miguel Angel Asturias**, resulta el hecho que en este mismo mito el dios civilizador Quetzalcoatl, "se convierte en una hormiga negra y acompaña a la hormiga roja al depósito bajo la montaña, donde toma varios granos y se los lleva a los otros dioses". Según el ***Popol Vuh***, el maíz va a convertirse "en la carne del hombre creado".

Leyendo estos dos mitos uno a la luz del otro, concluimos, sin dejar lugar a dudas, que la hormiga, al descubrir el maíz, detenta un papel fundamental en la creación del hombre moldeado a base del sustento sagrado. Es obvio entonces que al transformar a su propio protagonista **Goyo Yic** en este insecto, Asturias está designando su papel generativo y apuntando el origen de una nueva estirpe ya que, al cosechar el maíz Goyo Yic y su familia están produciendo el elemento fundamental de la creación que constituye en sí mismos de acuerdo a la tradición.

En el mito citado por **Claude Lévi Strauss**, la hembra de esta especie descubre el maíz y enseña al hombre a cosechar y prepararlo. En los *Hombres de maíz*, Yoyo Yic se transforma en hormiga y en Tacuatzin-zarigüeya. El cayote, es el nahual de otro personaje trascendental en *Hombres de maíz*.

De acuerdo con el mito sobre el hallazgo del maíz contado por los indios Mopana y Kekchi, el cayote encontró y probó algunos granos de maíz que habían dejado caer las hormigas y, más adelante en la misma fábula los comparte con los demás. El cayote y la hormiga vienen a ser entonces una pareja indisolublemente vinculada con el hallazgo del maíz en la mitología maya, y ambos animales pasan a las páginas de los *Hombres de maíz* con este mismo cargo.

Por otra parte según el antropólogo **Rafael Girard**, la muerte del cayote en los Cakchiqueles corresponde a la evolución titular en el Popul Vuh durante la cual, un héroe, Wak-Hunahpú, substituye a otro.

LA DINASTÍA INKA

El Inka o Sapa Inka en el Tawantinsuyu era un ser divino y solar, por el gran poder que poseía ese alto cargo, constituía **el ser** que comunicaba el Janaq Pacha o mundo de arriba con el Kay Pacha o mundo de abajo que habitamos, por ende ante los ojos de la gente era la manifestación viva de la divinidad, era la imagen divina. En consecuencia el Inka era el emperador, el monarca, el rey, el ser supremo del Tawantinsuyu. Los primeros gobernadores no eran conocidos como inkas, sino **sinchis** o grandes jefes, puesto que su actuación histórica habría sido entonces modesta y se limitaba solamente al Cusco y sus alrededores.

En virtud de que el Inka era considerado divino, cuando viajaba en la litera, y ya se aproximaba el séquito inkaico a una determinada región, los caminos se llenaban de flores, con preferencia con arirumas, una planta silvestre de flores amarillas muy fragantes. La muchedumbre, llenaba los lugares por donde recorría, para ver la divina faz del rey. El Inka rodeada de escolta, sólo se veía la litera de oro, guarnecida de esmeraldas. Detrás y delante, los varones de renombre, pero nadie lograba ver el rostro del emperador.

Sin embargo, el Inka dejaba descorrer las cortinas de la litera para mostrarse, sereno, la cabeza en alto, resplandeciente, las seines ceñidas del llawtu multicolor, las plumas del quriq'inti. La litera forrada con plumas muy vistosas, guarnecida de chapas de oro y plata fina, parecía desde lejos "un castillo de oro".

Cusco, capital del Imperio del Tawantinsuyu, era la ciudad sagrada y sede del Inka. La tradición histórica recuerda un cambio de dinastía a partir del emperador Inka Ruk'a, desde aquel entonces el gobierno inkaico pertenecía a dos dinastías: Urin Qusqu y Janan Qusqu. Los Inkas del Imperio hasta la invasión de los españoles eran trece.

La dinastía de Urin Qusqu formaban los primeros cinco Inkas y sus esposas: Primer soberano, Manqu Qhapaq y su esposa Mama Uqllu (empezaron a gobernar a partir del año 1200 d.C.). Segundo soberano Sinchi Ruq'a y su esposa Mama Kuka (1230). Tercer soberano Lluq'i Yupanki y Mama Qhawa (1260). Cuarto Mayta Qhapaq y Mama Tankariy (1290) y quinto Qhapaq Yupanki y su esposa Mama Quriwillpay (1320).

La dinastía de Janan Qusqu formaban los siguientes ocho Inkas y sus quyas: Sexto soberano Inka Ruk'a y su esposa Mama Mikay (1350-1380). Séptimo Yawar Waqaq y Mama Chijlla (1380-1410). Octavo Wiraqucha Inka y Mama Runtukaya (1410-1438). Noveno Pachakutiq Inka Yupanki y Mama Anawarki (1438-1471). Décimo Tupaq Inka Yupanki y Mama

Uqllu (1471-1493). Undécimo Wayna Qhapaq y Ruwa Uqllu (1493-1525). Duodécimo Waskar y Chuki Washpay (1525-1532) y el décimo tercer y útimo Inka era Ataw Wallpaq (1532-1533).

Los **Allikaq** como habitantes de ciertas aldeas que circundaban Cusco. Eran parte integrante dentro del status social del Inka y como miembros de los linajes reales y de confianza de los Inkas, habían ascendido a altos cargos estatales muy importantes, como inspectores para examinar centros administrativos, almacenes, telares y otras instituciones.

La sociedad andina tenía diversas obligaciones que la prestaban en el trabajo, en el cultivo, el servicio militar y el tejido, eran deberes permanentes de la comunidad inkaica. Otras obligaciones eran ocasionales que afectaban a sectores menores de la población. Muchas de ellas se referían a las asombrosas obras públicas que dieron tanta fama a los inkas durante siglos; las masivas fortalezas y templos cuyas piedras en los muros ensamblaban tan perfecta y artísticamente. Las vías empedradas que a lo largo de miles de kilómetros cruzaban el desierto, subían y bajaban por las serranías. Los puentes colgantes sobre ríos y precipicios y los canales de riegos que pasaban por túneles perforados para superar la divisoria de las aguas.

El sistema de comunicación era mediante los chaskis. Al respecto no hay acuerdo acerca de la distancia que había entre una y otra de estas postas; hay quienes dicen que había seis chaskis por legua, una cada media legua o una cada legua y media. Habían dos clases de chaskis, los mayores "de más de quinientas leguas y estaban puestas a media legua". Los menores "estaban puestos a una jornada de cosa pesada", tenían turnos o sea era rotativo.

AGRICULTURA. NIVEL TÉCNICO DE LOS INKAS

En este capítulo intervienen las valiosas obras de Pedro Carrasco y de Guillermo Céspedes, quienes se refieren al nivel técnico de los Inkas, era el más avanzado del continente. Sobresalen la agricultura intensiva, con riego, andenes y fertilisantes en mayor escala que en las demás civilizaciones del Nuevo Mundo. La cría de auquénidos, el desarrollo de la metalurgia, bronce incluido, para fabricar instrumentos de producción. Las construcciones utilitarias masivas en obras de riego, fortalezas, caminos y almacenes. En el arte textil la variedad de telares y el uso del algodón así como la lana.

El maíz se consumía en mazorca verde choclo (chuqllu), desgranado y cocido (mut'i), tostado (kancha o jank'a), o como humitas (jumint'a). Además se usaba para preparar chicha (aqha), una cerveza de maíz que era la principal bebida alcohólica y de importante uso ceremonial. Producían porotos (Phassolus), ají (Capsicum); zapallo o calabazas (Cucurbita), amaranto, inchis (maní). Entre los tubérculos la yuca o mandioca dulce, la batata, la jícama. Como frutas, la palta (aguacate), la piña, las anonas y la guayaba; para vasijas, el calabazo (Lagenaria) y el tutumu (Crescentia cujete). Otras plantas eran el tabaco, el achiote, el algodón, el nopal (Opuntia) cultivado para la cochinilla que en él se cría, y el añil como colorante. En los climas templados el pallar, variedad de Phaseolus lunatus. Entre las raíces y los tubérculos la arracacha (Arracacha esculenta), la achira (Canna edulis), y el yakún o llakún (Polymnia edulis).

Las frutas típicamente andinas son la lúcuma (Lúcuma bifera), el pepino (Solanun variegatum), la granadilla (Passiflora), el pacay (Inga feuillei), la caygua (Cyclanthera pedata), y el capulí del Perú (Physalis peruviana). El árbol molle (Schinus fetifolius) llamado pirul en México, donde se introdujo tras la conquista, da unas frutillas rojas de las que hacían una chicha especial. Como fibra para cordelería se usaba la cabuya, planta semejante al maguey, del género Furcraea. Una planta típica de los yungas es la coca (Erythroxylon coca), cuyas hojas mascaban con cal como estimulante y que tenía gran importancia ceremonial.

En las tierras frías se cultiva el amaranto, cañahua (Quenopodium pallidicaule), quinua (Chenopodium quinoa) se preparaban sopas, se hacía chicha; las hojas se consumían como verdura y la ceniza de los tallos se añadía a la coca para mascar. Las plantas más características del altiplano son los tubérculos, especialmente la papa (Solanum), comprende muchas especies y más de 200 variedades documentadas. La papa sirve para hacer el ch'uñu (chuño), se prepara exponiendo las papas mojadas a las heladas nocturnas de la puna que las congelan y el diurno las seca. El resultado es una especie de papa deshidratada que se conserva largo tiempo. Otros tubérculos son el ulluku o papalisa (Ullucus tuberosus), la uqa (oca) (Oxalis tuberosa) y el añu o mashua (Tropaeolum tuberosum). De éste se ha dicho que tenía efectos antiafrodíacos y que por eso el inka lo usaba de alimento para sus guerreros en las expediciones militares. Como legumbre en las tierras altas se cultiva el tarwi, altramuz o chocho (Lupinus tauris).

Varias de estas plantas de altura como algunas variedades de papas, ocas, quinuas y chochos contienen substancias amargas que es preciso eliminar para comerlas. En papas y ocas, el amargor se elimina mediante la preparación del chuñu; en la quinua y los chochos, poniéndolos a remojo y lavándolos.

Los productos agrícolas se depositaban en qullqas o qulqas, eran trojes, silos o graneros, hechos de piedra o de adobe, techados con ichhu, algunos estaban en los cerros como los qullqa de Qiwiñal, de donde se domina el pueblo y el valle de Pocona. Otros bajo tierra para la preservación de los tubérculos con las paredes recubiertas con ichhu y en la costa la hacían debajo la arena y estaban ubicados cerca a los templos o a los galpones administrativos y militares.

En las regiones de altura se criaban auquénidos domésticos, la llama, la alpaca, y sus híbridos (huarizo y mixti), de los que obtenían lana, pieles, carne y las usaban como bestias de carga para el transporte. La taquia o estiércol seco servía acaso de fertilizante, pero en el altiplano carente de árboles, se usaba como combustible. Otros animales domésticos del mundo andino eran el cuy o conejillo de Indias (quwi) (Cavia porcellus), el pato almizclero (Cairina moschata) y el perro (allqu o alqu).

La cacería en el pueblo Inka se llamaba chaku y lo hacían cercando a los auquénidos salvajes, como la wik'uña (vicuña) y el wanaku (guanaco) para aprovechar la carne y su piel. La vicuña era de valor superior por la alta calidad de su lana. A las vicuñas no las mataban, sino que las trasquilaban y las dejaban luego en libertad.

Entre las técnicas del cultivo en la costa seca, el riego se hacía mediante acequias que tomaban el agua de los ríos que bajan de la sierra. En algunos valles excavaban hasta un nivel cercano a las aguas subterráneas que proporcionaban la humedad necesaria para el cultivo. El abono era abundante debido a la cercanía del mar, que proporcionaba pescado y guano.

En los niveles medios de la sierra el cultivo intensivo se practicaba en los andenes que cubrían laderas enteras de los cerros, regados mediante canales y acueductos. El cultivo era menos intensivo en el altiplano y las tierras de papa se dejaban descansar. Entre los instrumentos de labranza se usaba el chakitaqlla o taqlla llamada tirapié. Era un palo de escarbar de la altura de un hombre, de forma curva con punta de metal, tenía en la base un pedal para hincarlo haciendo fuerza con el pie y un asidero en la parte superior. Se usaba para romper la tierra antes de la siembra y para la cosecha de tubérculos.

Los materiales más importantes de construcción eran la piedra y el adobe. La arquitectura inka se caracteriza por los grandes muros de piedra hecho de bloques irregulares labrados y perfectamente ajustados en la superficie. Las paredes de piedra lisa labrada se revestían a veces con láminas de oro. En la costa se hacía más uso el adobe, en los edificios de tradición local preinkaica, las paredes llevaban decoraciones de estuco en formas generalmente geométricas. Las habitaciones ordinarias en la sierra, construían con paredes de adobe o mampostería. El plano de las casas solía ser rectangular, en algunas regiones de planta redonda. El techo en general era de dos aguas con cubierta de ichhu en la sierra, en la costa sin lluvias habían techos planos de totora, cañas o esteras.

El urbanismo estaba más desarrollado en la costa por la mayor concentración de la población. Las fundaciones inkas en la sierra incluyen centros ceremoniales, administrativos, fortalezas y almacenes. La ciudad de Cusco, era fundamentalmente el centro ceremonial y político, rodeado de aldeas que separaban campos de cultivo. La fortaleza de Saqsaywaman se halla en un cerro cercano a Cusco. Machupijchu es la ciudad inkaica mejor conservada en el valle de Urubamba a 2400 ms. de altitud. Edificada en una fortaleza natural y rodeada de andenes, fue el último centro de la resistencia inka contra los españoles.

Se construyó una extensa red de caminos que comunicaba las extensas regiones del Imperio. Habían dos caminos principales que lo atravesaban de norte a sud. Uno en la sierra y otro en la costa, conectados por varios caminos transversales. Gran parte de estos caminos estaban pavimentados, a trechos con escalones para subir los cerros y con muros en algunos tramos de la costa. Para cruzar los ríos y las barrancas se usaban puentes colgantes hechos de gruesos cables de bejuco amarrados a postes afianzados en pilastros de piedra construidas en las orillas. También se usaba como andarivel, una cesta (oroya) que se deslizaba a lo largo de una única maroma o tarabita.

Estos caminos a intervalos regulares contaban con tambos (tampus), que eran lugares de descanso y aprovisionamiento para viajeros cada media legua, también habían chozas para los correos (chaskis) que se relevaban para transmitir mensajes. En cuanto al transporte por agua, los más notables eran las almadías de la costa norte del Perú y el Ecuador. Las balsas se construían de palo, que iban provistas de velas y tenían una especie de falsas quillas u orzaderas llamadas guares. Los habitantes de la costa emprendían largos viajes, en el resto de la costa y en los lagos del altiplano se usaban embarcaciones hechas de totora (t'utura).

Los tambos eran alojamientos, edificados a lo largo del camino real. Los construía la comunidad étnica local, disponían de galpones-dormitorios además de los almacenes. En los tampukuna también se depositaban alimentos, tejidos y armas. **Cobo** menciona el tamaño de los tambos entre 35 y 100 metros por entre 10 y l7. Los viajeros por asuntos de estado, los peregrinos, el ejército y el Inka se detenían allí para alimentarse y pernoctar.

La tendencia de ubicar los tambos lejos de las aldeas, tenían por fin reducir la tentación de asolar las chacras. La rapiña y el despojo cometidos por la tropa a su paso eran castigados con azotes y a veces con la muerte. Los tambos estaban situados entre 4 y 5 leguas de distancia por las diferencias topográficas.

Los tejidos constituían el arte mayor de los inkas, la nativa inka siempre era muy hacendosa, hilando constantemente, de pie, sentada y hasta caminando. Hilaba y tejía la tela de que se vestían ella y su familia y se llevaba el huso a la tumba como símbolo de laboriosidad femenina, pero en la vida sociopolitica andina los textiles desempeñaban un papel especial, que iba mucho más allá de sus usos meramente utilitarios y ornamentales. Ofrenda común en la sacrificios, símbolo de posición social, equipo funerario, ajuar de la novia. Ningún acontecimiento politico, militar, social ni religioso estaba completo sin el ofrecimiento o la cesión de tejidos, quemados, sacrificados o intercambiados.

La variedad y calidad del tejido es una de las mayores realizaciones técnicas de esta civilización. Se usaban tanto el telar horizontal como vertical y como fibra el hilo de algodón o de lana. Qumpi, era un tejido de alta calidad, también se decoraban las telas con plumas y con placas de oro o plata. La fibra más usada era la cabuya. La totora servía para cestos y esteras. Wara, era un taparrabo, yaqulla la manta que se ponían sobre los hombros, anudada al pecho o al hombro, el unku era una especie de camiseta. Llawtu, era una venda de lana que llevaban en la cabeza y por la manera de enrrollarla y sus colores, distinguían cada región y grupo étnico. Maskaypacha, principal insignia real, corona imperial del Inka, este emblema pendía del llawtu. Aqsu, una saya, que era una tela rectangular envuelta al cuerpo y sujeta con una faja a la cintura y con alfileres sobre los hombros. Llijlla, manteleta que llevaba por encima afianzada con un prendedor llamado tupu, que era de metal. La usuta, usut'a o juk'uta son las sandalias que calzaban tanto hombres como mujeres.

Los hombres usaban orejeras y brazaletes como adorno y pectorales de metal como decoraciones militares. Las orejeras de los nobles inkas, eran de oro de cinco centímetros de diámetro. Las mujeres usaban collares de concha o hueso y los tupus como adorno.

En la metalurgia trabajaban el oro, la plata, el cobre y como aleaciones la tumbaya (oro y cobre), el bronce (cobre y estaño) y el electro (oro y plata). Del cobre y bronce hacían útiles para puntas de taqlla, cuchillos, espejos, prendedores (tupus), agujas, cinceles, palancas, boleadoras, vasijas, ídolos, y placas para revestir las paredes de los templos.

La astronomía para los Inkas era de suma importancia por la relación que tiene con la Pachamama, ellos conocían Warani, un grupo de estrellas fijas. Urkuchillay, constelación de la Lira. Chuqichinchay, constelación de las siete Cabrillas que aparece al norte y era objeto de adoración, otros llaman estrella Sirio o alfa del Gran Can. Aquchinchay, cometa, astro de cola larga y luminosa, también llamaban así al aereolito. Ch'aska, planeta Venus, lucero, estrella brillante. Mirkhu, planeta Marte, constelación de Géminis.

Wayrachina, eran vasijas o especie de hornos de barro para fundir o purificar los metales, sus paredes tenían agujeros, que colocadas al viento recibían la aireación necesaria para avivar el fuego. Como sopletes empleaban tubos de cobre o canutos. Las técnicas empleadas comprendían el vaciado, el batido, el repujado, el templado, en engaste, la ataujía, la soldadura, el remachado, el sobredorado y el cloisoné.

La cerámica era una artesanía muy desarrollada. Aríbalu, era una vasija típica de la costa, de buen fondo, picudo con dos asas de cuello largo y angosto. El qiru, era un vaso de madera con decoración laqueada.

23
SISTEMA ECONÓMICO DEL IMPERIO INKA

El sistema económico del Imperio Inka, era muy complejo, estaba basado en el ayllu. Era un sistema de medida de tierra basada en la fertilidad del suelo en relación con el número de villorios que debían alimentar.

La tierra no era propiedad privada. El ayllu cultivaba la tierra no solamente para su sustento familiar y la comunidad, sino también para el puriq, la iglesia y el estado. La cosecha se almacenaba para distribuir a los miembros de la administración, personal militar, ancianos, personas enfermizas y a los que perdían sus cosechas.

En Cusco estaba centralizado el poder económico, político, religioso y educativo. Es donde vivía el Inka con la realeza, sus sacerdotes, sus escuelas, sus palacios de piedra estaban adornados con ornamentos de oro y plata, así como con jardines regados por acueductos y fuentes de agua.

El explendor del Imperio Andino y su riqueza sin duda estimuló a los españoles para su conquista llevada a cabo por Francisco Pizarro en el año 1532. Aprovechó la tremenda confusión y agitación en que se encontraba el Ataw Wallpaq, quien había hecho capturar a su hermano de padre Waskar.

Pizarro luego concertó una alianza con los partidarios de Waskar que fue ajusticiado por Ataw Wallpaq y tuvo una entrevista con el rey en la hermosa plaza de Cajamarca, donde Ataw Wallpaq fue tomado prisionero después del diálogo con el padre Vicente Valverde que fue traducido del runasimi al catellano por el intérprete Felipillo.

A propósito de Felipillo su nombre real era Wanka Willka, natural de Huancavelica, fue secuestrado en la costa maritima junto a otros nativos por los españoles y llevado a España, donde aprendió el castellano, regresó a los Andes con el nombre de Felipillo y fue obligado a servirles de intérprete a los invasores.

La extensión del Imperio Inka era enorme en comparación con los nativos taino y nahuatl. La civilización era algo contradictoria porque aunque no conocían la rueda ni la escritura, sin embargo era una sociedad muy avanzada y conservaba sus estadísticas en los khipus. Creían descender del Sol y de la Luna. Los fundadores eran Manqu Qhapaq y Mama Uqllu, que fueron enviados para enseñar cómo deben vivir los humanos.

A pesar de que avanzaba lentamente a fines del siglo XV, el Imperio se había extendido muchísimo. Los inkas construyeron fortalezas, caminos, canales de irrigación, andenes, templos e invitaron a los vecinos a unirse con ellos. Enviaban colonizadores a otras regiones llevando sus leyes, economía, costumbres de la sociedad y el lenguaje.

El Imperio Inka estaba muy bien organizado. Tenían leyes concernientes al asesinato, latrocinio o robo, falsedad, pereza, adulterio, herencia, agricultura, caza, etc. El trabajo estaba clasificado de acuerdo a la edad. El estado regulaba también el manejo del hogar familiar.

Los puriq, eran inspectores que visitaban las casas en cualquier tiempo. Las personas o amas de casa sucias eran castigadas en público a comer comida sucia, pues debían mantenerse completamente limpios todos. El saludo constituía la ley suprema de la nación: Ama llulla (no seas mentiroso). Ama qhilla (no seas perezoso) y Ama suwa (no seas ladrón). El infractor o infractora era castigado o castigada hasta con la pena capital.

ESTRATIFICACIÓN SOCIAL INKA

La población en el Tawantinsuyu se hallaba dividida en nobleza gobernante y la gente común. El estamento gobernante comprendía el grupo étnico inka y los señores kurakas o locales, cualisquiera sea su filiación original. Las panakas, eran los miembros del linaje real, descendiente directo del Emperador Inka por privilegio. Sus ingresos eran los bienes recibidos de los almacenes del estado o del producto de tierras asignadas a sus cargos y cultivadas por el común de la población, libres de impuestos.

Los nobles tenían el privilegio de viajar en líteras y de usar orejeras de oro, podían recibir criados (yanakuna) para su servicio. Panaka o parentela de cada Inka, eran los nobles de sangre real organizados en linajes corporativos formada por el núcleo principal de la élite del parentezco cusqueño. Las tierras de las áreas vecinas al Cusco, se aplicaron al mantenimento de las panakas. La panaka cuidaba la momia del emperador difunto y organizaba su culto.

Sinchi, era el jefe de los guerreros, del cual derivó posteriormente la autoridad del futuro Tawantinsuyu. Los sinchis eran muy respetados como autoridades militares, eran en realidad los jefes de los guerreros hallados en otras sociedades; las crónicas suelen llamarlos "capitanes". También llamaban sinchis a una serie de personajes de importancia como los jefes de las huestes inkaicas en campaña.

Kurakas, eran los señores de las subdivisiones étnicas y territorial encargados de la administración. Los kurakas podían casarse con varias mujeres, y así acrecentar su familia, porque en el periodo incaico se consideraban ricos a los que tenían muchos hijos y familia que le ayudaban en cumplir pronto el trabajo tributario que le cabía.

Orejones, eran los miembros de los 12 ayllus reales, en tal calidad, parientes del rey, mantenidos con los excedentes estatales, y ocupantes de la mayoría de los puestos administrativos superiores y cargos de importancia en el reino. Cuando las exigencias del aparato burocrático en constante expansión excedieron al número de príncipes disponibles, se adjudicó a los habitantes de una serie de asentamientos de la región de Cusco, que eran presumiblemente reales y familiarizados con los procedimientos estatales.

Esos Inkas de privilegio eran iniciados en la adolescencia, en una ceremonia especial se les perforaban las orejas y recibían la instrucción apropiada. Todos ellos estaban eximidos de las prestaciones rotativas o tributos. Fueron los españoles quienes los llamaron orejones a los miembros del sector dirigente del inkario, debido a que los adornos que empleaban en las orejas, hacían crecer los lóbulos, a veces desmesuramente.

Warachikuy, se inició en el sagrado cerro de Wanakawri donde Ayar Uchu fue convertido en piedra y en wak'a principal de ese cerro. La ceremonia a su vez era una fiesta de iniciación varonil para los muchachos de 12 a 15 años de todos los niveles sociales, en donde se les entregaba el taparrabo llamado wara. Entre los nobles también recibían orejeras, adornos y armas de guerra. Los cronistas comparan esta ceremonia con la de armarse de caballero. Se celebraba en Cusco y en cada provincia dirigida por el gobernador de sangre real. Se realizaba durante el Qhapaq Raymi, en el mes de diciembre. Según la leyenda el segundo inka Sinchi Ruk'a, fue el primero en ser iniciado mediante el rito del warachikuy.

Yananchakuy, entre la nobleza inka era posible casarse entre hermanos o hermanas de padre o de madre, el Inka o emperador con la hermana carnal y la gente común no. Lo instituyó el Inka Manqu Qhapaq y su hermana, antes habían tomado por esposa a la hija de algún rey vecino.

La poligamia era frecuente entre la nobleza; la mujer principal había de ser de alto rango. Un hombre podia heredar como mujeres secundarias las viudas de su padre que no hubieran tenido hijos, las aqllas y las capturadas en la guerra, pero estaba totalmente prohibido para la gente común.

El raymi no sólo era una fiesta de solemnidad, sino también una fiesta nupcial, porque todo hombre de 24 años, y toda mujer de 18 que vivieran aún en soltería, estaban obligados contraer matrimonio.

26
Awaq Warmi. La Tejedora

ARTE MAYOR DE LOS INKAS. EL TEJIDO

La sociedad andina tenía diversas obligaciones que la prestaban en trabajo en el cultivo, el servicio militar y el tejido, eran deberes permanentes de la comunidad inkaica. Basta recordar el saludo diario de Ama llulla, Ama qhilla, Ama suwa, por ende todos estaban habituados al trabajo, inclusive a tiempo de descansar escarmenaban lana, hilaban, tejían, fabricaban herramientas, etc. Las mujeres eran sumamente hacendosas, siempre estaban hilando, ya sea de pie, sentada, al caminar o al conversar.

El tejido en la vida sociopolitica andina desempeñaba un papel especial, mucho más allá de sus usos meramente utilitarios y ornamentales, era una ofrenda común en los acontecimientos políticos, militares, sacrificios, símbolo de posición social, equipo funerario, ajuar de la novia, etc.

Para tejer se usaba tanto el telar horizontal como el vertical, la fibra más usada era de cabuya, el hilo de algodón, de lana de llama, alpaca, etc. La calidad del tejido era una de las mayores técnicas de esta civilización. Qumpi, era un tejido primoroso, muy fino, con figuras; wara, un sui géneris taparrabo. Yaqulla, una manta que se ponían sobre los hombros, anudada al pecho o al hombro. Unku, una especie de camiseta. Llawtu, borla imperial que el inka y sus vasallos se ceñían a la cabeza. **Aqsu**, una saya o falda interior de la mujer como una tela rectangular envuelta al cuerpo y sujeta con una faja a la cintura. Llijlla, manta o aguayo bordada con motivos antropológicos de colores se afianzada con un prendedor llamado tupu, que era de metal. La usuta, usut'a o juk'uta o sandalias que calzaban tanto los hombres como las mujeres tenían piezas tejidas.

Al presente estos tejidos inkaicos encontramos solamente en los museos, frente a la competencia de la industria que produce en grandes cantidades, poca gente andina se dedica al tejido. Sin embargo aún hay algunas regiones como digno ejemplo tenemos el pueblo de Culta Marka de la provincia Abaroa, del departamento de Oruro, Bolivia, que sigue tejiendo con esmero y dedicación al estilo inkaico.

Inti Watana. Machupijchu. El Reloj Solar

MACHUPIJCHU. MONUMENTAL CIUDAD SAGRADA

Machupijchu, monumental ciudad sagrada en la ceja de selva en la provincia Urubamba, departamento de Cusco, Perú. Es una de las siete maravillas del mundo, fue edificada por el Inka Pachakutiq sobre una fortaleza natural en 1438. Hiram Bingham, explorador estadounidense llegó a Machupijchu el 24 de julio de 1911, guiado por un niño campesino y un guardia civil peruano, y publicó su descubrimiento en 1913.

Machupijchu es el monumento del desarrollo y civilización del Imperio del Tawantinsuyu, por ende de los países andinos que hoy forman Bolivia, Ecuador, Perú, norte argentino y chileno y sud de Colombia. Está a 104 Kms. de la célebre ciudad de Cusco, tiene 13 kms^2 de terrazas, edificios, santuarios, tumbas, más de 3000 peldaños, reloj solar y mucho más.

El escritor Efraín Chaverría Huarcaya en su obra publicada en el mes de marzo de 1992 nos ofrece muy interesantes detalles que a continuación les transcribimos: El Dr. Hiram Bingham nació en Hawai en 1875, hijo de misioneros protestantes, hizo sus estudios en la Universidad de Harvard.

El 14 de julio 1902, los agricultores Enrique Palma, Agustín Lizárraga y Gabino Sánchez, este último de KayKay, Paucartambo, ascendieron a Machupijchu. Años más tarde Anacleto Alvarez, Melquiades Richarte, Meza y Fuentes, también agricultores vivieron en Machupijchu sembrando maíz, yuca, camote y caña de azucar en las andenerías abandonadas, que era comprensión de la finca Sillque de la familia Nadal.

Gracias al auspicio de la Universidad de Yale, Hiram Bingham pudo hallar la ciudadela recorriendo en mula con toda su expedición compuesta de seis hombres científicos. Don Melchor Arteaga, era el personaje clave en la exploración, fue quien condujo al profesor Bingham y a su escolta e intérprete Sargento Carrasco y un niño de 11 de años de edad Pablito Alvarez al interior de la ciudad de Machupijchu.

La expedición integraron arqueólogos, geólogos (naturaleza de las piedras), topógrafos, botánicos, ingenieros, cartógrafos, geógrafos, cirujanos, astrólogos, antropólogos y maestros. El grupo arqueológico se alza aproximadamente de 2000 ms. s/m. hasta 2470 en Puente Ruinas, sobre una superficie abrupta de roca granito, tonalita, granodiorita.

Hiram Bingam expresa: Los inkas habitaron en una tierra de violentos contrastes, uno puede pasar de los glaciales a los helechos arbóreos en pocas horas. Me atrajo en principio hacia la región poco conocida entre el Apurimaq y Urubamba "Cuna de los Inkas". Nuestras monografías están en nuestras fotografías, mapas de once mil negativos con mis compañeros de exploración que eran siete en 1911, diez en 1912 y siete en l915.

Muchos de los edificios de Machupijchu, son más antiguos que los de Rosaspata y Espiritupampa. Uno de los reyes más cultos de Tamput'uqu fue Tupaq Kawri o Pachakutiq VII. En su tiempo la gente comenzó a escribir sobre las hojas de los árboles (pág. 95). Tupaq envió mensajeros a distintos lugares de las alturas para amonestar a las tribus que dejaran de adorar ídolos y animales, pero los embajadores fueron muertos.

Tupaq Kawri consultó a sus adivinos, quienes dijeron que el hecho que había disgustado más a los dioses había sido la escritura. Por lo tanto prohibió la **escritura** bajo pena de muerte y nunca más hizo uso de letras la antigua población. En su lugar emplearon los khipus o sea hilos con nudos y los dioses habían sido aplacados y todos se sintieron felices. Los escépticos pueden deshecharla como fàbula destinada a complacer la vanidad de los descendientes de los inkas.

AQLLAWASI. LA CASA DE LAS ELEGIDAS

El Inka Lluq'i Yupanki había fundado en el Tawantinsuyu Aqllawasi o Casa de las elegidas, para las muchachas selectas por su belleza y su capacidad. Estas elegidas vivían allí cuidando a las divinidades y cooperando al gobierno. En la ciudad de Cusco y en las provincias construyeron estas Casas junto al templo del Dios Sol.

Las abadesas eran las maestras de las elegidas. Les enseñaban bajo un rígido sistema a ser diligentes, pintar, hilar, tejer, bordar primorosamente, confeccionar ropa, cocinar potajes deliciosos, elaborar chicha, cantar, bailar, tocar instrumentos, saber comportarse en el Palacio del Inka, cultivar la chacra, criar animales, asearse y hacer todo tipo de cosas.

El supervisor de la casa de las elegidas previo un examen físico muy riguroso, escogía en todo el Tawantinsuyu a las muchachas más bonitas y capaces. Recogía a las niñas de seis hasta los once años y a las jovencitas vírgenes de doce hasta los dieciocho.

Las elegidas eran muy estimadas por toda la gente, por eso les enviaban muchos regalos. Vivían al servicio de las divinidades y en su caso al sacrificio por ellas. Algunas de las elegidas eran seleccionadas para ser la esposa del Inka, de los sacerdotes, de los nobles, de los héroes, etc. Las elegidas formaban parte de la política de su país, se casaban con los líderes de los pueblos conquistados y así conseguían la alianza sanguínea.

Algunos cronistas las clasificaron a las elegidas tomando encuenta su origen y su belleza física, en seis grupos:

1. En el primer grupo estaban las "wayrur-aqllas", eran de noble estirpe y de una belleza excepcional. Dicen que eran las hijas de los Inkas y de los altos dignatarios. Ellas estaban consagradas a las principales divinidades que eran: Wiraqucha, Pachakamaq, Tata Inti, Mama Killa, Ch'aska (Venus), Mirkhu (Marte) y la Illapa (Rayo).

2. En el segundo grupo estaban la bellas elegidas "kaya-warmis"; hijas de los señores nobles. Estaban consagradas a las divinidades menores. Se casaban con los nobles, y por dinastía con sus primos o con sus hermanos paternos.

3. En el tercer grupo estaban los "wayrur-illas". Ellas eran princesas muy bellas, hijas de las damas nobles. Estas elegidas no ingresaban por selección de belleza sino por status social.

4. En el cuarto grupo estaban las "taki-aqllas". Eran lindas muchachas de nueve a quince años. Estas elegidas actuaban en casi todas las fiestas públicas, tocaban, cantaban y bailaban.

5. En el quinto grupo estaban las "wiñachikuq-aqllas" desde los cuatro años. Algunas de estas niñas elegidas eran huérfanas y otras abandonadas. Las llevaban a la casa de las elegidas para criarlas, educarlas y para que tengan un hogar.

6. En el sexto grupo estaban las "pampa-aqllas" de quince a dieciocho años. Aunque ellas no eran tan perfectas y bellísimas como las otras, pero eran lindas. Las llamaban las elegidas del pueblo, porque no nacieron en Cusco.

Las elegidas cuando tenían que salir afuera a cumplir una misión, podían salir sólo de día y acompañada de alguna de las elegidas, solas imposible. Las "wayrur-aqllas", estaban totalmente prohibidas de salir, pero podían asistir a los festejos públicos. En tal caso las wayrur-aqllas de Cusco salían en compañía del Inka, y las wayrur-aqllas de las provincias iban acompañadas de alguna de sus maestras abadesas.

El Inka ejercía la patria potestad sobre las elegidas. Era su voluntad de él, decidir si una aqlla podia ser entregada como esposa o concubina a un noble o a un privilegiado. Si era necesario ofrendar a los dioses, el supervisor de la casa de las elegidas, escogía a una de las ellas para que sea sacrificada.

La Casa de las elegidas de Cusco, está en el callejón o k'ijllu Loreto, actualmente es el Convento de Santa Catalina. Era la mejor de entre todas, abarcaba desde la Plaza de Armas hasta el templo del Sol. En el espacio interior habían muchos edificios de dos pisos, con pasajes y andenes. Además habían pájaros y toda clase de animales. Las paredes externas eran muy altas, sin ventanas y muy similar a un convento.

Las elegidas de acuerdo a su categoría, vivían en distintos edificios confortables y provisto de todo, incluso habían caídas de agua cristalina para su uso personal. Las paredes interiores con bellas pinturas murales y parámetros de qumpi, un tejido primoroso muy fino. Actualmente estos tejidos aún subsisten expuestos en los famosos museos para que toda la gente pueda admirarlos. Mayor información en las páginas 37-43 del libro Quechua Boliviano Trilingüe. Curso Avanzado de los autores Luis Morató Peña y Luis Morató Lara.

QURIKANCHA. EL TEMPLO DEL DIOS SOL

El célebre Templo del Dios Sol de Cusco que originalmente era conocido como Intikancha (aunque hay discrepencias al respecto), es una síntesis de la organización, arquitectura y religión inkásica. De acuerdo a la historia el fundador de la dinanstía Inka Manqu Qhapaq, fue quien edificó el primogenio templo; pero el noveno Inka Pachakutiq Yupanki a partir del año 1438 reconstruyó, agrandó, mejoró y modernizó el más importante complejo religioso del extenso Imperio Inka.

Qurikancha de acuerdo a los cronistas, era un famoso complejo religioso constituido por templos dedicados a divinidades diversas labradas todo en oro (quri); los recintos estaban edificados alrededor del espacioso patio central (kancha) y según Cieza de León, además de las imágenes todas las portadas y puertas estaban enchapadas con planchas de oro.

El Templo del Dios Sol resaltaba de entre todos ellos y ocupaba el terreno en el que actualmente está la iglesia católica de Santo Domingo, su extremo oriental ha sido totalmente demolido, mientras que el occidental aún subsiste en parte formando la pared semicircular que da a la actual calle Arrayán; el Templo del Sol tenía sus cuatro paredes y el enmaderamiento del techo totalmente cubiertos con planchas y tablones de oro. En su pared oriental estaba el altar principal que como es ampliamente conocido contenía la representación del Dios Sol en una plancha de oro con forma de un "rostro redondo y rayos y llamas de fuego" tan grande que abarcaba todo el frente del templo de pared a pared; representación solar que en la repartija de tesoros entre los invasores españoles le tocó en sorteo a Mancio Sierra de Leguísamo, un jugador empedernido que la perdió en una noche jugando dados. Sarmiento de Gamboa aduce que el Inka Pachakutiq ordenó que el Sol ocupase el sitio principal con la representación del Dios Wiraqucha a su diestra y Chuki Illapa, el relámpago a su izquierda. En ambos lados de la imagen del Dios Sol se encontraban los "mallki", momias o cuerpos embalsamados de los Inkas muertos, por orden de antigüedad, en posición fetal y sobre líteras de oro macizo.

El la cosmogonía andina se consideraba que la Mama Killa o Luna era la esposa del Sol, razón por la que el Templo de la Luna se ubicaba al lado oriental del Templo Solar, desgraciadamente fue casi totalmente destruida para dar paso a la construcción de la iglesia católica de Santo Domingo. En medio del templo se encontraba una representación de la Luna, hecha en plata y a ambos lados de ésta los cuerpos embalsamados de las quyas o reinas difuntas, por orden de antigüedad.

Al costado oriental del Templo de la Luna, se encuentra el Templo de la Ch'aska (Venus) y de las quyllurkuna (estrellas). Las estrellas en el inkario fueron también deidades especiales y eran consideradas "criadas de la Luna" que jugaban un papel preponderante en la observación astral y predicción del futuro en relación al clima, agricultura, prosperidad, bienestar, etc.

En la actualidad cuando los campesinos de los Andes observan el brillo estelar de las constelaciones para predecir su futuro, cuando las estrellas tienen mucho brillo significa que en la próxima temporada agrícola habrá sequía.

El Templo de Venus según Garcilazo de la Vega, tiene un tamaño considerable, está circundado, por 25 nichos trapezoidales que sirvieron para acomodar en ellos algunos ídolos, ofrendas y elementos relacionados con el culto a las estrellas. Además la parte interior del recinto ostentaba representacciones de estrellas de tamaños diversos a "semejanza del cielo estrellado".

Frente al Templo de las Estrellas, al otro lado del actual patio central se encuentra el Templo del Dios Illapa o Chuki Illapa que era considerado "como criado del Sol". Illapa es una deidad que se compone de tres elementos: el rayo, el relámpago y el trueno, de acuerdo a la tradición se consideraba que Illapa era el Dios de las Aguas cuyo adoratorio estaba guarnecido en oro, era un poco más pequeño que los templos anteriormente descritos.

El Templo del K'uychi o Arco Iris, otra divinidad importante en el inkario porque se consideraba que descendía del Sol y por eso los reyes inkas lo adoptaron como divisa y blazón porque se jactaban descender del Sol, se asegura que en el Tawantinsuyu se utilizaba una unancha, es decir una bandera o divisa que tenía los siete colores del Arco Iris, bandera que ha sido reivindicada y es hoy utilizada como el pendón de la ciudad de Qusqu. El Templo estaba totalmente adornado con oro y en uno de sus muros existía un Arco Iris pintado sobre las planchas de oro que cubrían la pared de canto a canto.

Como su nombre lo dice Qurikancha, era un patio-jardín Solar de oro con andenes rodeado de Templos que probablemente sea lo más rico y extraordinario. Este patio-jardín era muy especial porque contenía elementos de la flora y fauna regional y aún personas representados en tamaño normal todo en oro y plata, los cronistas indican que fueron muchos los animales desde insectos hasta mamíferos; muchas plantas, desde pequeñas flores hasta árboles nativos, niños, hombres, mujeres, y numerosos otros objetos de metales preciosos que fueron fabricados por los olfebres quichuas.

Hasta hace algún tiempo se aducía que los cronistas habían escrito muchas mentiras y fantasias sobre esto, sin embargo las excavaciones arqueológicas en el lugar han ido demostrando paulatinamente la certeza de todo aquello, al haberse encontrado algunas piezas vegetales y animales hechos en oro. Sólo queda imaginar la magnificiencia, calidad y cantidad de objetos que este patio-jardín debió poseer y que dejó pasmados a los invasores llamados conquistadores que lo vieron, se apropiaron y después los fundieron para transformarlos en lingotes y así facilitar su transporte hacia España.

Es indudable que Qurikancha fue el más rico y deslumbrante del Inkario, aquí se concentraba el oro y plata de todo su territorio, los metales llegaban en forma de ofrendas para la Ciudad Sagrada y los Templos. En el inkario los metales preciosos no poseían un valor económico pero sí religioso; existían otros elementos aún más valiosos que el oro, por ejemplo las conchas marinas de colores o "mullu" (Spondylus sp.) que provenían de las costas ecuatorianas que eran muy valiosas porque representaban la "Quchamama" o "Madre Mar". El oro del inkario se extraía de vetas o minas diversas y otra importante porción era "lavada" en los ríos amazónicos donde el oro se halla en forma de polvo o pepitas mezcladas con la arena y la plata era abundante en los países andinos.

Al producirse el reparto de casas y palacios durante la invasión española, Qurikancha correspondió a Juan Pizarro quien lo donó a la Orden de Dominicos representados por el primer Obispo de la Ciudad de Cusco Fray Vicente Valverde, quienes de inmediato procedieron a la construcción de su iglesia y convento. El terremoto del 31 de marzo de 1650 desbastó la primigenia iglesia y posteriormente paulatinamente construyeron la actual estructura, erigiéndose la torre en 1780 bajo la dirección de Fray Francisco Muñoz. El 21 de marzo de 1950 se produjo otro violento terremoto que destruyó gran parte de la iglesia y el convento al igual que su torre dejando al descubierto muchas estructuras inkásicas y el interior del "tambor solar"; en aquella época un fuerte "movimiento indigenista" sugirió la reubicación de la iglesia y la reivindicación del Templo del Dios Sol; lástima que el poder político impidió aquel intento por despejar las ruinas del adoratorio del Tawantinsuyu.

INKALLAQTA. FORTALEZA ARQUEOLÓLOGICA

Inkallaqta, es la principal fortaleza del complejo arqueólogico de nuestra cuna Pocona, provincia Carrasco, departamento de Cochabamba, Bolivia. Fue construida por el Inka Tupaq Yupanki entre 1460 y 1470, poblada por los mitmaqkuna y reconstruida por el Inka Wayna Qhapaq en 1525. Está ubicada a 142 kilómetros de la ciudad de Cochabamba, a una altura de 2900 ms. s/m.

Según la arqueóloga María Angélica Muñoz no es una fortaleza, se trata más bien de un complejo urbano, ciudadela en la que se concentraba la élite inkaica, dedicada a la administración tributaria de los valles y el almacenamiento principalmente del maíz, en cientos de silos. Según otros autores allí se mantenía una guarnición militar permanente para defender el valle de Pocona, ya saqueado dos veces por los chiriguanos. Inkallaqta no sólo era un centro civil y militar, sino también el lugar en que pernoctaban los inkas para continuar el viaje a la fortaleza terminal inka en el llano de Wanakupampa en Samaypata.

David M. Pereira Herrera, Director del Instituto Antropológico y Museo de la Universidad Mayor de San Simón de Cochabamba, Bolivia en el folleto Cultura, del mes de junio de 1992 nos relata sobre Inkallaqta lo siguiente: El departamento de Cochabamba, como campo de operación histórica, durante el período precolombino -arqueológicamente hablando- fue un espacio donde transcurrieron diferentes y complejos procesos sociales (desde el paleoindio 15.000 años a.C. aproximadamente hasta el inkario).

Pocas décadas antes del descubrimiento de América y posterior invasión europea al Nuevo Mundo a partir de 1532, el Tawantinsuyu o Estado Inka se expandió a diversos sectores de los valles cochabambinos, tratando de articular y beneficiarse de sus potencialidades agrícolas, para lo cual implementó una sofisticada red caminera, tambos, fortalezas y centros administrativos.

El análisis de las evidencias arqueológicas, cotejadas con las pocas referencias etnohistóricas disponible, indican que el proceso expansivo inkaico a Cochabamba se produjo en términos generales en dos fases: una de carácter militar, atribuida a Tupaq Inka Yupanki y otra posterior bajo el mando de Wayna Qhapaq de características fundamentalmente económicas.

Sarmiento Gamboa, el célebre cronista y aventurero, en su Historia escrita en l572, afirma que fué el Inka Tupaq Yupanki quien mandó edificar la Fortaleza de Pocona (se desconoce el nombre original, Inkallaqta es el nombre moderno) entre 1460 y 1470 aproximadamente como una avanzada de carácter defensivo-militar para consolidar la presencia inka en la zona y defenderse de los chiriguanos (de origen guaraní) y de los yuracaré, etnia ubicada al norte de Inkallaqta ya en pie de monte y la amazonía.

Casi cuatro siglos después, en 1914, el explorador sueco E. Nordenskiüld visitó y excavó el sitio, confirmando con sus hallazgos la pegada filiación Inka el mismo siendo declarado "Monumento Nacional" desde 1929 y ratificado como tal por el Congreso de la República en 1988.

Características. La Fortaleza de Inkallaqta es un conjunto de edificaciones construídas en una superficie de aproximadamente 12 hectáreas, siguiendo la forma de una plataforma aluvial inclinada, cortada y delimitada al este y al oeste por quebradas profundas y torrentosas; el río Machaqmarka al sur y al norte empinadas y adbruptas colinas rocosas, ubicación en el fondo de la quebrada que le da un carácter estratégico defensivo inmejorable y una difícil accesividad.

La Fortaleza, que originalmente tuvo un sólido muro periférico, en su totalidad está construída en niveles aterrazados y muros de contención con materiales accesibles en el lugar, es decir, piedra canteada, pegada con argamasa de barro y revoque rojizo. Los recintos -algunos de dos pisos- son de tipo rectangular en su mayoría, con puertas, ventanas y hornacinas rectangulares, techumbre sencilla y en algunos casos de dos aguas.

Existen, especialmene en el sector oeste de la Fortaleza, algunas edificaciones y muros inconclusos, como ejemplo, un muro semicircular de curiosa factura incrustado en pleno farallón rocoso de difícil interpretación funcional (se dice que funciona como un torreón) el cual se ha desplomado en su mayor parte.

Parecería que algunos recintos y detalles de terminación no fueron oportunamente concluidos, debido quizá a contratiempos emergentes por tratarse de una infraestructura de naturaleza militar, cuya soldadesca abandonó súbitamente el sitio ante el fracaso de la expansión del estado inka al sureste del Qullasuyu por las rebeliones de las étnias locales (chiriguanos, yuracarés, etc.) y las crisis política y social generalizada que terminó por reventar todo con la llegada de los europeos.

Son también notorias varias edificaciones circulares (con aperturas a manera de puertas) que se hallan en el sector norte de la Fortaleza por detrás del muro periférico que ya no corresponden al patrón constructivo general, las cuales quizá podrían ser de uso doméstico o de posterior construcción.

En el sector sur del emplazamiento, donde existen edificios de dos pisos, se observan algunos muros añadidos, adosados a otros ya existentes, los cuales parece que fueron levantados para cerrar espacios a manera de patios. Igualmente la solidez, la forma y la altura de los muros ubicados en la cima de la colina Qulqiwayrachina, indican una función de tipo defensivo, dando la impresión de ser una zona muy vulnerable de agresiones o ataques desde el norte.

También en el futuro deberá profundizarse el entendimiento de la relación de Inkallaqta con otros sitios inka ubicados en el valle de Pocona (a 10 Kms.), los cuales por sus características obedecen a otro tipo de necesidades e intereses, pero obviamente dentro el mismo esquema espansionista inkario.

Inkallaqta presente y futuro. La fortaleza -que peyorativamente recibe la denominación de "ruinas"- constituye hoy la expresión arquitectónica más grande de lo que fue la expansión del Tawantinsuyu a los valles de Cochabamba-, la cual de hecho, no sólo vale por ser un testimonio del pasado sino fundamentalmente, porque constituye un símbolo profundo de la identidad regional cochabambina, enraizada desde las profundidades del tiempo precolombino, proyectando y ratificando la vocación agrícola regional como alternativa futura.

Hoy por su aislamienhto y abandono presenta varias niveles de deterioro, tanto por factores de orden natural (lluvias especialmente) como también de depredación turística, problemas que deberán resolverse con un programa serio y sostenido de conservación.

Es notoria también la agresión que el sitio ha sufrido (por una "entidad oficial") a propósito de la construcción de un camino de acceso hoy cancelado por el sector noreste del cerro Pukara, el cual ha provocado transtornos paisajísticos, erosiones, desbordes en torrenteras, etc.

Considerando la importancia histórica y turística de Inkallaqta para Cochabamba, debe emprenderse en forma interinstitucional acciones concretas para salvar la Fortaleza del olvido y su destrucción, pero yendo más allá de simples "declaraciones de monumento nacional" que sólo queda en el plano de las buenas intenciones. En este sentido, un primer paso se dió en 1974, cuando la U.M.S.S. pidió a la UNESCO cooperación para realizar un estudio preliminar de Inkallaqta, con el tratamiento de todos sus aspectos. Los más importantes son:

1. Delimitación y deslinde Parque Inkallaqta: Contempla la delimitación física del Parque (expropiación de tierras) y su área de protección visual, incluyendo forestación adecuada y canalización de torrenteras.

2. Organización funcional Parque Inkallaqta: Se refiere a su camino de acceso y la infraestructura turística necesaria para que el sitio sea accesible año redondo con una infraestructura minima para los visitantes.

3. Aspectos arqueológicos y de conservación: Incluye todo lo referente a la investigación arqueológica sistemática, y paralelamente, los trabajos de conservación para proteger el monumento y evitar su destrucción.

4. La U.M.S.S. en este sentido, hace suya la problemática de Inkallaqta dentro del compromiso de generar y promover una acción concreta y participativa que se traduzca en la conservación puesta en valor del monumento inkaico para beneficio de la región y la arqueología boliviana.

KHIPU Y YUPANA. SISTEMA INFORMÁTICO INKA

En el Tawantinsuyu todo estaba registrado por un sistema informativo. Este era un sistema de cuerdas con nudos de diversos colores llamado khipu. El khipu tiene una cuerda principal transversal gruesa de la cual penden cuerdas delgadas, y de éstas otras mucho más delgadas con o sin nudos. Las cuerdas delgadas en algunos khipus son muy numerosas y en otras pocas. Hay khipus pequeños y grandes, desde tres hilos hasta cuatrocientos. Para hacer un khipu seleccionaban muy cuidadosamente los mejores hilos de lana o de algodón, porque la elaboración de los khipus en los pueblos andinos, era parte de la tecnología del tejido.

En el estado inkaico todo estaba muy bien organizado. Hacían mucho uso de los datos estadísticos e informaciones registrados en el khipu. Los khipukamayuq eran expertos en codificar, descodificar, usar y manejar los khipus. Los expertos expresan que el hilo de color amarillo significa oro, el blanco, plata, el rojo, hombre, el azul, religión, y el carnesí, rey. Los hilos de colores combinados representaban ideas abstractas. Estos colores combinados eran: amarillento, blanco opaco, marrón claro, marrón obscuro, anaranjado, rojizo, rojiblanco y verde obscuro.

El khipu en el Tawantinsuyu, era un documento de valor multiple. No sólo registraba la contabilidad, sino la información histórica, el calendario astronómico, la estadística general, la cantidad de gente enviada en calidad de mitmaq, de soldados, de muchachas en la Casa de las elegidas, de tejidos de lana, de animales, de cultivos, de andenes, de puentes, de literatura, de canciones de gesta, de poesías, de leyes, de negociaciones de paz, etc.

Los khipus no son idénticos, unos son de lana de llama, de alpaca o de algodón, otros son de cabuya, de cabellos humanos, de pelo de venado, y otros de hilos de oro o plata. Tampoco son iguales de tamaño, los pequeñitos son de cuatro centímetros, los más comunes miden más de cincuenta centímetros, y los grandes miden hasta más de un metro. Los primeros curas extirpadores de idolatrías habían quemado una enorme cantidad, a pesar de eso actualmente se conservan quinientos cincuenta khipus en los diferentes museos del mundo.

Actualmente los científicos en informática, examinan con sumo cuidado la relación que existe entre los khipus y las computadoras. Tal como sabemos, ambos calculan, registran, y almacenan datos. En una conferencia sobre la historia de las computadoras, el Dr. Lluebbert dijo que: "El khipu en el Tawantinsuyu, era el sistema informático de administración del imperio". El Dr. Sperry Rand manifestó que: "En el imperio inka, el khipu era el recurso casi perfecto para la toma de decisiones". Otros expertos habían expresado que: "Los khipus científicamente son los progenitores de las computadoras". Así muchos expertos engrandecen las bondades de los khipus.

Los khipus forman parte de la historia general de las computadoras. Los nudos de los khipus representan los números, tal como ocurre con los datos de la computación. Una vez especificado el formato de números, se puede contar y codificar. El concepto de cero en los khipus es la ausencia de nudos, es una posición vacía o sea no hay nada. (Mayores detalles en las páginas 117 -122 en el Quechua Boliviano Trilingüe. Curso Avanzado. Quechua / English / Castellano de Luis Morató Peña y Luis Morató Lara).

En el manuscrito de Guaman Puma de Ayala, en la página 360 muestra una figura de khipukamayuq sosteniendo en sus manos un khipu. Sobre el dibujo se lee: "Contador mayor y tesorero tawantinsuyu khipuq kuraka cóndorchawa". El título quichua "kuraka" (jefe, principal) detalla la alta posición oficial que este personaje ocupaba en el inkario, este kuraka era hijo y "apu" (Señor grande, Juez superior), Cóndorchawa (Kunturchawa), se traduce como insignia del cóndor. Hay otras figuras con khipus en las páginas 202, 335, 348, 800 y 883.

Los datos de Guaman Puma de Ayala confirman que el khipu, también fue usado como especie de calendario, no obstante que usaban de una cuenta muy sutil de unas ebras de lana de dos ñudos y puesta lana de colores en los ñudos, los cuales llaman khipus, entendíanse y entiéndense tanto por esta cuenta, que dan razón de más de quinientos años de las cosas que esta tierra y en este tiempo han pasado.

Tenían indios industriados y maestros de los dichos khipus y cuentas, y éstos iban de generación en generación mostrando lo pasado y empapando en la memoria a los que habían de entrar, que por maravilla se olvidaban cosa por pequeña que fuese tenían en estos khipus, que casi son a modo de pavilos con que las viejas rezan en nuestra España, salvo ser señales que tenían tanta cuenta en los años, meses y luna, de tal suerte que no había lunar, luna, año ni mes, aunque no con tanta policía como después que el Inka Yupanki empezó a señorear y conquistar esta tierra, porque hasta entonces los inkas no habían salido de los alrededores de Cusco. El Inka Yupanki, fue el primero que empezó a poner cuenta y razón en todas las cosas.

Los khipukamayuq habían sido a manera de historiadores de la nación y fueron muchos, y en todos ellos habían conformidad en khipus y cuentas. Con la ayuda de ábaco los indios podían ejecutar sus operaciones aritméticas, y que los resultados eran después anudados en los hilos del khipu. Quien haya visto varios khipus, comprenderá que hubiera sido poco práctico, si no imposible, llevar las cuentas deshaciendo los nudos a veces fuertes y bien hechos. Por eso opino que los khipus deben ser considerados generalmente como el resultado y registro de las cuentas.

Yupana era como el ábaco de los Inkas, un instrumento de cálculo. Al respecto el escritor Henry Wassen manifiesta que lo más interesante de la página 360 en la obra de Guaman Puma de Ayala es la figura que se ve en la parte inferior de la esquina izquierda. En un rectángulo compuesto de 4x5 cuadros, marcados sistemáticamente con pequeños círculos o puntos. No cabe duda que es un tablero o ábaco, que bien se puede suponer una invención peruana y que, según sé, no ha sido descrita hasta hoy.

En el 2004 el profesor italiano Nicolino de Pasquale, un ingeniero aereonáutico que enseña en la Universidad Pescara (norte), según el diario La Tercera de Santiago de Chile, asegura haber descubierto el misterio del sistema del cálculo. Sus conclusiones se basan en que los inkas realizaban sus cálculus en la yupana en base al número 40 y no en base al decimal, como se creía hasta ahora. Según el profesor, el error parte de los khipu, instrumento a base hilos y nudos que los inkas utilizaban para sus registros contables, que sí los khipus se basaban en el sistema decimal.

Todo comenzó tras el hallazgo de las yupanas inkas, tablillas de barro o piedra de 30 por 20 centímetros, formadas por cuadrantes o casillas, donde se colocaban las piedrecillas o granos de maíz y que servían como ábaco a los Inkas. Con la asistencia del dibujo de Guaman Puma de Ayala, se ve que la yupana o el ábaco andino, consistía en 4x5 cuadrados con 5, 3, 2 y 1 agujeros respectivamente. Para contar se usaban piedrecitas, granos, semillas o cosas por estilo (pág. 211).

Garcilaso de la Vega en su Libro II, capítulo XXVI de 1609: "De la geometría, geografía, aritmética que alcanzaron", expresa que de la geometría supieron mucho, porque les fue necesario para medir sus tierras, para ajustar y partir entre ellos, esto fue por sus cordeles y piedrecitas, por las cuales hacen sus cuentas y particiones.

De la aritmética supieron mucho más y por admirable manera, que por nudos dados en esos hilos de diversos colores, daban cuenta de todo lo que en el reino del Inka había tributos, y contribuciones por cargo y descargo, sumaban, restaban, y multiplicaban por aquellos nudos y para saber lo que cabía a cada pueblo, hacían las particiones con granos de maíz, y piedrezuelas, de manera que les salía la cuenta.

Antonio de Herrera en su Libro V, Cap. I de 1601-1615, manifiesta que para tener cuenta y razón, usaron khipus, y tenían un aposento colgado de ellos, que servían de libros. Estos son cuerdas anudadas con diversos nudos y colores, con los cuales suplían cuanto pueden decir historias, leyes, ceremonias, y cuentas de negocios, con mucha puntualidad, para tener estos khipus había oficiales señalados, que hoy en día se los llama khipukamayuq, los cuales, como escribanos estaban obligados a dar cuenta de cada cosa, y se les daba entero crédito, porque para guerra, tributos, gobierno y cuentas, había diversos khipus, y así como nosotros con 23 letras sacamos tantos vocablos, así los indios, con sus nudos, y diferencia de colores, sacaban innumerables significaciones de cosas.

Los khipus, no solamente sirven para la memoria, porque el que inventó, no lo hizo palabras sino para denotar aquella cosa, y así nunca los indios tuvieron letras, sino cifras, o memoriales en la forma dicha. Por unas cuentas de pedrezuelas aprenden cuanto quieren tomar de memoria por los granos de maíz y suelen hacer también un gran repartimiento de cuentas muy dificultosas, dando a cada uno la parte que le cabe; y de esta manera suelen tomar cuentas y tales contadores enviaban los inkas, para tomarlos a los cogedores de tributos. Sus escrituras, como no eran letras, sino dicciones sin necesidad de travarse unas con otras, las ponían de arriba abajo; y de esta manera con sus figuras se entendían.

Juan Velasco en su Historia del Reino de Quito en la América Meridional dice que los "karas" del sur de Pasto, tenían cierto modo de escribir: Se reducía a ciertos archivos o depósitos hechos de madera, de piedra o de barro, con diversas separaciones en las cuales colocaban piedrecillas de distintos tamaños, colores y figuras angulares, pues eran excelentes lapidarios. Con las diversas combinaciones de ellas, perpetuaban sus hechos, formaban sus cuentas de todo.

En el libro de Guaman Puma de Ayala en la página 214 está el dibujo de la "interpretación del ábaco peruano". De los dos ejes del rectángulo, opera el vertical, por ejemplo la línea A, de acuerdo con el sistema decimal, que según está probado fue usado para las cuentas en khipu con nudos de unidades, decenas y centenas, principiando de abajo. Si esta línea vertical A contiene cinco cuadrados -como es el caso del dibujo- todos los números de la línea horizontal A son múltiplos de 10.000.

TOPONIMIAS EN EL PERÚ

El Ministro francés Briand Herriot, es quien manifestó en la Primera Guerra Mundial su concepto sobre el término cultura en los siguientes términos: "Se llama cultura a aquello que queda en nosotos después que hemos aprendido". El escritor Max Espinoza Galarza, nos expone algunos términos históricos que corresponden al periodo anterior a la civilización inkaica:

Pirua. Illa Tijsi Wiraqucha. Nación que quiere que se respete, debe comenzar a respetarse así mismo, lo cual demanda la obligación del culto. Paqarisqa-Runasimi pertenece al gran megalítico Imperio, del cual los collas son los legítimos herederos.

Zara en árabe es maíz. El español se implantó en el primer tercio del siglo XVI. Además del runasimi en el Perú se habla: el wanka y chinchaysimi como dialectos de aquél. Llamish y kachinuna en Junín y Yawyus para los pastores de llamas, en Wantan y Chongos Alto respectivamente. Colla impropiamente aymara. Las lenguas como: sec, muchic y quignam se habla en los yungas y otras como puquina, cholona en la hoya de Huallaga. El kauki o áqaru proviene de "aq" que quiere decir bombre y "aru" idioma. El tupi, Markhan considera al tupi como un dialecto del aymara. El tampish en Cajatambo y en la región de la selva hay en número incalculable.

Pitu siray, sgnifica la pareja atrapada "Los enamorados no razonan, sienten eso es todo", bien decía Pascal: "el corazón tiene sus razones que la razón no comprende". Utusi posiblemente es miembro genital. Utusi sunqu "la esperanza te niega lo que tu deseo pide". Chukillanthu es sombra de la lanza. Tisukumbi, significa mantas bien labradas y finísimas.

Collao. Lago Titicaca, Inticaca o Tartaptat'aqota. Collao deriva de Collagua, que es el personaje mitológico. Pachakamaq es el Dios del Universo, hacedor del mundo, después de haber formado animales, decidió crear al hombre para lo cual tomó tres orígenes: Sihuayru (mineral), coca (vegetal) y llampu que es la llama (animal), los mezcló cuidadosamente e inyectando un hálito de vida, creó al hombre al que llamó Wiraqucha, que significa "esencia de la vida". El sunmum de todo lo creado le dió el encargo de sembrar y cultivar la tierra, con cuyo objeto Wiraqucha anduvo por el orbe colocando todo lo creado en papel, lo cual lo hizo a su perfección.

Como Pachakamaq quedó solo, resolvió concederle una compañera y tomando un poco de tierra fecunda la delinió esculturalmente y le infundió el soplo de vida y resultó la mujer para compañera de Wiraqucha, y esta mujer se llamó Collagua, cuya semántica es "la cura de los males". La personificó como Pachamama, vale decir la Madre Tierra.

Andando el tiempo Cullagua devino en Colla, que es el nombre que adoptó la Gran Nación del Titicaca en quichua y Tartaptat'aqota en aymara. Wiraqucha y su esposa Cullagua, se establecieron en Chitapampa que para los Collas es pampa o llanura de la nación. Wiraqucha fue llamado Pachakamaq, pero antes su cuerpo fue convertido en piedra y su espíritu transmigrado en Inti o Sol.

La viuda Collagua sobrevivió muchos años y luego fue llamada por Pachakamaq transmigrándola en Killa o Luna para que en el más allá siguieran juntos en su vida de casados. Antes de morir Collagua encargó a sus cuatro hijos para que cumplan fielmente lo que su padre Wiraqucha había encomendado. De esa mujer Collagua son directos descendientes los Collas, cuya influencia civilizadora se hizo sentir en toda Sud América mucho antes que el inkanato. Al morir Cullagua su cuerpo fue convertido en la fecunda tierra de la que había sido formada.

El valle de Lambayaque, es un mundo perdido, allí se construyeron pirámides convertidas en colinas. En Túkume, habían 26 pirámides y desaparecieron 700 A.C. ocupaban más de 2 kilómetros cuadrados, la mayor tenía tumbas, estaban hechas de ladrillos y sus paredes tenían muchas figuras con símbolos más de 80.

Túkume en la cima de las pirámides tenía pistas y habitaciones, comida de los ricos que vivían en el edificio o en el lugar. Túkume tenía 26 gobernadores en 26 pirámides y los amos vivían en la cima, en el centro estaba el soberano, sus favoritos eran las llamas y los pescados que criaban alrededor de una montaña, una pirámide era como una réplica de la colina.

LA ETNIA URU CHIPAYA, IRUITU, MURATU

La etnia uru, según la tradición, es una nación de la edad presolar. Los hombres de los lagos del altiplano, son cazadores, pescadores y navegantes. Ahora los urus forman tres grupos: Chipayas, Iruitus y Muratus.

Históricamente UruChipaya, es una nación precolombina con identidad cultural, viven mayormente en la ribera del río Lauca y del lago Poopó, en la provincia Atawallpa, del departamento de Oruro, Bolivia.

En el mes de noviembre del 2006 fue declarado "Patrimonio Cultural de Bolivia". Al presente entre los chipayas se encuentran los muratus y los iruitus. Ellos tienen un alfabeto oficial reconocido por Resolución Ministerial 292 en el año 2005. Los chipayas son políglotas, porque además de su lengua materna, hablan aymara, quichua y castellano.

Al respecto el abuelo don Martiriano López Condori de 85 años vierte la siguiente leyenda: "Mi abuelo me contaba que nosotros somos anteriores a la creación de la luna, más antes que el diluvio, manejábamos nuestras balsas y por eso pudimos sobrevivir. Vinimos con el rayo solar, que cuando salió por el horizonte quemó a todos, menos a nosotros que teníamos chozas de ch'ampa. Somos los más antiguos del altiplano en Sud América y luchamos contra los españoles para mantener nuestras costumbres y vestimenta. Antes éramos una nación con mucho territorio, ahora casi no tenemos nada".

Los asentamientos en las márgenes de los lagos UruUru y Poopó contienen a los UruMuratus, en los que sobresalen los poblados de Llapallapani, Puñaka, Tinta María y Villañique. En la provincia Sabaya el municipio UruChipaya alberga a cuatro ayllus que son: Aransaya, Manasaya, Vistrullani y Ayparavi o Unión Barras. En La Paz se sitúan los UruIruitu, en la provincia Ingavi, cantón Jesús de Machaca en la orilla del río Desaguadero.

En las islas flotantes de totora (t'utura) se hallan los UruChullunis, los que son uno de los atractivos turísticos en Puno, Perú. A todos ellos se los conoce como "hombres de la laguna o gente de agua". Son políglotas hablan quichua, aymara y castellano, además de su propia lengua que se conoce como uchuntaqu o uchumataqu.

Los Iruitus, es una fracción de los urus, pero se los conoce como UruIruitus son habitantes de los totorales del río Desaguadero en su curso hacia el lago Titicaca, viven mimetizados entre los aymaras con la pérdida de su cultura e idioma, iruitu proviene de la voz puquina.

UruKilla, es un grupo étnico de la misma raíz que los urus, descendientes de los "chullpares" o de los antiguos pescadores y cazadores, ya casi sin atracción por la vida lacustre, dedicados a la agricultura y recolección de vegetales, viven en franca relación con los Aullagas entre el Salar de Coipasa y Uyuni en las Salinas de Garci de Mendoza, hoy provincia Ladislao Cabrera.

Sobre el origen del nombre UruMuratu, los casiques Lucas Miranda y Daniel Mauricio del grupo urus, cuentan que el gobernador de los urus de la isla de Panza y Pampa Aullagas y su esposa, al ser bautizados el 25 de marzo de 1646, él tomó para sí, el nombre de la recién fundada Villa de Oruro, San Felipe de Austria y ella el nombre de María Qucha y luego salieron de la isla Panza, dejando como gobernador a su hijo UruMayor.

El hijo escondió el oro en una mina, para resguardar de la invasión aymara y quichua. Cuando UruMayor estaba en la isla, llegó una comisión encabezada por el visitador José de la Vega Alvarado para medir las parcelas de tierra de la región del lago. UruMayor fue obligado a comprar el lago y sus islas, y debido a esta compra los moradores uru, contribuyeron con una tasa reducida por haber entregado a los funcionarios de la corona una arroba de oro.

Durante la misma visita de José de la Vega Alvarado, el UruMayor se bautizó con el apellido de Miguel García Morató, que era el escribano del visitador, desde entonces la población de la isla de Panza tomó el nombre Morató pero lo pronuncian Muratu. Los UruMuratu, ganaron el beneficio de ocupar los pastizales, totorales y los ricos recursos naturales del lago y se mantuvieron como etnia frente a otras poblaciones nativas o forasteras que compartían el mismo territorio (véase pág. 115 Margaret Bayersdorff).

UruMuratu, es una etnia en vias de extinción, data de unos 4000 años a.C. Los originarios murutus y su idioma chhulu ha desaparecido durante la época republicana y los sobrevivientes que son unos 500 ya se han mezclado con los chipayas, aymaras, pukinas, quichuas y urus. Puñaka Tinta María, Willañiki y Llapallapani, son tres comunidades que están a la orilla oeste del Lago Poopó. Allí viven los UruMuratu, bajo la autoridad del jiliri, se ocupan sólo de pescar pejerrey, karachi, cazar patos y pariguanas, su vida depende totalmente del lago, los discriminan y los llaman flojos, come hierbas, porque no son agricultures.

La leyenda de los UruMuratu, cuenta que la etnia Murutu, había extraído los tesoros de oro de las entrañas del sagrado cerro Asanaque (5130 ms.), por esta falta, el dios de la montaña y del viento Wintur Mallku, los había castigado a vivir en el lago Poopó, de la pesca, la caza y andar a su alrededor como parias. Los llamaban "come hierbas" porque se nutrían de la kuyka, planta acuática parecida a la quinua pero de color negro, y de las exquisitas y nutritivas miwllas, raíces de la t'utura (totora) y de lurumas que eran como las papas que crecían en la ribera del lago Poopó.

YANA. EL AMOR
YANAKUNA. LOS ESCLAVOS

Yana, era entre los hombres de la sociedad andina, la figura equivalente al aqlla, a quienes se les destituyó de sus cargos y de la autoridad que ejercían en los asentamientos tradicionales. A diferencia de las aqlla, que constituían familia y trabajaban exclusivamente como artesanos, agricultores y pastores.

La ideología inka exigía que los yana fueran una innovación suya. La sociedad yana, se origina en la gente que fue acusada de "rebelde" en el ayllu Yanayaku. Cuentan que el Tupaq Inka, envió a su hermano real a realizar una inspección en el reino y dirigir un censo en el ayllu Yanayaku, pero él aprovechando su cargo oficial, no enumeró en el censo a un grupo de gente que iba a utilizar en una conspiración contra la dinastía y el Inka.

Tupaq Inka descubrió el complot y fue ejecutado el hermano traidor y empezó la matanza contra los rebeldes y su linaje. Se dice que la quya intervino y pudo detener la masacre haciendo ver a su esposo que los "rebeldes", podrían estar al servicio del estado y del Inka de por vida, unas veces cultivando las haciendas reales y otras como artesano o pastor. Debido a que el lugar donde todo esto sucedió se llamaba Yanayaku a los criados llamaron yanakuna, y algunas veces yanayaku. Algunos autores consideran que los yanakuna son esclavos. El nombre procede del verbo yanapay, que significa asistir por completo a alguien que precisa ayuda.

En el Tawantinsuyu el término yana, se designaba a los criados dependientes o bajo control del kuraka y del Inka al servicio del estado, y libres de lazos familiares. Desde entonces el grueso de la población andina se divivió en dos categorías: los jatunruna o los indios de las comunidades que estaban sujetos a la mit'a y al tributo y los yanakuna, considerados como el status social más bajo, pero en realidad libre de las obligaciones debidas por los otros indios.

Será positivo referirnos a algunos términos afines: yana es el color negro, yana runa es persona de tez negra o oscura; yana ch'uju o nigru ch'uju en Perú quiere decir coqueluche, tos convulsiva o tos ferina; yana k'istu en Bolivia y yana ch'illu en Perú quiere decir negro retinto, negro azabache; yana-kisa en Perú es la yerba ortiga negra medicinal para la ciática, yana phuyu es nubarrón, nube negra que presagia granizada; yanamanka es tizne, hollín; yanantin en Perú se refiere a una pareja de amantes juntos, es decir el amante con su amada, la novia con el novio, etc. Yananchakuy es casarse, emparejarse. En Bolivia yananchay jampiyta significa la segunda curación que hace el curandero siguiendo el ritual tradicional. Adjuntamos una poesía de Bolivia hecha canción.

"Yana ñawi". Takiy.
  Yana ñawi, ch'aska tijlla,
  jamuy tanta kapusun,
  mana mamayki munaqtin,
  k'itakuy, jaku ripusun.

"Ojos negros". Canción popular.
  Ojos negros, pestañas rizadas,
  ven y formemos una pareja,
  y si tu madre se opone,
  huye y vámonos.

Yana ñawi, yana chujcha,	Ojos negros, cabellera retinta,
jamuy a yananchakapusun,	ven que vamos a casarnos,
yanantin puraña kaspari,	y siendo ya esposos,
kusiylla kawsarikusun.	viviremos muy felices.

Yana en Perú y mayormente en Cusco quiere decir: amor, enamorado, da; novio, via, prometido, da; consorte, pareja, amante, esposo, esposa. Paypa yanan significa su pareja, su enamorado o enamorada o su amante de ella o de él. Esta palabra negro o negra en el español de los países andinos, se usa como expresión de cariño o amor, por eso se suele escuchar frases como: ¿Negrita quieres café? Negrito dame una copa de refresco; Negra vamos al cine. Negro pásame ese libro y ninguna de estas personas es de tez negra o africana. Al presente en Cusco sigue en uso el término yanasa que es amiga de otra mujer, novia o mujer que está comprometida. Yanasanakuy significa hacerse de amigas, emparejarse o hacerse novios una mujer con un hombre.

Yanantin que es un dualismo al igual que las manos o como las parejas, es signo de opuesto, siempre complementarias o sea son como las mitades opuestas pero que se complementan, yanantin por ende es una pareja de enamorados, novios, amantes, esposos o de convivientes. A propósito insertamos una poesía de Cusco, Perú, que es un ¡adiós! entre amantes de autor anónimo intitulada precisamente "Yanantin pura".

Yanantin pura	**Entre amantes**
Munanakuy jarawi	**Poesía del adiós**
Pilpintu jina,	Como las mariposas
phawaykachaspa,	volando por doquier,
munanakurqanchis.	Nos amamos profundamente.
Siwar q'inti jina,	Como el picaflor verde azul,
t'ikaq misk'inwan,	con el néctar de las flores,
uminakurqanchis.	nos nutrimos como palomas.

Qhapaq Qusqupi, yanantin pura, tupanakurqanchis.	En la noble ciudad de Cusco, nos encontramos, entre amantes.
Kunan chayamun, llakiy t'aqanakunanchis, yawar wiqi waqananchis.	Ahora ha llegado el momento, el fatídico instante de separarnos, de echar lágrimas vivas de sangre.
Manan risaqchu, qhasquykipi wañusaq, sunquykipi p'ampakusaq.	Imposible que me aleje de ti, voy a morir en tu seno, y enterrarme en tu corazón.

LOS NATIVOS PRE-INKAS DE LA AMÉRICA DEL SUR

Los nativos pre-inkas llamados "indios" de la América del Sur y los Andes Meridionales a mediados del siglo XVI se dividían en varias regiones:

1. Un sector central que comprendía los pueblos aymara, lipez (sociedad que se desarrolló en las actuales provincias de Nor y Sud Lipez), chango, atacameño, diaguita del norte chico de Chile, y los moqueguas y diaguitas del noroeste de Argentina.

2. La periferie suboriental que recibieron la influencia andina, pero también de las culturas de tierras bajas (amazónicas, chaqueñas, pampinas); serían los lules y tomacotes de Tucumán, los sanavirones y comechingones de la tierra de Córdoba y San Luis, y los huarpes de San Juan y Mendoza.

3. La periferie sur comprende desde el valle de Aconcagua hasta las islas de Chiloé donde vivían los mapuches y los pehuenches.

En la costa de Arica y Tarapacá además de los aymaras (8851 habitantes), vivían los pescadores nómadas que fueron denominados uru, y proanche, en el siglo XVII se los conocían como los changos (600 a 700 changos).

Cunza era la lengua de los atacameños, kamanchaka era un grupo pequeño nómada de pescadores de la costa de Arica y Tarapacá, que en el siglo XVII también se los conocía como los changos, se dice que usaban vestuarios similares a los aymaras.

Los mapuches o pikunches ocupaban desde el valle de Mapocho hasta el río Maule al sur de los diaguitas chilenos. Los mapuches o pikunches, se dividían las tierras de regadío, utilizando el sistema de acequias en la misma manera que los inkas.

Matará, era una tribu tomacote que vivía en la región del río Bermejo, hablaban tomacote, que era la lengua general de la región. Los tomacotes, vivían en poblados bien definidos por empalizadas para defenderse de los lules. Era un pueblo sedentario con rebaño de llamas, domesticaban avestruces y cultivaban maíz, zapallo, alubias y cacahuetes, vivían en toda la región de Tucumán.

Los chané o guaná, se establecieron principalmente en el Chaco del Paraguay, hablaban la lengua arawak. Eran cazadores, recolectores y pescadores, vivían en casas grandes de 16 por 6,5 ms. Se dividían en cuatro clases: nobles, guerreros, plebeyos y esclavos. Los chané practicaban el infanticidio con las hembras enterrándolas vivas.

Los guaraníes, vivían en grupos ampliamente dispersos, al sudeste del Chaco, en las islas y delta del río Paraná y en el norte de las provincias de Corrientes y Misiones. Cultivaban poroto, maní, mate, algodón y bija.

Los lules, era un pueblo de cazadores, recolectores nómadas que procedían de los bosques tropicales del Chaco e invadieron el territorio tomacote para saquear sus aldeas situadas en las estribaciones de las sierras. En el momento de la conquista, los lules se encontraban en torno a Jujuy y Santiago de Estero. Los lules a pesar de ser una misma gente, tenían diversas lenguas, porque no residían todos en la misma tierra, sin embargo también comprendían el tomacote.

Los comechingues, vivían en las sierras de San Luis y Córdova formando aldeas de 30 o 40 casas, con 4 o 5 adultos casados por cada casa. Las casas tanto de los sanavirones, así como de los comechingones eran grandes a modo de sótano, sobre la cual se ponía techo de paja, la aldea estaba cercada con defensas de espinas.

Los sanavirones, ocupaban una extensa zona al sur del río Dulce, que comprendía la depresión del Mar Chiquita, mantenían buena relación con los comechingones.

Los huarpes, vivían en la provincia de San Juan, en el río Diamante en la provincia Mendoza y las lagunas de Guanacache. Eran labradores que trabajaban campos irrigados en donde cultivaban maíz, porotos y quínua, tenían llamas. Los huarpes del este o de las lagunas de Guanacache, vivían de la caza, la pezca y la recolección. Su organización era típicamente andina.

Los tehuelches, eran cazadores de avestruces acercándose disfrazados de avestruces. El tehuelches adoptaron el caballo pronto después de la llegada de los españoles y de ahí se generalizó la caza colectiva mayor empleando boleadoras y lanzas. En la costa cazaban focas y recolectaban mariscos. El continente era la región de los tehuelches o patagones. Vivían en el norte de Chubut y hasta el sur de las sierras de las provincias de Buenos Aires y Córdoba.

Los tehuelches eran nómadas de tres a cuatro familias por tienda, formaban veinte a ochenta toldos. Cada toldería o banda tenía un jefe. Cuando un hombre tehuelche moría, se enterraba con todas sus posesiones, y se sacrificaba su caballo y otros animales que quedaban como ofrendas en su tumba. Su esposa y las parientes femeninas observaban un largo periodo de luto y reclusión. Pasado un año o más después del deceso se desenterraban los huesos, se pintaba y se celebraba un segundo entierro.

Los ona, habitaban la Tierra del Fuego, no adoptaron el caballo. Celebraban un rito secreto en la iniciación masculina, conocido como kloketén, parecido al yinchihava de los alacalufes.

Los cazadores-recolectores del Chaco, pertenecen a seis grupos lingüísticos: guaycurú, lule-vilela, mascoí, matacoa y un grupo no identificado que incluía los matará. El más numeroso de estos eran los guaycurú, que comprendía los abipones, mocaví, pilagá, toba, payaguá, subayá y los caduveos.

La tribus del Chaco, comprendían los mataco, choronti, ashuslay, macá, lengua toba y lule-videla. Las tribus del Chaco que manejaban caballos y utilizaban canoas eran los mocoví, abipones, payaguá y nibayá. La introducción de los caballos permitió la dominación de sus vecinos de habla tupí y arawak.

FAMILIAS LINGÜÍSTICAS
TUPIGUARANÍ, GE, ARAWAK, SINGUANO, KARAJÓ, KAYAPÓ

En el Brasil en el año 1500, habían cuatro familias lingüísticas principales: tupí o tupíguarní, ge, caribe y arwak o arawak. Las otras familias menores eran: xirianá y tucano en el noroeste, panó y paez en el oeste, guaicurú y charrúa en el sur. También vivían allí los nambicuara o nambikwara, bororó, karajó, mura, aripaktsá.

Los tupí o tupíguaraní, se habían establecido a lo largo del litoral Atlántico. Los ge, ocupaban la extensa meseta central del Brasil relativamente despejada. Se dice que podían haber descendido de los primeros habitantes del Brasil. Los fósiles humanos más antiguos que se encontraron, en Lagoa Santa, de Minas Gerais, tenían unos 10.000 años de antigüedad, y correspondían físicamente a los tipos de **ge modernos**. Algunos llevaban discos de madera en sus labios y aros en sus orejas.

La mayoría de las tribus ge, no eran acuáticas, y generalmente no sabían nadar ni tenían canoas. Los ge son más conservadores, menos adaptables que los tupí y muchas de sus tribus han sobrevivido hasta el presente con sus culturas intactas. Los tupí, arwak o arawak y caribe, habitaban la cuenca del Amazonas.

Los arwak o arawak, se habían establecido en los ríos Negro y Orinoco, a lo largo de las riberas del Amazonas medio, y en la cabecera del río Madeira. Los arwak o arawak es, sin duda, una de las mayores familias lingüísticas. Se han localizado en toda la América Central y Florida, y en las grandes islas del Caribe. Se extendieron desplazándose en canoas, eran sumamente móviles.

Al presente hay algunas tribus que han sobrevivido: xinguano, karajó y cayapó. Los xinguano, son célebres por sus grandes cuencos para la mandioca, beiju, y por sus platos de dibujos zoomórficos en rojo y negro.

Los karajó, han realizado durante siglos figuritas tipo muñeca. Según unos estos indios viven de acuerdo a las leyes de la naturaleza. Esto llegó a proponer la teoría del noble salvaje o sea "no tenían fe, ni rey, ni ley". Según otros tenían fe en algo, pues se sentían rodeados por espíritus o demonios, estaban envueltos en una red de mitos, leyendas, ceremonias y creencias espirituales.

Los cayapó, continúan ocupando las cuencas situadas entre los cursos medios de los ríos Araguaía, Xingú e Iriri, habitan una zona de selva tropical húmeda. Los cayapó prefieren las cimas de las colinas porque están más descubiertas.

NUEVA COLONIZACIÓN INKA

La ciudad inkaica Tumipampa es famosa por sus edificios construidos durante el reinado del Inka Wayna Qhapaq, periodo en el que desarrolló y adquirió prestigio. Tumipampa está ubicada como el Cusco Imperial, en un área maicera, cercana a la región donde se pruduce la coca y otro recurso importante "el mullu" que alcanzó una especial importancia ritual, allí se menciona que los habitantes de Alico y Caraveli en la costa sur peruana, llevaban al Inka la concha mullu desde "los Guancavilcas" es decir, desde la peninsula de Santa Elena, en el Ecuador.

Posiblemente Tumipampa recibió especial atención militar, administrativa, añadida la presencia del Inka, pues Wayna Qhapaq prácticamente se estableció en ella. En Tumipampa se hizo entonces, una replica simbólica de Cusco. Se afirma que el conflicto entre Tumipampa y Cusco fue orignado por la rivalidad existente en Waskar y Ataw Wallpaq.

Mitimaes en los valles de Qhuchapamapa. Durante la colonización del valle cochabambino, Wayna Qhapaq había desplazado a los nativos chuwis, qutas, diaguitas y a otros, y los había instalado en las fortalezas de Mizque, Pocona, Pojo y Montepunku, para que defendieran el Imperio de la invasión de los chiriguanos.

Más tarde Wayna Qhapaq envió a uno de sus parientes, Guacané a conquistar el territorio situado al sudoeste de Cochabamba, hacia la llanura de Guapay. Desde Mizque, Guacané exploró la región y fundó la fortaleza en Samaypata, y obligó a una alianza al jefe local Grigotá. Importó nuevos mitmaq, para el trabajo en las minas de oro y estableció una fortaleza terminal en el llano de Wanakupampa.

En Wanakupampa ocho mil guerreros guaraníes del Paraguay lanzaron un ataque sobre los territorios recién conquistados por el hijo del Sol. Sorprendieron a los inkas, mataron a Guacané y destruyeron la fortaleza inka, y los refuerzos de Cusco, fueron puestos en huida.

Wayna Qhapaq profundamente afectado por el desastre envió a Yaska, uno de sus mejores capitanes a la cabeza de un gran ejército reclutado en el norte del Imperio y reforzado en el sur por los guerreros lupaqa. Yaska con gran dificultad logró reconstruir la fortaleza destruida.

Los muyumuyus, en 1540 habitaban el extremo de la cordillera que dominaba el Chaco, en un ataque perdieron a sus jefes; entonces se refugiaron en los fuertes inkas de la región de Tarija, de donde fueron expulsados por los chiriguanos. Habiendo recurrido a los españoles para su protección, se situaron en los valles cercanos a la recién fundada La Plata o Chuquisaca.

WANP'U (BALSA)
WANK'A WILLKA (FELIPILLO)

El wanp'u de los Inkas era una balsa, embarcación o navío, las lanchas usaban en la navegación de los lagos, las embarcaciones por su mayor calado eran para navegar en el lago Titicaca y en el océano Pacífico.

Según Bartolomé Ruíz, en el segundo viaje de Francisco Pizarro antes de la invasión a los Andes, el piloto de la expedición, espió una balsa a unos 3 o 4 grados al norte de la línea ecuatorial. Tenía una tripulación de unos 20 hombres, la mayoría de los cuales lograron saltar al agua, pero 3 o 6 de ellos, fueron capturados y llevados a España por Pizarro, para exhibirlos y adiestrarlos en la lengua española. En el informe llamado de Sámano, se describe a esta embarcación. Porras Barrenechea ha sugerido que ha redactado Xerez, quien ya actuaba como escribano de Pizarro.

La balsa parece haber tenido una capacidad de 30 toneles (unas 15 toneladas). Estaba hecha de gruesos palos de balsa atados con cuerdas de cabuya. Tenía una cabina, también de balsa, donde la tripulación y las mercancías podían protegerse de las olas, estaba equipada con velas de algodón.

El surtido de los bienes que transportaba eran adornos de toda clase de oro y plata para el cabello, los tobillos, pulseras, pendientes, campanillas, chaquiras, espejos y recipientes. Traían muchas mantas de lana y algodón, camisas, aljubas, alcaceres, alaremes y muchas otras ropas de lo más bello de ricos colores de graña, carnesí, azul, amarillo y de otros colores y figuras de aves, animales, pescados y arboledas.

Todo esto traían para rescatar por unas conchas de pescado de que ellos hacen cuentas coloradas como corales y blancas. Zárate informa que algunas embarcaciones utilizadas en La Puna-Tumbes podían navegar a vela o a remo y para 50 hombres y 3 caballos. Podían navegar a vela, pero también tenían remos, los tripulantes eran buenos marineros.

Wank'a Willka, provenía de Calengane, otros dicen de la Puná, otros de Tumbes, los invasores le llamaron Felipillo. En un viaje anterior a la conquista del Imperio de los Inkas, el navío de Bartolomé Ruiz, llevó del Perú algunos jóvenes capturados en la costa norte del Perú actual. Ellos aprendieron español y retornaron con Pizarro, hallándose en la hueste entre el desembarco y los acontecimientos de Cajamarca.

Pero Felipe o Felipillo y Martimillo en la jerga conquistadora, no se hallaban en condiciones de llevar a cabo la delicada tarea de traducción que se esperaba que cumplieran. Habían aprendido ciertamente un español náutico o portuario porque vivieron en barcos y puertos en Sevilla, pero ello no los capacitaba para convertir en lenguas andinas, la complicada terminología requerida.

Los intérpretes de Cajamarca se hallarían en condiciones de hacer y traducir preguntas generales, pero nunca podrían haberse encontrado capacitados para traducir conceptos que requerían una aculturación más vasta: Rey y Monarquía, Dios, Papa e Iglesia; podrían haber hecho entender a los pobladores andinos qué era el oro, pero jamás se encontrarían en situación de explicar lo que era dinero. De un lado la insuficiencia idiomática y, de otro, las diferencias culturales, hacían muy difícil, si no imposible, traducir categorías. Se requiere ciertamente, de mucho análisis.

El III Concilio de Lima, en 1583 obligó a incinerar las cartillas bilingües utilizadas hasta entonces para la evangelización por las órdenes religiosas. Cuando el Concilio de Lima autorizó la impresión de la Doctrina Cristiana (que fue el primer libro impreso en Lima, 1584), el término Dios no fue traducido al quichua ni al aymara, lenguas que, junto con el castellano, se empleaban en tal edición.

A propósito de la tradución el Dr. Jorge L. Urioste, manifiesta que traducir, implica el conocimiento adecuado de las dos lenguas -la original y la de la versión- además de la capacidad de encontrar equivalencias culturales que permitan expresar un mensaje único en dos códigos distintos.

En una traducción los procesos culturales son semejantes, la dificultad de traducir queda reducida a la aplicación correcta de los dos códigos diferentes. Por el contrario, si las culturas son divergentes en cuanto a cosmovisión, valores y nivel de desarrollo técnico, la traducción deberá emplear una paráfrasis más o menos compleja para empedir la adulteración del mensaje original.

La dificultad aumenta si existe una distancia cultural entre la lengua-cultura del original y la lengua-cultura de la versión. Un conocimiento adecuado de las estructuras gramaticales de la lengua original es otro requisito esencial para producir una traducción exacta. El tercer criterio fundamental para hacer una traducción fiel es más difícil de analizar, ya que depende del sistema semántico de una cultura.

PACHAKUTIQ INKA YUPANKI

La tradición cuenta que cuando los ejércitos chancas se acercaban hacia el Cusco, el viejo Inka Wiraqucha, sin valor para resistir, abandonó Cusco en compañía de Urcos y sus principales colaboradores y fue a refugiarse en Caquia Xaquixahuana al norte de Calca.

El joven varón y animoso Inka Yupanki, era conocido por la paciencia que mostraba en las adversidades, por eso permaneció en el Cusco resuelto a enfrentar al enemigo, con algunos hermanos, parientes y particularmente con los viejos generales Apu Mayta, Willkakiru y Urqu Waranqa.

Los chancas, capitaneados por Astu Waraka y Tumay Waraka y portando el ídolo Usquwillka, su progenitor mítico habían llegado a Ichhupampa, en la provincia de Anta, de allí enviaron emisarios.

Los chancas, le pidieron al joven Inka Yupanki sumisión y dándole en caso contrario tres meses de plazo para darle batalla. El Inka Yupanki rechazó con desdén la solicitud. La gran batalla se dio en las puertas de Cusco. Los cusqueños no cedian en bravura a los feroces invasores y una mujer del Cusco Chañan Quri Kuka, peleó varonilmente en el barrio de Chocoscachona y también los que estaban en las piedras "pururaucas" (que era un conjunto de piedras erguidas). El príncipe Inka Yupanki los persiguió hasta Ichhupampa y ningún chanca quedó con vida, desde entonces este sitio de batalla se llama Yawarpampa o la Pampa de Sangre Viva.

El nuevo soberano Pachakutiq Inka Yupanki (Transformador del Mundo), asumió el cargo a mediados del siglo XV probable en 1438 y reinó treinta tres años, durante ese periodo se llevó a cabo la organización del Imperio. Tupaq Yupanki, el sucesor de Pachakutiq en 1471 prosiguió la obra de su padre durante veinte años más, hasta su muerte en 1493. La grandiosa obra de Pachakutiq Inka y de su hijo Tupaq Yupanki se compara con la expansión macedónica de Filipo II y su hijo Alejandro Magno. A su vez el jesuita Bernabé Cobo a mediados del siglo XVII manifestó: "Pachakutiq Inka Yupanki fue el rey más valiente y guerrero, sabio y republicano de todos los Inkas; porque él ordenó la república con el concierto de leyes y estatutos que guardó todo el tiempo y duró de entonces a la venida de los españoles".

WASKAR INKA (TITU KUSI WALLPAQ)

Waskar Inka (1525-1532), era el décimo segundo soberano del Imperio del Tawantinsuyu, hijo legítimo de Wayna Qhapaq y de su segunda esposa y hermana carnal la quya Ruwa Uqllu, esto se debió a que su primera esposa y hermana quya Kusi Rimay no pudo tener descendencia.

Siguiendo la tradición en las fiestas o raymis, los nobles solían asirse de una soga de lana multicolor llamada waska e iban cantando y bailando desde Qurikancha hasta Waqaypata o Plaza Principal. El Inka Wayna Qhapaq para dar solemnidad a la fiesta de su hijo, según cuenta un anciano pariente de Garcilaso de la Vega, sustituyó la soga multicolor por una cadena gruesa de oro muy grande de más o menos de unos setecientos pies y procedieron a la sustitución del primer nombre de su hijo Titu Kusi Wallpaq por Waskar, en memoria del lugar de su nacimiento Waskarq'ishwar.

Cuando el Inka Wayna Qhapaq estaba muy delicado en Tumipampa, allí después de muchas consultas y vacilaciones antes de morir, le dijo a su esposa la quya Ruwa Uqllu que fuera a Cusco y le communicara a su hijo Waskar que es su legítimo heredero, que su padre le ha dejado nombrado Inka. Entonces dos nobles parientes del príncipe Waskar viajaron a Cusco para comunicar al Consejo de Orejones la muerte del Inka Wayna Qhapaq y su decisión de que a Waskar se le ciñiese la borla imperial.

El Sumo Sacerdote Challqu Yupanki, le ciñó a Waskar la borla Imperial Maskapaycha en medio de las aclamaciones del pueblo. El Concejo de los Orejones nombró a Titu Atawchi y a Tupaq Ataw, para que ayudaran al Inka en la difícil tarea de gobierno del Imperio. Posteriormente el Inka Waskar, en plena plaza de Cusco anunció públicamente que fuesen quitadas las tierras de coca y maíz asignadas al Sol, a las momias de los Inkas que estaban muertos y a las de su padre Wayna Qhapaq, todas las cuales aplicó para sí, diciendo que ni el Sol ni las momias de los muertos, ni su padre que estaban muertos no comían y no comiendo que él las había menester, lo cual fue muy aborrecible a los señores.

La madre de Waskar la reina Ruwa Uqllu, se dice que cuando Wayna Qhapaq embalsamado fue llevado a Cusco como si estuviese vivo, se adelantó a Cusco para informar a Waskar sobre los funerales y los cronistas en sus escritos dicen que maltrató de palabra a su madre Ruwa Uqllu y originó una serie de conflictos. Waskar causó mala impresión, incluso en la propia gente de Cusco, por la violencia que ejerció en aspectos religiosos y los cronistas lo acusan de violador y de borracho.

Waskar Inka envió emisarios a su hermano de padre Ataw Wallpaq que estaba en Quito para que le rindiese vasallaje. Ataw Wallpaq recibió a sus emisarios de su hermano y les dijo astutamente: "siempre en su corazón reconocía vasallaje al Sapa Inka su señor y que le dijesen a su hermano que pronto le tuviesen a él allí". Ataw Wallpaq pidió permiso a su hermano para convocar a los pueblos de los alrededores pretestando hacer más solemne los funerales del Inka Wayna Qhapaq. Waskar Inka muy halagado aceptó la petición de su hermano, empero que viajase con el cortejo fúnebre.

Ataw Wallpaq preparó muy secretamente la rebelión con sus mejores capitanes, les ordenó que llevasen sus armas secretamente para las batallas y no para la exequias de su padre y desde ya, no viajó con el cortejo fúnebre, se quedó en Tumipampa y no se presentó ante el Inka Waskar para rendir vasallaje. Al contrario inició la guerra civil, atacó y venció a los huncavelicas y este triunfo militar, hizo que Ataw Wallpaq pensara en tomar Cusco, capturar a su hermano y proclamarse Inka. Por otro lado Waskar Inka triunfó en la batalla contra los chachapoyas y esto le hizo ver que podia enfrentarse con éxito contra el ejército de su hermano Ataw Wllpaq. Según la historiadora señora Rostworowski de Diez Canseco la guerra surgió entre las dos Panakas Reales: la de Pachakutiq y la de Tupaq Inka representadas por Ataw Wallpaq y Waskar.

Las batallas fueron numerosas y sorpresivas, se libraron en Quchawayllas, en Wari, en Bombón, Jauja, Andawaylas, Paltas, Yanamarka, Willkas y también en comarcas aledañas al Cusco Imperial. Una de las batallas muy encarnizadas fue en Yanamarka, allí chocaron los dos ejércitos y fue derrotado el ejército de Waskar Inka, quien al tener conocimiento montó en cólera y se dice que inclusive llegó a ofender de palabra a su madre Ruwa Uqllu y a su esposa Chuki Washpay. En la batalla de Willkaswaman, otra vez las tropas imperiales salieron derrotadas y los desastres continuaron uno tras otro. Cuando Waskar Inka se enteró de la nueva derrota, pensó que no le quedaba otro camino que salir personalmente al mando de un numeroso ejército, emprendió la marcha hacia el valle de Jakikuwana, lugar donde se instaló su cuartel general.

Waskar Inka dividió su ejército en tres partes y el comandó la tercera sección del ejército, su centro de operaciones era Cotabambas, tuvo una batalla encarnizada durante todo el día y Waskar fue capturado en la margen izquierda del río Apurimac y maniatado de pies y manos bajo una celosa guardia, pero acompañado de su madre la quya Ruwa Uqllu y su esposa Chuki Washpay. Kiskis poniéndose de pie y lleno de altanería le insultó a la madre de Waskar y le negó su calidad de quya. Luego por orden de Ataw Wallpaq empezó la matanza primero de los familiares de Waskar. Al Inka le pusieron traje de mujer, le atravezaron el hombro con una lanza, le dieron de beber orines, le impusieron masticar hojas de ch'illka en lugar de coca y finalmente le dieron muerte y su cadáver arrojaron a las aguas de Andamarca junto al río Marañón y Ataw Wallpaq se hizo coronar de Inka y gobernó corto periodo hasta la invasión española.

ATAW WALLPAQ INKA (ATAWALLPA)

Ataw Wallpaq o Atawallpa (1532-1533), su nombre proviene de ataw, que significa dicha, felicidad, ventura, suerte y wallpaq, quiere decir inventor o creador. Era el décimo tercer Inka del Tawantinsuyu, hijo de Wayna Qhapaq Inka y de la princesa del reino de Quito, Paqcha Kuka, era hermano de padre de Waskar, con quien sostuvo una larga guerra civil desde 1525 año en que murió Wayna Qhapaq hasta 1532, en que llegaron los españoles, lo apresaron con ardides, luego de un breve juicio lo condenaron a muerte en la hoguera y le conmutaron la pena por la horca, por permitir bautizarse y le dieron el nombre de Juan, fue ejecutado por los españoles, en la plaza de Cajamarca el 29 de agosto de 1533.

El escritor Juan de Betanzos (1530-1576), que llegó a desentrañar los mitos, la historia y el alma del inkario, se refiere a una entrevista entre Ataw Wallpaq y Sinkichara, un orejón nativo de Jakiwana, que se había entrevistado con Francisco Pizarro en Tangaralá, situada en Piura, en la costa norte del actual Perú, y de allí fue a donde Ataw Wallpaq y le informó: "he procurado saber qué gente fuese para ver, si era el Kuntiti Wiraqucha, y los wiraquchas en el tiempo antiguo vinieron, yo entendí que ellos son hombres como nosotros, y no hacen milagro ninguno, no hacen sierras ni las allanan ni hacen gentes ni producen ríos ni fuentes en las partes donde hay necesidad de agua, porque pasando por partes estériles traen agua en cántaros, y calabazas, y el Wiraqucha que antiguo hizo el mundo, hacía todo lo que he dicho".

Los reyes eran muy exigentes en cuanto al vestido, y se cambiaban a menudo, Pedro Pizarro cuenta que vio a Ataw Wallpaq mancharse el vestido al comer. Dice que el rey se levantó para cambiarse y regresó envuelto en una capa de murciélago. Cobo, pretende que no se ponían un traje más de una vez, y lomismo dice Garcilaso de la Vega. Murúa aumenta el número de cambios de ropa al día cuatro vestidos diferentes. Algunos afirman que la realeza regalaba sus vestidos una vez usados, pero Pedro Pizarro dice haber visto cestos que contenían toda la ropa usada de Ataw Wallpaq, junto con las q'uruntas (marlos) que había roido.

Ataw Wallpaq consultó al dios Katekil, que se veneraba en el célebre santuario de Wamachuku, acerca del enfrentamiento con su hermano Waskar y como la respuesta fue adversa, hizo destruir el ídolo e incluso mató por su propia mano a su principal sacerdote, destruyendo después el templo. Los agustinos que trabajaron allí, afirman que se decapitó la imagen de la **divinidad** y su cabeza fue arrojada al río.

Tiempo después la cabeza fue recogida, y aparecieron en la zona muchos pedazos de piedra que eran reconocidos como "replicas de Katekil". Ataw Wallpaq incrédulo dijo a sus captores que tampoco creía en Pachakamaq, pues ese dios había sido consultado por Waskar y por él, y a ambos había dado respuestas equivocadas. Cieza de León afirma que después de la victoria sobre Cusco, Ataw Wallpaq habría dicho que sus dioses peleaban por él.

El Marqués de la lengua preguntó a Ataw Wallpaq por qué había dicho que no era su dios Pachakamaq. Ataw Wallpaq respondió que era mentiroso y le dijo: As de saber, señor, que estando mi padre malo en Quito, le envié a preguntar qué haría para su salud, y dijo que le sacasen al sol, y sacándole murió. Waskar, mi hermano, le envió a preguntar que quién había de vencer: yo a él, y dijo que él, y vencí yo. Cuando vosotros vinisteis, yo le envié a preguntar quién había de vencer: vosotros o yo, envíome a decir yo, y vencísteis vosotros.

Wayna Qhapaq Inka se estableció prácticamente en Tumipampa, por ende esta ciudad recibió tanto la atención administrativa así como la militar y se hizo una réplica simbólica de Cusco. Las crónicas relatan con lujo de detalles, afirman que el conflicto entre Cusco y Tumipampa fue originado por la rivalidad existente entre Ataw Wallpaq y Waskar. Históricamente Ataw Wallpaq aparece como revoltoso, ilegítimo, usurpador, cruel y violento detentador del poder.

La guerra civil entre Ataw Wallpaq y Waskar, se atribuye a un esquema ritual, Ataw Wallpaq representaba a Janan Qusqu, y Waskar a Urin Qusqu, se dice también que abarcaría a todo el Tawantinsuyu, varias tropas asistieron a la lucha. Chincha y los curacazgos del Valle de Mantaro, parece que apoyaban a Ataw Wallpaq, y los curacazgos Cañari apoyaron a Waskar.

Las versiones no son similares, así Juan de Santa Cruz Pachakuti Yamki Salqamaywa escribe en su crónica que los caciques que acudieron a Cajamarca a hacerse cristianos negando sus ritos y cermonias. Felipe Waman Puma de Ayala expresa que un abuelo del cronista Martín Waman Mallki de Ayala, habría sido encargado por el Inka de "recibir y darse la paz" con Pizarro.

El cronista Xerez nos relata el ingreso de Ataw Wallpaq a Cajamarca. La gente comenzó a entrar a la plaza, venía delante un escuadrón de indios vestidos de una librea de colores a manera de escaquez. Estos venían quitando las pajas del suelo y barriendo el camino. Tras estos venían otras tres escuadras vestidos de otra manera, todos cantando y bailando. Luego venía mucha gente con armaduras, patenas y coronas de oro y plata. Entre estos venía Ataw Wallpaq en una litera forrada de pluma de papagayos de muchos colores guarnecida de chapas de oro y plata. Traíanle muchos indios sobre los hombros en alto, tras de éste venían otras dos líteras y dos hamacas en que venían personas principales. Luego venía mucha gente en escuadras con coronas de oro y de plata.

Mayor información sobre Ataw Wallpaq se halla en la obra del escritor Jesús Lara Tragedia del Fin de Atawallpa, monografía y traducción del quichua, 1957. Hubo un Teatro de Resistencia escrito en quichua, aymara y nahuatl, dirigido a la población indígena, mestiza y criolla. La Tragedia del Fin de Atawallpa en la zona andina. El Güegüense, representa en lo que hoy es Nicaragua, recreaban hechos históricos o se burlaban de las autoridades a través del chiste y la ironía.

III. PERIODO COLONIAL DE LOS INKAS
CAIDA DEL TAWANTINSUYU

Al respecto Guaman Puma de Ayala en su obra se encargó de la interpretación y explicación de la historia Andina antigua y moderna y, particularmente de la caída del Tawantinsuyu y la imposición del regimen extranjero. Los invasores con la ayuda de los Cañaris, ya que estos eran enemigos de los inkas sureños, ellos aún no se habían dejado conquistar por los inkas, lo que no sucedió con los karas y shyris.

El cacique Chaparra era enemigo acérrimo de los quitus, facilitó a Benalcazar el mapa del Reyno Shyri, dibujando en delicada tela los sitios estratégicos, los caminos y las diversas salidas, así como les reveló la estadística de las condiciones, número y clases de guerreros que rodeaban a Rumiñawi, el titan de la resistencia del ejército inka. Estos posteriormente se arrepintieron de la ayuda prestada a los españoles, al ver los abusos e inhumanidades que cometían los europeos.

La Resistencia Imperial se debilitó aún más por la pugna entre los hijos de Wayna Qhapaq Inka, los hermanos de padre Waskar y Ataw Wallpaq, que luchaban por la supremacía del Imperio. También las alianzas fueron factores decisivos, que facilitaron la caída del Imperio del Tawantinsuyu en un período relativamente corto. Los españoles aprovecharon de estas debilidades en sus avances por los territorios inkaicos, porque encontraron muchos curacas resentidos con Ataw Wallpaq.

Los pueblos derrotados auxiliaron de buena gana a los españoles con hombres y abastecimientos. Ataw Wallpaq fue asesinado el día 29 de agosto de 1533, derrotado Rumiñawi y los asesinatos a Kiskis y Kallkuchima quedó vencido el Tawantinsuyu, y desde entonces dominó la Corona de Castilla por el sistema monárquico con las mit'as, trabajo militar, esclavos en las minas, encomiendas y obrajes. En las minas de Potosí en los tres siglos de explotación murieron más de ocho millones en los socavones de angustia o laverintos sin fin.

Santo Tomás, vino a Lima con el primer equipo de frailes dominicanos a cargo de Fray Vicente de Valverde en 1538 y usando como informante principal al indígena Pedro Tupaq Yupanki, fue el primero en aprender el quichua y escribir el primer libro de *Gramática y Vocabulario del runasimi* que terminó de escribirlo el año 1555 en Perú, luego lo publica en Valladolid, España en 1560, y por primera vez lo bautiza al runasimi con el nombre "quichua o quechua" y desde esa época este nombre se ha generalizado hasta hoy. En Ecuador el quichua toma diferentes nombres: Ingashimi, ingichu, ingiru, runashimi, wawashimi, yanqashimi. Santo Tomás fue el primero en graduarse de doctor en la Universidad de San Marcos, en Lima, Perú. Nació en Sevilla, y murió en 1570.

Durante el Virreynato de Toledo, se dió mucho énfasis al quichua. Toledo descubrió la existencia del aymara y el puquina en el Collao y creó la cátedra de quichua en la Universidad de San Marcos en 1579 y era condición indispensable para graduarse de sacerdote, entonces el quichua fue lengua de prestigio en los Andes y duró dos siglos. Como consecuencia de la revolución de Tupaq Amaru, por Decreto de 29 de marzo de 1784 del Virrey Jauregui, se extingüó el quichua y produjo un cambio politico lingüístico.

Francisco de Avila (1573-1647), nació en Cusco, de padres españoles. Estudió los secretos religiosos de Huaruchiri, se lo conoce con el nombre de "Estirpador". Su obra principal es *Tratado de evangelios, tratado y relación de los errores, falsos dioses y otras supersticiones de Waruchiri* y otro estirpador en Quito es Diego Lobato de Sosa.

La decadencia se debió a los levantamientos indígenas en el siglo XVIII, en 1780 de José Gabriel Kunturkanki. Los Virreyes vieron que era bueno fundar colegios para los hijos de los indios nobles e incorporarlos a las costumbres españolas y luego regresen a sus comunidades y enseñen al resto de los indígenas. Los curacas se convirtieron en verdugos de su propia raza y se dice que el curaca Choquehuanca de Azángaro, llegó a tener 16 haciendas en Puno como premio al servicio de España y en los siglos XVII y XVIII, apareció el dicho: "Kuraka, cura y corregidor son todo lo peor".

El cura Fray Jodoco Ricke, enseñó a arar con bueyes, hacer yugos, arados y carretas, a tocar instrumentos musicales, cantar, leer y escribir. El 15 de septiembre de l622 fundan la Universidad de San Gregorio Independencia en Quito y su primer presidente fue Juan José Flores. Al presente a pesar de que ya existe una Reforma Educativa que atiende a las masas marginadas lingüísticamente, culturalmente y económicamente, no hay progreso. La educación del indígena hasta hoy ha significado la aculturación hacia la mentalidad mestiza o al blanco, asimilación que hace olvidar el quichua o runasimi y sobre todo su cultura.

Blas Valera y Garcilaso de la Vega han creado la impresión de que uno de los propósitos del Tawantinsuyu, era la provisión de reservas que podían ser usadas en épocas de sequía, heladas o hambre. Tal responsabilidad, unida a la supuesta intervención del estado en los matrimonios, ha llevado a algunos autores a hablar del *Imperio Socialista de los Inkas* (Louis Baudin, París 1928), mientras que otros piensan que fue el modelo de la *Utopía* de Tomás Moro.

Johann Jakob Von Tschudi (1818-1889). Este autor expresa que los antiguos peruanos se diferenciaban en razas definidas en costa y sierra. Esta conclusión está confirmada por el estudio cranealógico de especímenes excabados en entierros prehispánicos. Toda la costa corresponde a la tribu Chincha, en sierra norte y central estaban los Wankas y la tercera forman los Aymaras en la meseta peruana-boliviana.

Tschudi concluye: "De todas las comparaciones lingüísticas se concluye que no existe lengua alguna del Viejo Mundo que coincida en relación lexical y gramatical con cualquier idioma americano, de modo que permita comprobar una relación entre ambas".

Los indios luchaban con valentía y alegría en las filas de los llamados patriotas, porque creían que el Imperio de los Inkas se reiniciaría al vencer a los españoles y expulsarlos del país. ¡Qué decepción cruel les esperaba! Interminables guerras seguían.

LA INVASIÓN ESPAÑOLA
LAS COLONIAS DE AMÉRICA

Colón al tocar las islas del Caribe, creyó haber llegado a la India y los llamó a los habitantes "indios". Estaba confundido, no se dio cuenta que era un Nuevo Mundo, todo su afán era buscar una nueva ruta marítima para llegar a Catay (China) y a Cipango (Japón). El Almirante partió del Puerto de Palos (Huelva) el 3 de agosto de 1492. Colón exagera la riqueza y belleza de las tierras americanas, así como la bondad y carácter pacífico de sus habitantes a los que podría conquistar y cristianizar fácilmente. Este hecho despertó sumo interés al marinero Américo Vespucio y no tardó en visitar las nuevas tierras.

Uno de los primeros historiadores de las Indias, **Francisco López de Gómora** en su libro *Historia General de las Indias*, publicada en 1852 en Madrid, en la página 181 dice: "Quien no poblare, no hará buena conquista, y no conquistando la tierra, no se convertirá la gente: así que la máxima del conquistador ha de ser poblar".

Los abusos de los españoles a los indígenas, trajo dos respuestas distintas: La primera, provocó un poderoso movimiento de indignación moral en la propia isla y en España misma. El movimiento era dirigido por los **dominicos** horrorizados por las condiciones que encontraron las islas cuando llegaron en 1510. Su mayor exponente fue **Antonio de Montecinos** quien, en su sermón predicado en Santo Domingo, el domingo antes de las Navidades de 1511, denunció los tratos infringidos a los indios y se negó a dar comunión a los encomenderos que consideraba más responsables. Su partidario más importante fue Bartolomés de Las Casas, quien en 1514 renunció a su encomienda y a sus intereses comerciales en la isla, dedicando 52 años de su vida turbulenta a la defensa de los súbditos indios de la Corona Española.

Fray Bartolomé de las Casas, en cuanto a la reinterpretación de la conquista, su fuente teórica más importante es su obra *Tratado de las doce dudas* escrita en 1564, en el que insiste que los indios eran descendientes de Noé, creían en un Dios único, etc.

El primer embarque de negros ladinos (de habla española) llegó a la isla en 1505, a éste le siguieron más consignaciones, hasta que el regente cardenal confesor de la reina Isabel, Ximenez de Cisneros prohibió los embarques, debido a que la presencia de crecientes masas de ladinos provocaban grandes desórdenes. Pero en 1518 después de su muerte los cargamentos empezaron de nuevo, bajo auspicios de la corona, con Carlos V, concediendo a un miembro de la casa de Borgoña para enviar 4000 esclavos a las Indias en el curso de ocho años.

La colonización de Puerto Rico empezó en 1508, y la de Jamaica en 1509. Dos años más tarde, Diego Velazquez como diputado de Diego Colón, emprendió la conquista de la isla Fernandina o Cuba, que se convertiría en una base para los viajes de exploración, y su puerto de La Habana que emplazó en un lugar protegido, en la costa norte en 1519, reemplazaría a Santo Domingo como puerta hacia las Indias y Juan Ponce de León el conquistador de Puerto Rico, descubrió Florida en 1513.

En el año 1513, Vasco Nuñez de Balboa divisó el Océano Pacífico. El sembrador del **terror y saqueador Pedrerías Dávila** fundó la ciudad de Panamá en 1519. En este mismo año Cortés desembarcó en México, y Magallanes en el viaje de circunnavegación en busca de la ruta marítima occidental hacia el este.

El otro arco de la conquista, comenzando en Panamá se movió hacia el norte en 1523-1524, hasta llegar a Nicaragua, y después tomó la ruta del Pacífico hacia el sur para llevar a cabo la conquista del Imperio Inka en 1531-1533. Pedro de Valdivia fundó Santiago en 1542. La ciudad de Buenos Aires inicialmente fue fundada en 1536, y destruida en 1541 y se estableció en 1580.

Hernán Cortés conquistó México central entre 1519-1521 y Francisco Pizarro el Imperio Inkaico entre 1531-1533. Cortés partió de Cuba, con 11 barcos, 508 soldados, 110 marineros, desembarcó el 22 de abril de 1519 y se entrevistó con el gobernante azteca Moctezuma en Tenochtitlan el 12 de noviembre de 1519. Sus aliados eran los tlascala que los mexica nunca había conseguido someter. Los españoles lograron salir luchando de Tenochtitlan en la "noche triste", la noche del 30 de junio de 1520, a pesar de sus pesadas pérdidas. Necesitarían otros 14 meses para volver a conquistar la ciudad que perdieron aquella noche.

La rendición de los últimos elementos de resistencia entre las ruinas de Tenochtitlan, el 13 de agosto de 1521 fue más triunfo de las enfermedades llevadas por los españoles que de sus armas. La viruela transmitida por un esclavo negro entre sus partidarios de Cortés, causó estragos entre los defensores de la ciudad y reveló una vez más lo que ya había resultado evidente en las Antillas, que los habitantes del Nuevo Mundo tendrían que pagar un alto precio por sus siglos de aislamiento.

La conquista de América fue una conquista realizada tanto por microbios como por hombres, algunas veces adelantándose a los principales contingents españoles, y otras veces siguiendo su estela y así se derrumbó el Imperio Mexicano de unos 25 millones de habitantes.

Pizarro y Cortés, pudieron explotar las discordias y las debilidades internas. Las primeras noticias que habían llegado a Panamá en 1523, sobre el Estado Inka decían que era muy rico y poderoso en el sur. Pizarro estuvo en España desde 1528 a 1530, capitulando con la corona sobre las tierras que esperaba conquistar. Con 180 hombres unos 30 caballos dejó Panamá en 1531 con su expedición de conquista. El Imperio Inka con el que se encontró estaba organizado más tirante que el de los mexica.

La muerte del Inka Wayna Qhapaq en 1527 condujo a una lucha por la sucesión entre sus hijos Waskar y Ataw Wallpaq. Este último estaba en el camino de victoria, pero aún no la había consolidado cuando Francisco Pizarro llegó.

El emperador establecido en Cajamarca al norte del Perú, respondió a las noticias de los invasores en forma natural y se entrevistaron en Cajamarca el 16 de noviembre de 1532. El viejo sistema Imperial funcionaba todavía y en forma de rescate por Ataw Wallpaq, ofreció la enorme suma en oro y plata de 1.5 millones de pesos, un tesoro mucho más grande que ningún otro de los que hasta entonces se conocía, equivalente a la producción europea de medio siglo.

El 15 de noviembre de 1533 los conquistadores tomaron Cusco, el corazón destrozado del Imperio Inka. Francisco Pizarro funda en la costa la capital del Perú español la ciudad de Lima en 1535. Después de la invasión Pizarro convive con doña Inés de Huaylas y tuvo hijos, ella era la hija de una de las "esposas del Inka" y sirvió a Pizarro aún después de la conquista para establecer un vínculo de parentesco a ojos de los andinos y hacerle honor, como ocurrió con ocasión de la Manqu Inka quien encabezó la revuelta en 1536-1537, donde los kurakas de Huaylas acudieron a Lima para defender a Pizarro contra las tropas de Manqu Inka, aún así la Fortaleza Inka de Vilcabamba, no cayó en manos de los españoles hasta el año 1572.

EL TRAUMA DE LA CONQUISTA

Los indígenas tanto en México como en el Perú exhalan una atmósfera de terror religioso ante la llegada de los españoles. Profecías vaticinaban el fin de los tiempos, luego, de repente aparecieron unos mounstruos de cuatro patas montados por criaturas blancas de aspecto humano.

En **Tenochtitlan**, durante todo el año, cada noche se iluminaba por una columna de fuego que aparecía en el este y se veía subir desde la tierra hasta el cielo. Un misterioso fuego incendió el templo de Huitzilopochtli, después del que fuera destruido Xiuhtecuhli por un rayo. Un pájaro extraño gris, mostrando una especie de espejo encima de su cabeza fue capturado; cuando Moctezuma examinó el espejo: vio por segunda vez la mollera del pajaro, y allá, en lontananza vio como si algunas personas vinieran de prisa, bien estiradas, dando empellones. Se hacían la guerra unos a otros y los traían a cuestas unos como venados.

El Perú los últimos años de Wayna Qhapaq fueron perturbados por una serie de violencias y extraños temblores de tierra. El rayo destruyó el Palacio del Inka y aparecieron cometas en el cielo. Un día durante la celebración del **Inti Raymi**, un cóndor fue cazado por un alcón y cayó en medio de la plaza principal de Cusco, el pájaro fue asistido pero murió. Finalmente una noche brillante, la luna apareció rodeada por un triple halo, el primer halo color sangre, el segundo color negro verdoso, y el tercero parecía humo. Los adivinos protagonizaban que el rojo era sangre, indicaba que una cruel guerra desgarraría en pedazos a los hijos de Wayna Qhapaq, el negro anunciaba la destrucción del Imperio Inka, y el último halo que todo desaparecería con el humo.

Garcilaso de la Vega, en la página 171 de *Comentarios Reales de los Inkas*, relata el Mito del Dios Civilizador, sobre el reinado benevolente de Wiraqucha el Dios de los Andes, quien desaparece misteriosamente en los mares del oeste, prometiendo a los hombres volver durante el reinado del duodécimo emperador, entonces los españoles vinieron del oeste y Ataw Wallpaq era sin duda, el décimo tercer Inka. Por lo tanto ellos concibieron la llegada de los españoles como el retorno de los dioses. Las crónicas de los Andes como la de Titu Kusi Yupanki *Relación de la conquista del Perú y hechos del Inka Manqu*, (vol. 2 de 1570) dice: que desde su llegada los españoles eran considerados como Wiraquchas, hijos del creador divino.

Esta creencia de la divinidad de los españoles fue pronto destruida por su delirio ante la visión del oro y su brutalidad. Se dice que en las cercanías de Cusco, los soldados de Pizarro capturaron unos mensajes enviados por Callcuchima a Quisquis. Callcuchima le había enviado para informar a Quisquis que los españoles eran seres mortales y no dioses.

La victoria española fue facilitada por las divisiones políticas y étnicas del mundo indígena, algunos grupos se unieron a ellos para liberarse de la dominación opresiva. En México los recién conquistados totonacas se rebelaron contra Moctezuma y se aliaron con los españoles. En Perú la facción de Waskar se unió a Pizarro, también consiguió la ayuda de los cañaris y de los wankas, los cuales se negaron a aceptar el dominio de los inkas. En la sociedad andina, el Inka, como hijo del Sol, mediaba entre los dioses y los hombres, y se le adoraba como a un dios.

Los españoles fueron vistos en los Andes como dioses, es uno de los esterotipos que se acuñaron en el siglo XVI, fue ciertamente, la identificación de los españoles como divinidades que retornaban a la tierra. El punto de vista andino, en versiones del juicio andino, los españoles no hablaban, movían la boca pero no emitían sonido; si escribían, no eran entendidos por los andinos, porque no sabían leer. Normalmente se afirma que los pobladores andinos confundieron con el Dios Wiraqucha a los españoles y a sus ayudantes, hijos o acompañantes, que retornaban a este lugar o mundo desde el mar.

Juan de Betanzos, Pedro Cieza de León, así como Sarmiento de Gamboa y Cristobal de Molina, quienes terminaron de escribir a la primera mitad de 1570. Los historiadores Betanzos y Molina eran conocedores del runasimi, por eso se piensa que podían estar más cerca de ellas.

Juan de Betanzos hizo conocer que Ataw Wallpaq, recibió a tres mensajeros indios tallanes yungas de Tangarala, los cuales le dijeron: habrás de saber solo Señor que a nuestro pueblo de Tangarala son llegadas unas gentes blancas y barbudas y traen a manera de ovejas sobre las cuales vienen y caminan y son muy grandes, más que las nuestras y estas gentes vienen tan vestidas, que no se les parece sus carnes sino las manos y la cara en una mitad de ella, porque la otra mitad traen cubierta con las barbas y se ciñen ciertas ceñiduras encima de sus vestidos y traen colgado ciertas piezas de plata, que se parecen a estos palos que las mujeres meten en sus urdimbres para apretar lo que tejen y el largo de estas piezas es casi de una braza, y todo esto decían por las espadas.

El Inka les dijo: ¿y esas gentes cómo se llaman? Ellos le dijeron que no sabían más que los llamaban a ellos Wiraquchakuna que quiere decir los dioses, y el Inka les dijo a qué fin les habéis puesto nombre de Wiraqucha, ellos le dijeron porque antiguamente el Kuntiti Wiraqucha que hizo las gentes, ya que las hubo hecho, que se había metido por aquel mar adelante y que no había vuelto más, años pasados habían venido ciertas gentes en un wamp'u que dicen navío muy grande.

Resulta interesante comparar la anterior información con la de Waman Puma, cómo tuvo noticia Ataw Wallpaq Inka, y los señores principales y capitanes y los demás indios se espantaron de que los cristianos no durmiesen, es que decían porque velaban y que **comían oro y plata**, ellos con sus caballos, y que traían ojotas de plata, decían de los frenos y herraduras y demás armas de hierro, y de bonetes colorados, y que de día y de noche hablaban cada uno con sus papeles y que todos eran amortajados, toda la cara cubierta de lana (barba), y que aparecía sólo los ojos, y en la cabeza traían unas ollitas coloradas y que traían pijas (espadas) y que estaban vestidos todos con plata fina, y que todos parecían hermanos en el traje y hablar y conversar, comer y vestir. El Inka al oir esta nueva se espantó y le dijo: qué nueva me traes, mal mensajero y el Inka Ataw Wallpaq mandó que le diesen servicio de mujeres a ellos y a sus caballos, y porque se riesen de la pija (espada) de los cristianos, mandó matar Ataw Wallpaq a las indias que rieron, y tornó a dar atrás indias de nuevo y servicio.

QHISWA O QHISHWA (QUECHUA O QUICHUA)

Qhiswa o qhishwa geográficamente es un valle de clima templado, en tiempos de los inkas, la gente que habitaba aquella región era la gran **tribu qhiswa** o **qhishwa**, los qhiswa runa hablaban el qhiswa simi, eran pobladores de la zona de Andahuaylas, pero constantemente eran acosados por la pujante Confederación de los Chancas. Los Chancas aprovecharon los problemas que surgieron entre los Janan y los Urin, para atacar y dominar a los qhiswas de Andahuaylas. Sinchi Ruk'a con la ayuda de los Kanas y los Qanchis súbitamente atacó a los Chancas y reconquistó las tierras perdidas de los qhiswas o qhishwas.

La palabra castellana quechua o quichua proviene precisamente de este nombre qhiswa o qhishwa, que a los españoles se les hacía difícil pronunciar y además no tenían ningún interés de mantener el nombre en la lengua nativa, entonces lo pronunciaban quechua o quichua y con la edición de los diccionarios de Fray Domingo de Santo Tomás en 1560 y de Diego Gonzales Holguín en 1608 se generalizó el uso del término castellano quechua o quichua en lugar de runasimi y sin embargo hay mucha especulación al respecto.

El P. Clemente Perroud autor del libro *Gramática quichua de Ayacucho* (1961) dice que el nombre quichua viene del verbo quichway que significa torcer, o del sustantivo quichua, que designa una soguilla de fibras torcidas de maguey, que los indios denominan paqpa. Es posible que el pueblo quichua se dedicase principalmente a la confección de soguillas por la abundancia de la materia prima en la región que habitan.

Los quechuas o quichuas vinieron de Centro América y a su llegada a América del Sud, habitaron primeramente el valle de Andahuaylas, que fue su primera capital del Perú, tras sus largas peregrinaciones a lo largo de los ríos Amazonas, Ucayali, Apurimac, se instalaron en el territorio comprendido entre los ríos Apurimac y Pampas. Posteriormente la región fue invadida por los chancas, sus pobladores se sometieron o emigraron a otros lugares. Esto indica que el quechua o quichua ya se había difundido en extensas regiones antes de la llegada de los Inkas al Cusco, se sostiene que inclusive en algunos pueblos del Ecuador antes de la conquista de Wayna Qhapaq ya se hablaba este idioma.

En el quichua hay influencia maya, el quichua vino 6000 años a.C. de la comarcas del Caribe y Centro América. Existen muchas probabilidades de que los Inkas del Cusco hayan venido del Japón antes de que Manqu Qhapaq haya subido al Cusco. El quichua primitivo no es del Cusco, sino es del Chinchaysuyu, puesto que la tribu se estableció primeramente en aquella parte del Tawantinsuyu. En el Cusco preinkaico, no se hablaba quichua sino aymara o colla, la dureza del quichua del Cusco se debe a este idioma. El quichua y aymara poseen un 40% de palabras comunes en razón de las relaciones contínuas entre ambos pueblos.

El antropólogo Mario Montaño Aragón, apoyado en la tesis que presentó el italiano Dr. Benigno Ferrario, sostiene que la gramática del quichua es igual a la turca, después de estudiar la gramática de la lengua andina de Von Miderdorf. Ferrario presentó la tesis en el Congreso de Americanistas que se llevó acabo en Roma en 1939.

Los franceses Curien y Dumesín, descubrieron que los números del uno al seis coinciden con el dialecto **ewinki turco-altaico** de Asia Central. Para mayor claridad dice que bir o piwi significa uno en lengua turca, inclusive en el turco de hoy birinchi es primero y phiwi es la forma de decir primero. Phiwi wawa significa hijo primogénito y ése es el phiwi que está en el dialecto cusqueño quichua llegado del Asia Central, junto con los inkas, que en turco se llama ninja inji yet, que se dice a la monarquía, rey gobernante o lider.

En **ewinki** se dice ijqui el número dos, mientras que en quichua se dice iskay, el tres es kinsa en ambos, cuatro en tabat o tawa, cinco besb o pesb y pisk'a, pishka o pisqa, seis en ewenki y quichua es suqta. Físicamente, los asiáticos, aymaras y quichuas tienen rasgos parecidos. Genéticamente el q'uyu, que es la mancha mongólica que sale en la parte del coxis, en las criaturas aymaras y quichuas es un lunar mongólico que desaparece a los tres o cuatro años de edad. Las costumbres tienen similitudes, al gorro con orejas llaman chullan, en aymara es lluch'u y en quichu ch'ullu.

ORIGEN DEL NOMBRE QUECHUA O QUICHUA

Según Ernst W. Midedendorf, "El nombre de keshua o quechua es debido a los españoles y se empleó solamente algún tiempo después de la conquista, pero los naturales no lo usan, y aún en nuestros días llaman su lengua runasimi, como en tiempo de los inkas. Sobre el origen de la palabra keshua para designar el *runasimi*, ha habido diferentes hipótesis; sin embargo, esto se explica simple y naturalmente del modo que sigue":

"Los naturales llaman a las más altas y frías regiones de las montañas *Qulla* (qolla), particularmente las que están situadas entre las montañas de la costa y los Andes propiamente dichos, y en medio de los cuales está el lago Titicaca. Los más profundos y cálidos valles de la costa y los de la falda este de los Andes se llaman *yungas* (yunkas). Entre la región alta y fría y la región cálida hay una templada, que es la que se compone de valles elevados. Esta región se llama *qishwa (qeshwa)* según otra pronunciación *quechua o quichua*. El Cusco y otros lugares de importancia están situados en la región de los valles altos o qeshwa. Como en una gran parte del Colla, en el departamento que lleva hoy mismo el nombre de Collado (Qullaw) se habla aymara, mientras en el Cusco dominaba el runasimi, los españoles, a fin de distinguir este idioma del **Colla**, lo llamaron lengua de los qeshwas o simplemente qeshwa".

Por su parte, Luis A. Pardo, en el Prólogo del libro "*Arte de la Lengua Quechua*" de P. Diego Rubio, nos dice que "quechua", es sólo una variación del término qheshwa, a nuestro juicio tan sólo se debe a la mala pronunciación de los conquistadores, esto se observa en gran número de voces quechuas que al ser pronunciadas por aquellos sufrieron variaciones casi completas, así tenemos Cusco, derivado de Qosqo, Urubamba de Urupampa, Vilcanota de Willk'anuta, Zurite de Suruqrit'i, etc., cuyas transformaciones están regidas por leyes especiales de gramática".

En la misma línea diremos que Cochabamba viene de Qhuchapampa, Tarabuco de Tarqa-phuku, Potosí de P'utuqsi, Chuquisaca de Chuki-chaka, Colquechaca de Qullqi-chaka, Shinahota de China-waka, etc.

Luis A. Pardo continua diciendo que, "Desde tiempos immemoriales se llamaba qheshua o nación de los qheshuas a toda aquella región por donde surcan los ríos Pachachaca, Apurimac y Huillcamayu o Vilcanota y por tanto, a la lengua hablada por los habitantes de dicha región geográfica denominaron quechua, esto es, en los primeros años de la conquista. Quichua, qheshua o quechua, en el fondo es lo mismo, lo interesante es saber, de qué manera y cómo así, los primeros hablistas del idioma aborigen le llamaron quechua o quichua, fácil es comprender que los españoles fueron los que más se interesaron por el conocimiento de la *Lengua general de los indígenas* ya sea para descubrir los secretos de la organización administrativa del Imperio, o por auscultar las vibraciones íntimas del alma máter del Tawantinsuyu, el más poderoso de la América Meridional; así tenemos a Juan de Betanzos, esposo de Doña Angélica, hija de Atahuallpa, de quién se dice que llegó al dominio perfecto del quechua".

Jesús Lara en su Diccionario *Qheshwa-Castellano, Castellano-Qheshwa*, cita las dos hipótesis de Honorio Mosi y dice: "La primera arranca del verbo "q'ewini", que significa retorcer y del sustantivo "ichu", que es paja brava. Realiza un curioso metaplasmo de los dos vocablos puestos en dicción para extraer "qqeshua, o qqeschua, o qqechua, o qquichua, por todo significa, paja torcida, o cordel de paja. La segunda toma la palabra "qqechhua que significa tierra templada" y luego de breves consideraciones concluye "que qqechua quiere significar idioma del indio que habita una región templada".

Jesús Lara considera que la segunda hipótesis, "resulta muy digna de atención", y nos da los siguientes ejemplos con el vocablo "qheshwa" : "*Qheshwa chaqra* es sementera de valle: *Qheshwa runa*, valluno, habitante del valle. *Qheshwasimi* se interpreta como lenguaje de gente valluna". Lara termina diciendo: "Dado que los ayllus habitantes de los valles del río Awánqay fueron conocidos en su conjunto como el pueblo qheshwa, es presumible que por esta razón los españoles hubiesen conferido al idioma el nombre de sus creadores".

El quechua no es un idioma de flexión, es un idioma de aglutinación, es decir, posponiendo a la raíz sufijos, se forman los casos de declinación, las personas, tiempos y modos de conjugación. Mientras en el castellano expresamos ideas o conceptos con dos, tres, o más palabras, en el quechua la misma idea o concepto lo expresamos con una sola palabra. Ejemplo: "Ayudo a trabajar". En esta oración hay tres palabras y en quechua diremos lo mismo con una sola palabra: "Llank'aysini". Otro ejemplo: "Me acuerdo de tu madre "nomás" siempre". En esta oración hay siete palabras y en quechua lo expresamos con dos palabras: "Mamallaykimantapuni yuyarikuni".

Con la llegada de los españoles se paralizó el desarrollo de la lengua quechua, porque nos impusieron su lengua. Se estancó el desarrollo del pueblo quechua, porque siempre nos vieron como objetos y no como sujetos, y como es de suponer se frustró todo el proceso cultural inkaico.

Ante esta situación, todo lo que era indígena era malo y negativo, sin ninguna importancia, incluyendo el propio idioma. Con el pasar de los años, esto hizo que los indígenas renegaran de su cultura y en muchos casos, especialmente en las ciudades, hizo que se **avergüencen** de hablar su lengua.

Durante la colonia fueron los religiosos los que se preocuparon por el aprendizaje y la enseñanza del quechua movidos por el deseo de adoctrinamiento y catequización, tal el caso de Fray Domingo de Santo Tomás, del Padre Diego Gonzalez Holguín y otros. Durante la república son invesgadores extranjeros los que se interesan por el estudio y el conocimiento del quechua; y en la actualidad muchas personas se dedican al estudio y producción de materiales en esta lengua.

En el campo educacional la importancia del quechua crece aún más. El docente, especialmente del áread rural, debe tener un conocimiento concreto y dominio de la lengua quechua, porque según Luis A. Pardo, "el niño indígena", sobre todo, piensa y expresa sus sentimientos y voliciones en su idioma nativo y bien se podría orientar la enseñanza indígena, primero en quechua y aymara y luego en castellano. Una educación bilingüe no dentro del modelo de transición, sino dentro del modelo de mantenimiento y desarrollo. Prólogo del libro *Arte de la Lengua Quichua* de P. Diego de Torres Rubio, página 17. Quito, 1991.

EL QUICHUA Y EL TAWANTINSUYU

Los grupos indígenas han sido discriminados, segregados y marginados. Los programas educativos casi siempre han tenido carácter de **discriminación** y **aculturación** porque solamente son programas de castellanización, bajo el ideal de la unificación nacional.

En el año 1961 surgió en UNESCO la idea de usar la lengua materna como puente de transición para la castellanización. La Educación Boliviana permite el uso de las lenguas nativas antes que el castellano. El castellano que hoy en día se conoce también como español sería enseñado formalmente como segunda lengua.

El Ecuador tiene en la actualidad 12 lenguas que aún se hablan, siendo el quichua la lengua más hablada en las altas montañas; el colorado, cayapa y coaiquer en el litoral del occidente; el siona, secoya, tete, cofan, auca, shuar, achuar y zaparo en las tierras bajas. En 1940 nace la política indegenista con la fundación del Instituto Indegenista Interamericano, con sede en México, para apoyar los problemas relacionados con el mundo indígena de América y señalaron el día 19 de abril de cada año como el "Día del Indio Americano".

La lengua materna es el medio de expresión natural del individuo, ningún lenguaje es adecuado para satisfacer las necesidades expresivas del niño o niña en su hogar, ni en sus primeros años de escuela. Nada en la estructura del idioma impide convertirse en un instrumento de comunicación para la civilización moderna.

El indigenismo no es una política formulada por los indios para la solución de sus problemas, sino de los no indios respecto a los grupos étnicos heterogéneos que reciben la designación de indígenas. La Misión Andina pertenece a las Naciones Unidas. Cuanto más un país se moderniza, hay más riesgo de terminar con la identidad indígena, su lengua y su cultura.

El Tawantinsuyu significa los cuatro puntos cardinales y Cusco era la capital de este Imperio. Chinchaysuyu correspondía desde Cusco hasta Los Pastos incluyendo el reino de Quito y sud de Colombia; Qullasuyu desde la ciudad capitalina hacia el sur la sierra de Bolivia, parte de Chile y parte de la Argentina; Antisuyu era el territorio al este de Cusco; y Kuntisuyu comprendía toda la costa del Cabo Pasado, hasta el río Maule. En cada una de estos departamentos mandaba un gobernador del Inka.

Reinaga en su obra expresa: PreAmérica denominado Tawantinsuyu, era una confederación de pueblos libres, unidos por carreteras, puentes, acueductos. El alimento estaba almacenado en enormes depósitos a lo largo y ancho del continente. Esta abundancia determinó una organización, donde la propiedad era social. "todo era de todos". Todos los hombres en carne y espíritu eran idénticos así mismos. A tal punto que un hombre frente a otro, era el mismo hombre. Reynaga continúa: La política educativa de los Inkas era con una visión colectiva, formaba humanos colectivos. Todos los cuidaban y enseñaban a todos los niños y niñas que los llamaban tiyus.

El Inka Garcilazo dice que el Inka Pachakutiq ordenó que se hable la misma lengua en todo el territorio del Tawantinsuyu. La ciudad de Quito se fundó el 6 de diciembre de 1534, fecha histórica de la conquista española y celebrada por los criollos restantes de los españoles.

La caida del Tawantinsuyu fue con la ayuda de los kañaris, ya que estos fueron enemigos de los inkas sureños, ellos no se habían dejado conquistar todavía por los inkas, lo que no sucedió con los qaras y los shyris. El casique Chaparra enemigo acérrimo de los quitus facilitó a Benalcazar el mapa del Reyno Shyri, dibujando en delicada tela con todos los sitios estratégicos, los caminos y las diversas salidas, así como reveló la estadística de las condiciones, número y clases de guerreros que rodeaban a Rumiñawi, el titan de la resistencia del ejército inka, estos kañaris posteriormente se arrepintieron de la ayuda prestada a los españoles, al ver los abusos e inhumanidades que cometían los europeos.

La resistencia imperial se debilitó aún más por la pugna entre los hermanos de padre Waskar y Ataw Wallpaq, que luchaban por la supremacía del imperio. También las alianzas fueron los factores decisivos, que facilitó la caída del Tawantinsuyu en un tiempo relativamente corto. Los españoles aprovecharon de estas debilidades en sus avances por los territorios inkaicos, porque encontraron muchos kurakas resentidos contra Ataw Wallpaq.

En consecuencia los pueblos derrotados de buena gana auxiliaron a los españoles con hombres y abastecimientos. Rojas Ibico (l980) comenta que Ataw Wallpaq fue asesinado el 29 de agosto de 1533, derrotado Rumiñawi y los asesinatos a Kiskis y Kallkuchima quedó vencido el pueblo ecuatoriano y empieza a dominar la Corona de Castilla por el sistema monárquico de las mit'as, en el trabajo de esclavo en las minas, encomiendas y obrajes. En las minas de Potosí murieron más de 100.000 mitayos y en los tres siglos más de 8'000.000 en los socavones y laverintos sin fin.

Santo Tomás, era sevillano y vino a Lima con el equipo de frailes dominicanos a cargo de Fray Vicente de Valverde en 1538 y el fue el primero en aprender el quichua y escribir libros. Santo Tomás termina de escribir la primera *Gramática y Vocabulario de Runasimi* en 1555 en Perú, luego en 1560 publica en Valladolid, España, y por primera vez lo bautizó a la lengua runasimi con el nombre de quechua y desde esa época este nombre se ha generalizado hasta hoy. Santo Tomás murió en 1570. En Ecuador usan los nombres de ingashimi, ingichu, ingiru, runashimi, wawashimi, yanqashimi.

Durante el Virreynato de Toledo se dió mucho énfasis el quechua. Toledo descubrió la existencia de aymara y el puquina en el Qullao y en 1579 creo la cátedra de quichua en la Universidad de San Marcos y era condición indispensable para graduarse sacerdote, entonces el quichua era lenga de prestigio en los Andes y duró casi dos siglos. Con la revolución de Tupaq Amaru y por Decreto del Virrey Jauregui del 29 de marzo de 1784 se extinguió el quechua y produjo un cambio politico lingüístico.

El escritor y cura Avila nació en Cusco en 1573 y estudió los secretos religiosos en Huaruchichi, a él se lo conoce con el sobrenombre de "Estirpador", Diego Lobato de Sosa era otro estirpador en Quito. En 1607 y 1608 nacen las obras del padre Diego Gonzales Olguín.

La decadencia se debió a los levantamientos indígenas en el siglo XVIII. En 1780 José Gabriel Condorkanki. Los virreyes vieron que era bueno fundar colegios para los hijos de los nobles indios e incorporarlos a las costumbres españolas y luego regresen a sus comunidades y enseñen al resto de los indígenas. Los kurakas se convirtieron en verdugos de su propia raza y se dice que el kuraka Choqewanka de Azángaro llegó a tener 16 haciendas en Puno como premio al servicio de España y en los siglos XVII y XVIII encontraron un dicho: "Kuraka, cura y corregidor son todo lo peor".

El cura Fray Jodoco Ricke enseñó a arar con bueyes, hacer yugos, arados y carretas, tocar instrumentos musicales, cantar, a leer y escribir. El 15 de septiembre de 1622 fundan la Universidad de San Gregorio. Quito se independizó el 10 de agosto de 1809 y su primer presidente fue Juan José Flores. Hasta hoy todavía no existe una reforma educativa que atienda a las masas marginadas lingüísticamente, cultural y económicamente. La educación del indígena hasta hoy ha significado la **aculturación** hacia la mentalidad mestiza o al blanco, asimilación que hace olvidar el quechua o runasimi y su cultura.

JOSÉ GABRIEL KUNTURKANKI TUPAQ AMARU
MICAELA BASTIDAS. LA HEROÍNA

José Gabriel Kunturkanki Tupaq Amaru nació en el pueblo de Tungasuca, provincia de Tinta allá por los años 1740, sus padres fueron el casique don Miguel Kunturkanki y doña Rosa Noriega. Tupaq Amaru era fluente en castellano porque fue educado en un colegio dirigido por los jesuitas en la ciudad de Cusco, Perú. Se casó con Micaela Bastidas el 25 de mayo de 1760, tuvieron tres hijos: Hipólito, Mariano y Fernando. **Micaela**, nació en el pueblo Tamburku, provincia Tupaq Amaru, Perú, y luchó junto a su esposo hasta el último instante ofrendando su vida por la libertad de la patria.

José Gabriel Kunturkanki Tupaq Amaru proclama la Revolución el 4 de noviembre de 1780 para expulsar a los españoles de todo el continente Americano, la Revolución se propagó como una llamarada incontenible. Luego de la batalla victoriosa de Sangarará pasa a su cuartel de Tungasuca y decide viajar a los curatos de Yawri en Espinar, Cumbivilcas, Puno y el territorio boliviano acompañado por su esposa la Sra. Micaela Bastidas y sus demás capitanes y parientes.

Tupaq Amaru menciona: "los pobladores de estos lugares me están saliendo más fieles y valientes". En Coporaque fue recibido por el cura Vicente de la Puente, en Yawri por el cura Pastor Jimenez, al igual que otros caciques de la región, en La Paz, Bolivia fue recibido por Julian Apasa Tupaq Katari y su esposa Bartolina Sisa. En estos sus pasos Tupaq Amaru, toma bastantes alimentos, petacas de plata, objetos de valor, armas y otros que eran de los españoles radicados en Yawri, los mismos eran producto de la bárbara explotación inmisericorde que hacía el corregidor y los encomenderos.

Entre los acérrimos enemigos del Tupaq-Amarismo está el indigena Mateo Pumaqhawa Chiwantitu, personaje antirevolucionario, pertinaz hasta 1814, en que circunstancialmente cambiaría, bajo las órdenes del caudillo José Angulo. Le sigue el cacique de Azángaro Diego Chuqewanka, cuyo nieto sería jurista José Domingo Chuqewanka. Célebre por el inmortal discurso a Bolivar en Pukará y por su patricia actividad en el naciente Perú.

Tupaq Amaru sustuvo una de las más batallas más sangrientas por la posección de la ciudad de Cusco el día 8 de enero de 1781 en el que fracazó y se retiró a Langui. Allí fue tomado preso por traición de dos "mistis" subalternos Francisco Santa Cruz, cusqueño, quien era el capitán de su propio ejército y Ventura Landaeta.

Tupaq Amaru con el semblante sereno, a pesar de las torturas y de cargar las cadenas, ante los desmanes del **cruel Visitador Areche**, que le pedía entregar a los demás complicados en la Revolución, le enrostró diciendo: "Aquí no hay más cómplices que tú y yo, tú por opresor y yo, por libertador merecemos la muerte".

El 18 de mayo de 1781 lo llevaron encadenado a la plaza Waqaypata, hoy Plaza de Armas de Cusco, para que presencie la horrible muerte de su hijo mayor Hipólito de 10 años, su tío Francisco Tupaq Amaru y sobre todo de su esposa Micaela Bastidas. A ella primero le cortaron la lengua, después le garrotearon, luego le amarraron con lazos el cuello y tirándola a uno y a otro lado la ahorcaron y como no podía morir le remataron dándole puntapies en el pecho.

Luego le tocó al martir de la Revolución Americana Tupaq Amaru enfrentar la muerte con el semblante sereno, valentía sin igual y dignidad como no hay otra en los anales de la **impiedad**, ya que fue amarrado las manos y los pies a cuatro caballos y tirado en direcciones opuestas y no habiendo muerto continuaron con la descuartización y la exposición de las partes de su cuerpo en diferentes lugares para escarmentar e intimidar a los sublevados y al pueblo andino.

El impacto de la ejecución fue tan profundo y desgarrador; hizo que el día 3 de agosto de 1814 estalle la Revolución de Cusco al mando del cacique de Chinchirus Mateo Pumaqhawa Chiwantiti, como teniente general de la Patria, esta fue una sorpresa al conocerse que un brigadier del ejército español se levantara en contra de ellos.

Ningún jefe indio traicionó al abanderado de la rebelión. Por intermedio de ellos él llevó su acción a las diferentes provincias del Obispado de Cusco, Abancay, Aymaraes, Cotabambas, Paruro o Chilques, Masques, Chumbivilcas, Tinta o Canas y Canchis, Carabaya, Lampa, Azángaro, y pasó a las jurisdicciones virreynales sudamericanas.

Hubieron muchos célebres patriotas que se destacaron por su actuación y amor a la libertad, tales como el jefe negro Antonio Oblitas, que fue ejemplo de lealtad y valor. En la provincia Chumbivilcas se destaca Juan de Dios Valencia; en la zona de Qulqimarka, Tomás Parvina; en Lampa, Azángaro y Puno se hacen célebres Pedro Vilcapaza. Entre los capitanes recordemos al coronel José Mamani, indio de tinta, a Francisco Wambu Tupaq de Yawri y a Diego Meza, mestizo del mismo lugar, al indio Aymi Tupaq de Sicuani, los capitanes del Curato de Yawri, como Nicolás Sanca, Diego Meza y otros.

TUPAQ KATARI JULIAN APASA
AGUERRIDA LIDER BARTOLINA SISA

Tupaq Katari Julian Apasa, mallku, tuvo contacto con Tupaq Amaru José Gabriel Kunkurkanki y su esposa Micaela Bastidas por dos veces en Tungasuka, tal como testimonia su esposa, la aguerrida lider aymara Bartolina Sisa. El arrojado adalid aymara Tupaq Katari, nació en la comunidad Laqaya, jurisdicción de AyoAyo, provincia Sicasica, departamento de La Paz, Bolivia.

La crueldad española, el abuso, el crimen y el asesinato que cometieron contra el humilde comunario Tomás Achu que pedía la devolución de sus tierras, fue la gota que rebasó el vaso y comenzó la gran rebelión contra el yugo español al mando de Tupaq Katari y Bartolina Sisa y sitiaron la ciudad de La Paz dos veces con 40.000 hombres. El primer cerco empezó el 13 de marzo de 1781 y duró 109 días, en el segundo sitio construyeron un dique con el plan de inundar la ciudad de La Paz, pero el dique reventó antes de lo previsto sin causar daño.

Bartolina Sisa dirigió las batallas conjuntamente con su esposo y algunas veces sola como ocurrió el 22 de mayo de 1781, ella quedó al mando del ejército aymara, cuidó que los españoles no rompieran el cerco. Con unos cincuenta hombres y mujeres aymaras, montada en su caballo se acercó a la ciudad de La Paz por la región de Putuputu. Los españoles al verla creyeron que iba a ser muy fácil capturar a una mujer y mandaron 400 soldados, pero Bartolina y su ejército los derrotaron y aniquilaron a los invasores.

Al tener conocimiento de estos hechos, los Virreyes de Lima y de Buenos Aires enviaron tropas para defender la ciudad, Tupaq Katari presentó batalla en la que su esposa Mama T'alla Bartolina Sisa fue capturada por traición y ejecutada cruelmente el 5 de septiembre de 1781. Tupaq Katari ante la superioridad de los ejércitos españoles, tuvo que replegarse y refugiarse en el Santuario del valle de Peñas, que está a 50 kms. de la ciudad de La Paz.

Su compañero de lucha Tomás Inka Lupe, lo traicionó y entregó a Tupaq Katari a los españoles. Fue conducido hasta Achachicala, rapado, coronado con una gorra de espinas y clavos y paseado para que la gente se burle. El Oidor de la Audiencia de Chile Francisco Tadeo Diez de Medina más conocido como "el carnicero", lo condenó a la pena capital. Fue ejecutado en la plaza del pueblo de Peñas el 15 de noviembre del año 1781, en la misma manera tal como lo descuartizaron al gran caudillo Tupaq Amaru José Gabriel Condorkanki.

Los usurpadores españoles no contentos con tanta tortura y sangre, con el criterio de escarmentar e intimidar a los sublevados y al pueblo, las partes descuartizadas del cuerpo de Tupaq Katari las expusieron en K'illik'illi, Peñas, Achacachi, AyoAyo, Chulumani, y en la mayor parte del Qullasuyu.

Bartolina Sisa, la aguerrida lider aymara, nació en la comunidad de Sullkawi el 24 de agosto de 1753, sus padres fueron José Sisa y Josefa Vargas, ellos deseaban de todo corazón que su hija no sufriera las maldades de los españoles. Doña Josefa, su madre le enseñó a su hija a tejer, así Bartolina siguió la tradición inkaica, porque el tejido era el arte mayor de los inkas y a la vez era un medio de obtener sus recursos.

Los padres de Bartolina comercializaban la coca en las diferentes comunidades, ella les acompañaba y vendía sus bellos tejidos. Al visitar las comunidades veía todos los maltratos y los abusos que los españoles hacían a los originarios muy especialmente con las mujeres, los niños y las niñas y le afectó profundamente. Luchó junto a su esposo Tupaq Katari con el ideal de restaurar la Nación Aymara.

El valle de Peñas al presente, es el primer distrito de la tercera sección municipal de Batallas, está a 50 kms. de La Paz, tiene unos 7000 habitantes y una histórica iglesia de Nuestra Señora de Natividad que data del año 1611, su platería es de 1560, tenía muchos cuadros coloniales de famosos pintores como Melchor Pérez de Holguín y Matías Sanjinés, ahora en su mayoría desaparecidos. Allí cayó el caudillo Tupaq Katari Julián Apasa, y ahí mismo lo ajusticiaron.

La histórica casa queda justo en la esquina de la plaza, en ella durante la época republicana vivió temporalmente el Mariscal Andrés de Santa Cruz. Felizmente en la década del 80, el valle de Peñas fue declarado Monumento Nacional, y diez años después, la Casa Colonial recibió el título de "Museo de Tupaq Katari" por parte del gobierno municipal de Batallas.

HISTORIADORES DE POTOSÍ COLONIAL

Potosí durante el periodo colonial, era la ciudad más grande y poblada del mundo. El censo de Potosí se hizo, por orden del Virrey Francisco de Toledo, a los 25 años de su fundación tenía 120.000 habitantes y en 1650 ya tenía 160.000. Entre los historiadores más destacados que han dedicado su pluma a Potosí Colonial, vamos a referirnos sólo a tres: a) Luis Capoche (1547-1613). b) Bartolomé de Arzans de Orsúa y Vela (1676-1736). c) Pedro Vicente Cañete (1750-1816).

Luis Capoche, su libro *Relación General de Asiento y Villa Imperial de Potosí* fue concluido en 1585 y publicado por Lewis Hanke en Madrid en 1959. En la primera parte de su obra, habla no sólo de la Villa Imperial de Potosí, sino también de Porco, Lipez, Berenguella y Characollo, correspondientes a la jurisdicción de Charcas.

Habla del abuso de la coca y de los daños que ocasiona a los indios. Extirpación y abuso de la coca, antigua costumbre de este supersticioso vicio que convendría quitarla. Se deshojan cuatro veces en catorce meses, porque cada tres meses y medio se cosecha. Aquí gastan los de esa provincia al pie de un millón de pesos. Cada cesto tiene 18 libras a 10 pesos corrientes y por ningún precio la dejarían de comprar. La coca interviene en sus sacrificios e idolatrías, entonces convendría quitar las chacras de coca. Que era cosa importantísima al bien general y que no habría más Potosí de cuanto durase la coca.

Bartolomé Arganz de Orsúa y Vela (1676-1736). Nació en Potosí, tiene dos obras: *Anales e Historia de la Villa Imperial del Potosí*. Los *Anales* registra hechos con cierta regularidad hasta el descubrimiento del Cerro Rico en 1545. También habla de Juan de Toledo que era un criminal quien caminó veinte años con la calavera de su víctima. Ahora aquí insertamos a los historiadores de Potosí citados por Orsúa y Vela.

Capitán Pedro Méndez (1545-1631), llegó a América a los 15 años de edad, atraido por un dibujo que mostraba una "nubecilla cuadrada", que según se decía, aparecía directamente sobre el Cerro Rico cada vez que Potosí estaba en un periodo de auge.

Antonio de Acosta, su obra más importante es *Historia de Potosí*. Juan Sobrino, tiene una obra en verso Prosperidad y ruina de los Inkas. Bartolomé de Dueñas y Juan Posquier, ambos tienen obras bajo el título de Historia. Pedro Bravo de Mexia, es autor de *Memorables sucesos de Potosí*.

Pedro Vicente Cañete (1740-1816), es historiador y jurisconsulto, nació en Asunción del Paraguay. En plena independencia, Cañete fue Secretario General de Goyoneche. Tiene dos obras: *Sintagma de las resoluciones prácticas cotidianas del derecho real, Patronazgo de las Indias y Código Carolino minero*.

PUEBLOS Y CRONISTAS EN EL COLONIAJE

Durante el coloniaje fue fundado Paria en 1535. Tupiza en el año 1535. La Plata o Charcas en 1538. Convocatoria al Alto Perú a una Asamblea General Deliberante, fue en fecha 9 de febrero de 1825. La imagen de la Virgen de Guadalupe de la ciudad de la Plata o Charcas, fue pintada por Fray de Ocaña e intronizada en 1683 a comienzos del siglo XVIII.

Francisco de Xerez (1504-1539), es el autor del *Retrato de Atawallpa*, según él, Atawallpa era un hombre de treinta años, bien apersonado y dispuesto, algo grueso; el rostro grande, hermoso y feroz, los ojos encarnizados en sangre; hablaba con mucha gravedad, como un gran señor, hacía muy vivos razonamientos, y entendidos por los españoles, conocían ser un hombre sabio, era hombre alegre, aunque crudo, hablando con los suyos era muy robusto y no mostraba alegría. Xerez era secretario y cronista oficial de Francisco Pizarro.

Juan de Betanzos (1530-1576), escritor que llegó a desentrañar los mitos, la historia y el alma del inkario. Unido en matrimonio a una quya (qoya), prima de Atawallpa, llamada Cusirimay Uqllu, después bautizada como Angélica Yupanki. Escribió una doctrina cristiana y dos vocabularios quichuas.

Pedro Cieza de León (1522-1554). Cronista muy reputado, resumió en tres libros la historia del inkario y uno quedó inconcluso. Cristobal de Molina, (1494-1580) llamado el chileno, y el otro Cristobal de Molina, el cusqueño. El chileno nació en Leganes (España).

Fernando de Santillán (---- -1575), nació en Sevilla, su obra está bajo el título de *Relación del origen, decadencia, política y gobierno de los Inkas*. Juan Polo de Ondegardo, el licenciado (1560-1585), su obra *Relación de los fundamentos acerca del notable daño que resulta de no guardar a los indios sus fueros*, escrita con criterio científico y publicada en 1872 en Madrid.

Cristobal de Molina, el cusqueño (1529-1585), fue confundido con Cristobal de Molina almagrista. Su obra es *Relación de fábulas y ritos de los inkas*, esta obra fue concluida en 1575. Pedro de Sarmiento de Gamboa (1530-1592), su obra es *Historia de los inkas*. José de Acosta (1540-1601), su obra se intitula: *De procuranda indorum salute*.

Agustín de Zárate (1540-1565), era historiador y cronista del Perú. Su obra es *Historia del descubrimiento y conquista de la provincia del Perú*. Francisco de Avila (1573-1647), nació en Cusco, de padres españoles. Su principal obra es *Tratado de evangelios, Tratado y relación de los errores, falsos dioses y otras supersticiones de Waruchiri*.

Diego Felipe posiblemente nació en Santa Cruz más o menos en 1581, hizo sus estudios en la ciudad de Charcas para ser sacerdote y aparece como cura párroco de Mataca, próspero pueblo en ese entonces era el valle ideal cercano de Potosí para que las mujeres parturientas de esa Villa Imperial fueran a dar a luz allí y a criar sus hijos, teniendo encuenta que la mortandad que provocaba entre los recién nacidos y los niños de corta edad, era el invernal clima potosino.

Fray Diego Felipe de Alcaya (1581), de descendencia vasca. Su padre Martín Sánchez de Alcaya, aparece entre los pobladores de Santa Cruz de la Sierra. Es autor de *Relación cierta*, en base a los hechos de los cuales fue actor y testigo presencial. Esta obra hace referencia a la expansión inkaica por los llanos orientales. Los inkas bajaron a la llanura e imperaron en ella. La existencia del Paytiti, con su Señor el Gran Moxos y sus espléndidas riquezas, es una verdad incuestionable.

Se dice que Guacane, hijo del Inka que, partiendo de la Fortaleza de Samaypata, desciende a las llanuras de su súbdito Grigotá, que era el cacique que ejercía el dominio de toda esa región. Guacane, junto a su hermano Condori, hace de esa parte de la llanura su propio reino. Los guarayos irrumpen violentamente y Guacane cae muerto en combate, al igual que Turumayu, que había venido desde el Cusco a socorrerlo.

El cacique Grigotá, dolido por la desaparición de los hermanos, buscó tomar venganza, tendiendo una trampa a los guaraníes, a quienes logró derrotar, al fin, con gran pérdida de vidas. Envió a sus prisioneros a Cusco, donde el Inka dispuso que ellos sufrieran el suplicio de pasar la noche a la intemperie, en lo alto de las montañas nevadas. Al verlos a la mañana siguiente muertos de frío exclamó: "¡chiriwan wañuq!" (los que mueren de frío), quedando tal expresión con el nominativo con la cual desde entonces fueron conocidos esos guerreros de la selva o sea los "chiriguanos". Guapay, fundó su reino, libre de la tutela del Inka. Levanta la capital de su reino al pie de las serranías del Paytiti, llamándose el Reino de Moxos.

Habiendo llegado el capitán Guacane con su gente a los valles de Mizque, comenzó a enviar sus exploradores tierra adentro y después por los valles de Pojo, Comarapa, los Sauces, valle de Pulquina, Valle Grande y subió al asiento de Samaypata, en donde asentó su real, que tiene de subida del último valle una pequeña legua. Luego sacó tres leguas de allí, tomando el arroyo que baña Valle Grande, una acequia de agua debajo de tierra, de manera que hasta hoy no se sabe de dónde viene, más de que sale a una hermosa fuente, que él mandó labrar de dura piedra a modo de caracol, y al profundo de la quinta y última vuelta tiene en medio un ojo por donde desagua, y tampoco hay ningún curioso que sepa a dónde responde, y allí se hizo una fortaleza grandiosa, con aposentos para el alojamiento de sus soldados, de hermosa piedra labrada.

Habla de Nuflo de Chávez y dice que en una oportunidad no pudiendo vencer a 8000 indios que se hallaban en una palizada, mandó que se les lanzara una bomba de fuego, causando la muerte de 6000 de ellos.

Sebastían de Segurola (1740-1789), nació el año 1740 en Aspertia, provincia de Guipúzcoa, y en 1789 murió en la ciudad de La Paz. Militar de carrera llegó al Nuevo Mundo en 1768, formando parte del séquito del Virrey de Buenos Aires, don Pedro Zeballos. Cuando se produjo el levantamiento indígena liderizado por Tupaq Katari, frente a esta situación, Segurola se convirtió en defensor de la ciudad de La Paz, el cerco que duró tres meses (109 días), con la intervención de 40.000 alzados. Precisamente esa dramática experiencia histórica, motivó la obra de Segurola, la que se publicó en París en 1872 bajo el título de *Diario de los sucesos del cerco de la ciudad de La Paz en 1781*.

CHIRIGUANOS Y ARAUCANOS EN EL COLONIAJE

Los chiriguanos habían emigrado del Brasil hacia el noroeste del Chaco en 1521, conducidos por un portugués llamado Alexio García, obligando a la población local a someterse ante ellos, presentaron un desafío a la hegemonía inka.

Cuando Nuflo de Chávez cruzaba los valles cálidos más allá de Mizque en 1548, se encontró con los chiriguanos de Samaypata, que partían hacia la guerra contra los indios chuwis, que se retiraban hacia Pojo.

Los chiriguanos aumentaron sus ataques a lo largo de toda la frontera. En 1564 destruyeron dos fuertes recién fundados por los españoles. Barranca sobre el río Guapay (por Nuflo Chávez) y Nueva Rioja sobre el río Parapetí (por Andrés Manso que murió en un ataque). Más al sur arrasaron las estancias de Juan Ortiz de Zárate, que era un rico minero empresario de Potosí y encomendero de los indios chichas.

En 1567 saqueron otras aldeas chichas a doce leguas de Potosí, capturaron a los indios del servicio doméstico, mataron y se comieron a los españoles, y por diez años siguientes todo el área entre Tarija, Potosí, La Plata, Mizque, Santa Cruz y la cordillera chiriguana, fue un territorio de completa inseguridad.

Tras la pacificación de Vilcabamba y la ejecución de Tupaq Amaru, el virrey Francisco Toledo, decidió resolver el problema de los chiriguanos. En 1573 fue a la Plata donde recibió a los embajadores chiriguanos que habían llegado para homenajearlo. Hablaban de un milagro realizado por tata Santiago, que presagiaba la paz y pidieron que les enviaran misioneros. Toledo ordenó una investigación, este intervalo permitió que los jefes chiriguanos escaparan de La Plata, y Toledo descubrió que había sido engañado. Simplemente los indios habían intentado evitar represalias o ganar tiempo.

En junio de 1574, el virrey Toledo se dirigió a la cordillera a la cabeza de un ejército dividido en tres cuerpos, pero la expedición se agotó intentando quitar estorbos en el camino tan lejano como el Pilcomayo. Diezmado el ejército por el hambre y la fiebre, el mismo Toledo cayó gravemente enfermo. Finalmente los españoles fueron obligados a retirarse, sin lograr nada.

El propio virrey se contentó con fundar dos villas para proteger la frontera, Tomina en el sudeste y Tarija en el sur. Animados por el fracaso del virrey Francisco Toledo, los chiriguanos continuaron sus ataques y amenazaron los dos nuevos establecimientos. Saquearon los pequeños pueblos y los campos. El antiguo mitmaq, que había retrocedido hacia Tarabuco y Presto, se encontró expuesto a esos ataques.

Los araucanos habitaban entre el río Maule y el río Tollén. En el valle central cultivaban productos agrícolas de los Andes, pero la recolección de plantas y frutos silvestres, era de mayor valor en su alimentación. Su organización política se basaba en el lebo, una unidad que comprendía siete u ocho cabí o divisiones menores, cada uno con su propio Señor. Estos cargos eran heriditarios. Los jefes militares eran distintos y se elegían por el tiempo que durase la campaña.

Un señor no tenía derecho de infligir castigo alguno, de exigir tributos, servicios personales u obediencia de sus parientes o de sus súbditos. Según el Consejo durante la guerra estaban obligados a salir con sus armas para favorecer a alguna de las parcialidades bajo pena de muerte y pérdida de toda su hacienda.

Durante la colonia los araucanos imitaban a los españoles en el uso de los caballos y de sus armas, aún hicieron algunas innovaciones y no pudo ser vencido. Una rebelión general en 1598 obligó a los españoles a evacuar todo el territorio al sur del río BíoBío. El epílogo de esta historia es simbólico, el gobernador Martín García de Loyola, esposo de la princesa Beatriz y antiguo vencedor de Tupaq Amaru, fue ejecutado y su cabeza paseada en una pica araucana.

TRADICION Y ACULTURACIÓN

El consumo de la carne se generalizó en el Ecuador a finales del siglo XVII. El cultivo de trigo se introdujo a instancias de los españoles para el pago de tributos exclusivamente, y no para el consumo de los indios. Se produjo una rápida aculturación social de los señores y el mantenimiento de la tradición por los plebeyos. Los señores pronto aprendieron a hablar y escribir español.

La famosa escuela "Tlateloco" en México, destinada a la educación de los hijos de los señores, fue fundada por los franciscanos en 1530; mientras que en los Andes se fundaron en 1570 en Huancayo y Cusco. El objetivo prioritario era hispanizar al grupo escogido para formar una clase dirigente que obedeciera a los españoles.

De acuerdo con esta política, ciertos miembros de la nobleza nativa adoptaron la vestimenta europea y algunos símbolos de prestigio de la cultura dominante, montando a caballo, llevando una espada o usando arcabuz; pero estos privilegios estaban reservados sólo para los señores de alto rango.

A la inversa los indios de las comunidades mostraban su fidelidad con las antiguas costumbres. Continuaron hablando las lenguas nativas y normalmente vestían ropa tradicional, combinada a veces con el sombrero español. Los españoles intentaban por la fuerza que los indios vivieran en aldeas según el modelo español, en el que las calles se trazaban en forma de red, y la plaza estaba rodeada por la iglesia, la residencia del cabildo, la prisión y el patíbulo.

Los indios se aferraban tenazmente a sus propias creencias y ritos. El culto oficial al Sol y al Inka desaparecieron en los Andes, inmediatamente después de la conquista, el culto popular vinculado a los wak'as (dioses locales) sobrevivió. Los indios siguieron trabajando comunalmente los campos destinados a su culto, y desenterraron a los muertos de los composantos, llevándoselos a sus cementerios tradicionales. Mientras parecían someterse al culto cristiano, ocultaban sus ritos tradicionales.

Los españoles fomentaron esta ambigüedad erigiendo cruces e iglesias en los antiguos lugares sagrados, en tanto que, a la inversa, los indios disimulaban sus ídolos y ritos con velo cristiano. Descubrieron que en el pórtico de la iglesia guardaban un gran wak'a llamado Kamasqa, y otro dentro de la iglesia llamado Waqrapampa, y dentro del altar mayor, en la puerta de la sacristía, todavía había otro wak'a llamado Pichaciánac. Mientras que los españoles consideraban a los dioses locales como manifestaciones del diablo, los indios interpretaban el cristianismo como una forma de idolatría.

Manqu Inka, era uno de los hijos de Wayna Qhapaq, antes de la llegada de los españoles, había participado en una expedición dirigida en el este del Imperio contra los chiriguanos. Manqu Inka, comenzó colaborando con los españoles, pero rápidamente se desilusionó, entonces asedió Cusco durante un año (marzo 1536 abril 1537), pero finalmente cedió en su ocaso. Se refugió en las montañas inaccesibles de Vilcabamba, al norte de la Antigua capital. Esta región fue elegida no sólo por razones estratégicas sino también políticas y religiosas. No es una coincidencia que en ella estuviera situada la cima de Machupijchu, el santuario inviolable de los sacerdotes nativos y la Mamaquna del Sol, el cual permaneció desconocido para los europeos hasta principios del siglo XX.

En el inmenso territorio bajo su control, Manqu continuó las antiguas tradiciones imperiales, restauró un estado "neoinka". Titu Kusi Yupanki en su relación atribuyó a su padre, un lenguaje que expresaba resistencia a cualquier aculturación. Manqu instó a los indios a renunciar a la falsa religión que los españoles intentaban imponer el dios cristiano, decía, era tan sólo un trapo pintado incapaz de hablar, mientras que los wak'as podían oirles, y el Sol y la Luna eran dioses cuya existencia era visible para todos.

Tras la muerte de Manqu Inka, su hijo Sayri Tupaq, casado con la princesa María Manrique, continuó la resistencia por diez años más y más tarde se entregó a cambio de la rica encomienda de Yukay "el valle sagrado" que había sido propiedad personal de Wayna Qhapaq. Otro hijo de Manqu, Titu Kusi, le sucedió como jefe de la resistencia y el estado "neoinka" continuó desafiando la hegemonía española.

Lesli Bethel en la página 195 de su obra, relata que en 1560 el virreynato cayó en una profunda crisis. Parecía que Titu Kusi había organizado un levantamiento general coincidiendo con la expansión del movimiento Taki-Unquy. En el Taki-Unquy las wak'as reprochaban a los hombres el haber adoptado el cristianismo y amenazaban con grandes calamidades, a la vez que incitaban a la gente a que echara a los españoles.

El Taki-Unquy era un movimiento milenario originado en los Andes Centrales, en especial la región de Huamanga, pero según Cristobal de Molina, la "herejía" procedía de los brujos de Vilcabamba. Los predicadores del Taki-Unquy anunciaban el fin de la dominación española, los dioses nativos, que habían sido prohibidos y destruidos a la llegada de Pizarro, volverían a la vida de nuevo, para luchar contra el dios cristiano que, en su momento, sería conquistado, y los españoles arrojados del país.

El movimiento Taki-Unquy, predijo un acontecimiento cósmico, un diluvio, un fin del mundo. Esta profecía se basaba en una representación cíclica implícita en el uso que Molina dijo del término "vuelta" (turno, ciclo).

Según otros testimonios, el dios cristiano había completado su mit'a, esto es "vuelta a gobernar". Tenemos que recordar que según la tradición, el Imperio Inka había estado precedido por cuatro soles y cuatro razas de hombres. Cada una de estas épocas había durado un millar de años, y al final de cada una de ellas, estaba precedido de grandes catástrofes.

Según la versión de Sarmiento de Gamboa, el Imperio Inka había sido fundado en el año 1565 de la era Cristiana, y se había hundido en un verdadero cataclismo tras la llegada de los extranjeros, criaturas blancas y barbudas, y como la culminación de Taki-Unquy ocurrió en 1565, mil años después de la fundación del Imperio, era una coincidencia que el mismo año Titu Kusi preparaba una sublevación general de los indios.

Taki-Unquy no adoptó la forma de una acción, pues los indios esperaban que su liberación llegara no tanto por una acción violenta contra los españoles, sino como una victoria de los wak'as contra el dios cristiano. Los predicadores recorrían aldea tras aldea restaurando el culto en los lugares sagrados con rituales de resurrección y en el año 1570 desapareció todo rastro del Taki-Unquy.

Tupaq Amaru había asumido la jefatura del nuevo estado inka, tras la muerte de su medio hermano Titu Kusi en 1571. Tupaq Amaru fue decapitado en 1572, en la plaza de Cusco, en presencia de una gran multitud aterrada, atraida por los ecos de ejecución de Ataw Wallpaq. A los ojos de la masa de la población india la "segunda muerte" del Inka significó verdaderamente el fin del mundo.

LA TRANSFORMACION SOCIAL DEL CONQUISTADOR

El escritor José Durán, en su obra histórica narra que después de siglo y medio de la independencia, todavía son hondas las raíces del prejuicio de los conquistadores, pretendida secta de malvados, hampa internacional, bestias sedientas de oro. Pretender comprender una época tan importante sin querer desembarazarse de las odiosas banderías, equivale a errar desde el primer paso. Ni indigenismo ni hispanismo; es tan grave como el prejuicio antiespañol y tan dañino es el que alimenta a los sospechosos defensores de la llamada "España Imperial".

Por felicidad el ilustre arqueólogo Alonso Caso, presidente del Instituto Indigenista Mexicano ha dado un ejemplo de sensatez muy oportuno al afirmar en 1952, que el ser indigenista no implica menosprecio o animadversión contra la cultura española, cosa absurba a todas luces.

Hace bastantes años Ricardo Palma, al comentar la sublevación de Gonzalo Pizarro, insinuaba que su posible triunfo hubiera cambiado todo el curso de la historia americana. En cambio se conocía con cierta exactitud el hecho de la diferenciación entre criollos y peninsulares a fines del siglo XVI, gracias a los textos de Baltazar Dorantes de Carranza y Mateo Rosas de Oquendo y los modernos estudiosos.

En una conferencia dada en Buenos Aires en 1938 José Ortega y Gasset sostuvo que el conquistador español se convirtió en un hombre nuevo no bien llegó a la América. Si se planta un árbol en una tierra extraña, depende su desarrollo de las circunstancias propias o adversas que encuentran en el mismo ambiente, y si prospera en él, puede modificarse más o menos su estructura.

Castro sostiene que en la España medioeval, la coexistencia de cristianos, musulmanes y judíos, dio lugar a la creación de "castas mas bien que clase". Por su parte, Konetzke opina, siguiendo principios de Franz Oppenheiner, que en América "la raza conquistadora se siente casta noble frente a los naturales". En América, era noble todo español y vasallo todo indio.

La historia de España, es la historia incesante de asimilación de culturas ajenas y de una transformación continua. Tierra de celtas, íberos, fenicios, romanos, godos, judios, árabes.

Los que se aventuraron en venir no solían ser aristócratas, ni tampoco artesanos o labradores. Un solo y grande contingente de soldados hidalgos, pasó a las nuevas tierras y en ellas se hizo el amo. Apenas crecieron los hijos de los conquistadores, es decir la primera generación de criollos, surgió una rivalidad enconada entre ellos y los españoles recién venidos, a quienes los llamaban gachupines o chapetones.

La obra colonizadora de Indias se encaminó según instituciones hispanas muy antiguas, como las cartas pueblas, las encomiendas, el quinto del rey en los repartos, los privilegios de las ciudades, el servicio militar que debían prestar vecinos y encomenderos.

El conquistador aparece como un representante vivo de la tradición viva de su pueblo. El hidalgo de aldea, que sin haber conocido lugar más grande que Sevilla, cruzaba de pronto el océano, se encontraba de manos a boca con imperios fabulosamente grandes y ricos, llenos de ciudades prósperas. El paisaje, la flora, la fauna, las gentes, lo trnsportaban a reinos prodigiosos, a la vez ciertos. Nunca, quizás, la realidad y el mito anduvieron tan de la mano.

Una circunstancia decisiva facilitaba, además, cualquier novedad, el alejamiento de España. Aquél provervial **"Dios está en el cielo, el rey está lejos y yo mando aquí"**, contaba con algo efectivo. El español imponía su manera de ser, esta situación preponderante sobre los vencidos, inclusive sobre los indios nobles, los españoles vertiginosamente se convirtieron en gentes de elevada categoría personal y social que los vencidos reconocían y demostraban aceptar, porque ellos estaban sojuzgados.

También el influjo de los conquistadores el contacto con las grandes culturas indígenas. Aquella conocida frase de "conquistador conquistado" adquiere un sentido pleno y exacto si se aplica, además de los mismos descubridores, a sus hijos criollos y, sobre todo, mestizos.

La ganancia de Indias se consumó en un espacio de tiempo tan corto cuanto reducido fue el número de los que llevaron a cabo. Desde que Balboa descubrió el Pacífico hasta que se derrumbaron los grandes imperios de aztecas e inkas y se ganaron otros señoríos, pasaron tan sólo veinticinco años.

Desde 1509 hasta 1534, la época en que viajó el contingente de las grandes campañas, se registraron en Sevilla, único puesto oficial de embarque, apenas unos 5320 viajeros. Con todo los 5320 pasajeros sirven para dar idea de la suma total de los conquistadores en los años decisivos. Desde 1492 hasta 1509 sólo se habían ganado las Antillas.

En la campaña de México, la más difícil "éramos quinientos ocho, sin maestres y pilotos marineros, que serían 109". Cuando Pizarro partió de Panamá en 1524, llevaba apenas 112 españoles, y en la expedición definitiva, nueve años después, desembarcaron 180 en tierras del inka. Después de Cajamarca llegaron dos contingentes numerosos encabezados por Diego de Almagro y Pedro de Alvarado.

Por la falta de mujeres españolas había abundancia de concubinatos, de hijos naturales mestizos, y de otros hechos contrarios a un orden social estable. Hubo muchos que salieron de España a los 14 o 16 años y valgan los casos de los tres cronistas del Perú, Francisco de Jerez, Pedro Cieza de León y Pedro Pizarro, todos ellos adolescentes a su venida. Por un error de perspectiva, hoy acostumbramos pensar en unos conquistadores maduros o casi ancianos, como Francisco Pizarro al guerrear en el Perú. Pero el mismo Francisco Pizarro llegó a las Indias de unos 33 años y gastó toda su vida peleando en el Nuevo Mundo.

La familia no pudo organizarse de manera estable. En parte, por la inquietud de los maridos porque "los españoles eran famosos en Italia y Flandez como enamorados incorregibles" y sobre todo por la falta de mujeres legítimas y la escasez de mujeres españolas. En un principio se prohibió el matrimonio con mujeres indias, pero en 1514 lo autorizó Fernando el Católico y lo confirmó un año después.

Pacientemente se fueron importando el trigo, la caña, la morera, el gusano de seda, la vid, los animales domésticos, el olivo, y otros frutos y animales. Las bebidas americanas como el chocolate se apreciaron rápidamente hasta en la peninsula. Antes y después del chocolate fueron imponiéndose la papa, el maíz, el camote o batata, frutos y carnes de algunos animales.

Según las conocidas palabras de Bernal, las guerras de Indias se emprendían por servir a Dios, a su Majestad, y dar luz a los que estaban en tinieblas y también por haber riquezas, que todos buscamos. "Codicia, amor a la fama y religión se trenzan", pues en el alma del conquistador, con implicaciones tanto personales como de la corona y la iglesia.

El capitán Cristobal de Mena como testigo ocular en un folleto impreso en Sevilla, en abril 1534, año y medio después de los hechos de la captura de Ataw Wallpaq expresa: "No fue por nuestras manos, que éramos pocos, sino por la gracia de Dios, que es mucha". En julio del mismo año, el secretario de Pizarro, Francisco de Jerez, declara enfáticamente que, ayudados de la divina mano los españoles "han vencido y traído a la fe católica tanta multitud de gentilidad". Hernando Pizarro derriba el ídolo del santuario de Pachakamaq.

Si lo religioso y lo bélico iban de la mano en el conquistador, igual ocurría con el amor al oro y la honra. Bartolomé de las Casas sólo admite "la codicia insaciable" como el único aliciente de los conquistadores, es decir el hambre del oro. España vivía años difíciles y la multitud de hidalgos segundones y de mozos pujantes se encontraba ante un porvenir desamparado. De no hallar cabida en los puestos públicos o en clero "Iglesia, mar o casa real", la única esperanza de los segundones estaba en las Indias.

Los conquistadores, horda siniestra de usurpadores y ladrones, arrebaron a los indios "con violencia y crueldad, y contra la voluntad de los dueños, el oro, la plata y el dinero", y despojaron a los reyes y señores naturales de sus dignidades reales, de sus títulos y honores, de sus derechos y jurisdicciones.

Bartolomé de las Casas, cumplía su alta misión histórica de salvar culturas indígenas. Así en sus obras, según Lewis Hanke, se descubren notables antecedentes de la antropología actual, y sus ideas sobre la guerra justa provocan los trabajos con que el padre Victoria y Fray Domingo de Soto echaron las bases del derecho internacional. Negar la codicia de los conquistadores equivale a mentir.

El oro se torna abundante y los antiguos pobretones gastan con locura como Jerez cuando paga "por poco más de media onza de azafrán dañado, doce pesos". La cosa llegó a tanto que si uno debía a otro algo, le daba un pedazo de oro a bulto sin pesarlo, aunque le diese el doble de lo que debía, y de casa en casa andaban los que debían con un indio cargado de oro, buscando a sus acreedores para pagar, era "tenido en tan poco el oro, así de los españoles como de los indios" que casi les servía de diversión.

El amor a la fama, estaba por encima de la codicia impaciente, se observa en algunos hidalgos que luchaban en las guerras civiles del Perú, los cuales según el Inka Garcilaso también, su honra en servir sin interés presente sino por el galardón venidero.

Ya a principios del siglo XVII, en años menos ambiciosos de gloria que los de la conquista, Fray Thomas Gage, sensible como extranjero a las peculiaridades del español, comenta burlonamente que los frailes recién llegados, al recibir extremadas señales de respeto por parte de los indios, pensaban ser más honrados que los hispanos de España.

Los indios mexicanos de suyo reverentes, tenían el hábito de rendir veneración a los frailes y Juan de Peralta afirma que la práctica nació del ejemplo de Herán Cortés, el cual siempre besaba la mano de los franciscanos hincando una rodilla. Y los indios, dice, tomaron esta costumbre que hoy día en el Virreinato guardan, y estiman los frailes, que casi son adorados por ellos. La idea de la honra llenaba la mente de los eclesiásticos igual que la de los guerreros.

En una época tan agitada e inestable como aquella, también figura, aunque por excepción, alguno que desprecia la honra y hasta se mofase de ella; justamente un noble, un noble-pícaro, Alonso Henriquez de Guzmán "el caballero noble desbaratado". Don Alonso se burla del honor, la valentía y los más sentimientos caballerosos. Y es curioso advertir que justamente en el *Lazarillo*, el Guzmán de Alfarache, el *Buscón* y otras novelas picarescas, aparecen muchas de las más duras palabras contra la idea tradicional del honor.

Otro personaje de la conquista del Perú, el sarcástico e inteligentísimo Francisco de Carvajal, el Demonio de los Andes, dijo que en alguna ocasión "que nadie hacía honra a otro por sus méritos, sino por interés". Carvajal, como Henriquez de Guzmán, era hombre de la tremenda, sin dios ni ley; se diferenciaba del nobilísimo don Alfonso en que era de origen oscuro, y en cambio valeroso al extremo.

Según Bernal, las guerras de Indias se comprendían "por servir a Dios, a su Majestad, y dar luz a los que estaban en tinieblas, y también por haber riquezas, que todos los hombres comunmente buscamos".

Un soldado perulero, Alonso Ruiz, vuelve a España con enorme suma, habida lo más de ella en el rescate de Ataw Wallpaq y en el botín de Cusco. Ya en la tierra lo acomete el escrúpulo de hallarse disfrutando bienes ajenos y decide ir al emperador. Llegado ante Carlos V, hace acatamiento y le dice: "Yo soy conquistador del Perú, de cuyos despojos me cupieron más de cincuenta mil pesos, que truje a España. Vivo con pena y cuidando de que no son bien ganados. Yo no sé a quién restituir, sino a Vuestra Majestad, que es Señor de aquel Imperio. Si Vuestra Majestad me hiciese merced de algo de ello, recibirlo he como de Señor que puede dármelo; y si no quiere hacérmela, entenderé que no merezco. Carlos V, fino y comprensivo admite la restitución, pero a cambio le hace merced de una estimable renta anual y por plazo perpétuo; además, le concede una andehuela pequeña, cerca de Trujillo de Extremadura, que "ha por nombre María". El buen Alonso Ruiz queda así más beneficiado que ninguno de sus compañeros del Perú, pues posee bienes perpétuos y no por sólo dos vidas.

Hernán Cortés vuelve a España y los grandes nobles lo reciben. "Cortés en todo era muy cumplido y regocijado, y la fama de sus grandes hechos volaba por todo Castilla, plática y agraciada expresiva no le faltaban, y sobre todo móstrose muy bondadoso y tener riquezas que dar; comenzó a hacer grandes presentes de muchas joyas de oro de diversas hechuras a todas aquellas señoras, y después de las joyas dio penachos de plumas verdes llenas de argenteria de oro y perlas". Los más altos señores hasta la reina, hacen honra a Cortés y lo distinguen de manera exquisite. Así Cortés nació para la aristocracia española.

Entre los más antiguos capitanes y de mayor renombre, Vasco Nuñez de Balboa se distingue por su inmenso amor a la honra, que traduce en hechos y palabras. Emprende la expedición hacia el mar del sur, lleno de inmensa esperanza no obstante de que le faltaban soldados para la difícil hazaña, decide marchar en el acto "porque no le adelantase otro". Sufre hambre y penalidades, hasta que al fin llega al pie de la montaña con 67 soldados. Inicia la ascención y, poco antes de llegar detiene a sus soldados y corre hasta la cumbre. "Miró hacia el mediodía, vió la mar, y en viéndola arrodillóse en tierra y alabó al Señor, que le hacía la merced". Llamó a los compañeros, mostróles la mar y díjoles: Ved allí amigos míos, lo que muchos deseábamos. Demos gracias a Dios, que tanto bien y honra nos ha guardado y dado".

El Inka Garcilaso se refiere a Gonzalo Pizarro cuando sin rumbo cierto va con sus soldados por las selvas del Marañón, ve sufrir inútilmente a sus soldados y les consoló diciéndoles: "Tanta más honra y fama dejarían en los siglos del mundo". La verdad de las palabras que el Inka Garcilaso le atribuye a Gonzalo Pizarro se confirma con un hecho posterior. Vuelto los expedicionarios a Quito, harapientos o desnudos del todo, y sin tener con qué vestirse, entran así a la ciudad; y los vecinos de ella, para compartir la honra de esos gloriosos descamisados, toman el mismo hábito y entran así junto con ellos por compartir la fama de su esfuerzo.

El segundo caso, es muy parecido al de Gonzalo Pizarro, ocurrió a hombres de Sebastían Garcilaso, padre del Inka Garcilaso, en la región de Buenaventura. Es igual que Gonzalo el capitán Garcilaso anima a los suyos a no desmayar en el infortunio, para ganar así la honra lo que no pudieron en su conquista.

IV. CRONISTAS Y ESCRITORES INDOAMERICANOS
ESCRITORES MESTIZOS

Autores mestizos e indígenas pronto comenzaron a escribir sus propias obras, donde frecuentemente el español y las lenguas amerindias enfocaban las concepciones culturales americanas y las europeas. En esta generación de escritores indoamericanos sobresale el peruano Guaman Puma de Ayala con su obra, *Primer nueva corónica y buen gobierno* (1615), construye con palabras y dibujos, el pasado andino a la vez que defiende con argumentos del padre Las Casas los derechos de los antiguos americanos.

Felipe Waman Puma de Ayala, nació probablemente en 1534 en San Cristobal de Suntunto o Sondondo, dependiente de Chijrao, provincia de Lucanas, hoy distrito de Cobana, jurisdicción de Wamanga, Perú. Por su propia confesión, se sabe que descendía de la dinastía Yaru Willka (del Wanuku) y de Tupaq Inka (del Qusqu). En su espíritu cohabitaban en pugna dos mundos culturales: el andino y el europeo. Pertenece a la generación que ha visto ajusticiar a Tupaq Amaru Inka por el Virrey Toledo (1572).

El Primer Nueva Corónica y Buen Gobierno es su gloriosa obra, que narra la historia de los inkas, consta de casi mil trescientas páginas y cuatrocientos dibujos. El 14 de febrero de 1615 le escribió una carta al rey Felipe III, anunciando el envio de su obra, que jamás llegó a su destino. En 1908 casi después de III siglos lo halló el erudito alemán Richard A. Pietschmann en la Real Biblioteca Goettingen de Copenhague. En 1936 el profesor Paul A. Rivet lo imprimió en París facsimilarmente el original. En 1944 el ingeniero Arturo Posnansky ofrecía la transcripción literal. Posteriormente por obra de L. Bustios en 1956, se publicó en Lima una edición completa. En 1988 la UNESCO ha declarado esta obra como "Monumento de América y Patrimonio Natural y Cultural de la Humanidad".

Felipe Waman Puma de Ayala divide su obra en cuatro edades, transmite la vertiente mítica, recogida de los ancianos; la vertiente histórica bajo la aculturación; su visión de los relatos bíblicos de su grado de aculturación cristiana, sin embargo se puede considerar que es una obra "legítima perspectiva india". Los encomenderos piden chinakuna (imillas) y yanakuna (yuqallas), labradores, pastores de ganado, hortelanos y no les pagan, al contrario maltratan indios y piden mit'a y kamariku, ellos como sus mujeres, piden maíz, papa, carneros, gallinas, huevos, trigo, frutas, ají, sal manteca, tocino, comidas y regalos de perdiz, yerba, leña y todo a costa de los pobres indios, además les hacen hilar, tejer, todo gratuitamente, además de la tasa obligatoria o tributo que dan los indios.

En su obra Felipe Waman Puma de Ayala cuestiona que no hubo conquista porque no hubo oposición a los europeos. Su padre Martín Waman Mallki de Ayala, virrey y segunda persona del Inka, viajó a Tumbes para "darse paz" con Francisco Pizarro en nombre de sus respectivos soberanos, así, el Tawantinsuyu fue donado al rey de España. El autor explica que cada uno debe permanecer donde Dios lo situó pues. El hizo el mundo y la tierra y plantó en ellas cada cimiente, el español en Castilla y el indio en las Indias, el negro en Guynea, ni otro español ni padre no tiene que entrar porque el Inka era el legítimo propietario. La presencia española en América ha alterado esta disposición divina. Entonces reclama para sí y los suyos lo que legítimamente les pertenece y debe restituírseles.

Juan de Santa Cruz Pachakuti Yamki Salqamaywa. Cronista indígena cuyos datos biográficos se hallan perdidos. Sin embargo se sabe que era natural de los pueblos de Hamanguaygua Huringuayguacanchi de Urqusuyu, entre Canas y Canchis del Qullasuyu, hijo legítimo de don Baltazar Coeyaquiri, descendiente del linaje de los principales caciques, cuyos abuelos vivieron en la época de la conquista española.

Su única obra de Pachakuti Yamki Salqmaywa es *Relación de las antiguedades deste Reyno del Perú* fue escrita al rededor de 1613 concluida en 1620. Trata sobre un kuraka de rango medio de la etnia collagua, derrotado e incorporado al Tawantinsuyu por los Inkas. Como narrador acude al igual que Garcilaso de la Vega a su origen andino para explicar el origen del género humano, el ingreso de Pizarro al Cusco y el coloniaje, los sucesos de Cajamarca, la muerte de Ataw Wallpaq "ajusticiado por traidor", y como Manqu Inka II, los orejones y los curacas adoraron la cruz y le ofrecieron vasallaje al rey de España. Según Luis Alberto Sánchez es "un libro de un primitivo, de ingenuo estilo, con cierto sabor a tradición oral".

Titu Kusi Yupanki. Francisco Pizarro lo nombró Inka, por ser hijo de Manqu II, el rebelde que en 1536 se levantó en armas con el Cusco y el resto del Imperio. Murió apuñalado en 1544 después de ocho años de lucha. Su nombre católico era Diego de Castro. Su único libro intitula *Instrucción del Inka Don Diego de Castro* escrita en 1570 y se publicó en 1916 en la ciudad de Lima.

Inka Garcilaso de la Vega. Nació en Cusco el 12 de abril de 1539 y falleció en Córdova (España), un día antes que Cervantes, o sea el 22 de abril de 1616. Su nombre original fue el de Gómez Suarez de Figueroa, pero adoptó el de su padre, añadiéndole el denominativo de Inka, estando en Montilla (España), a partir de 1563. Su madre fue la palla inkaica Chimpu Uqllu, nieta del Inka Tupaq Yupanki, en tanto su padre, el capitán Sebastián Garcilaso de la Vega

Vargas, pertenecía a la noble familia emparentada con los poetas Jorge Manrique y Garcilaso de la Vega. Residió en España a partir de 1560. Alcanzó el grado de capitán de su Majestad, consagrado a las letras y a la vida religiosa, como clérigo, pasó la mayor parte de su vida en Córdova, dedicado a la redacción de sus obras históricas. Tiene tres obras: *1. La Florida del Inka. 2. Historia del adelantado Hernán de Soto y otros heroicos caballeros e indios. 3. Historia general del Perú.*

El libro *La Florida del Inka* narra las peripecies y las desventuras de la expedición de Hernando de Soto, cuando desde La Habana se lanzó a la conquista de la Florida. Los *Comentarios Reales* consta de nueve libros: *Historia del Perú*, consta de ocho libros y es el que mejor íntegró las concepciones americanas y europeas de la historia y la cultura en su obra magistral considerada como la admirable labor de síntesis por su interpretación de la conquista del Imperio Inkaico y la colonización española. En el Perú después de la revelión del indígena Tupaq Amaru (1780) la Corona consideró la obra Comentarios Reales como obra peligrosa y fue prohibida su lectura.

En México sobresalen Fernando de Alva Ixtlixochitl y Hernando Alvarado Tezozomoc que escribieron respectivamente *Historia de los señores chichimecas* e *Historia Mexicana*.

INKA GARCILASO DE LA VEGA (GÓMEZ SUAREZ DE FOGUEROA)

El Inka Garcilaso de la Vega es hijo de una princesa inkaica Chimpu Uqllu y del capitán español Garcilaso de la Vega. Su nombre original fue el de Gómez Suarez de Figueroa, pero adoptó el de su padre. El Inka Garcilaso vivió en Cusco, hasta poco después de la muerte de su padre, en 1560 viajó a España para completar su educación. En 1591 se estableció en Córdoba, gracias a una herencia y negocios, gozó de una situación acomodada.

En 1590 aparece en español su libro *Dialoghi* bajo el título *La traducción del indio de los tres diálogos de amor de León Hebreo*, después publicó en 1605 *La Florida del Inka*. La primera parte de la obra del Inka Garcilazo, *Comentarios Reales*, apareció en Lisboa (1609), la segunda parte conocida como la *Historia General del Perú* fue traducida a otros idiomas.

El Inka insiste en su ascendia indígena. *Comentarios Reales* ha sido apreciado por su valor histórico y su calidad literaria. El Inka a través de la esccritura supo darle sentido a lo mejor del pasado inkaico y del presente colonial, enaltecer sus dos estirpes, honrar a la princesa Chimpu Uqllu y al capitán Garcilaso de la Vega.

El comentarista Garcilaso que es natural de la ciudad de Cusco, expresa que forzado por su amor natural a la patria y no por contradecir, sino al contrario servirles de intérprete en muchos vocablos indios, que como extranjeros los escritores españoles en aquella lengua, intrerpretaron fuera de la propiedad de ella hasta el 1560 año en que yo salí de Cusco.

A propósito del origen y principio de los Inkas Reyes Inkas del Perú, el Inka Garcilazo de la Vega dice que será mejor contar lo que oía en mi niñez muchas veces a mi madre, a sus hermanos y tios y otros mayores que visitaban la casa de su madre la princesa Chimpu Uqllu. Es así que residiendo mi madre en Cusco, su patria, venían a visitarla casi cada semana los pocos parientes y hablaban de las crueldades y tiranías de Ataw Wallpaq. Pasando pues días, meses y años, siendo yo de 16 o 17 años, acaeció que estando mis parientes en su conversación, un día estaba participando de la conversación de sus parientes y le dije al más anciano: Inka tio, pues no hay escritura entre vosotros, ¿qué es lo que guarda la memoria de las cosas pasadas, vosotros careséis de ellos?

El Inka tío como holgándose (alegrándose), se volvió a mí y me dijo: sobrino yo te las diré de muy buena gana, a ti te conviene oírlas y guardarlas en el corazón. Sabrás que en los siglos antiguos toda esta región de la tierra que ves, eran grandes montes de breñales (tierra entre peñas y poblada de malezas), y las gentes en aquellos tiempos vivían como fieras y animales, sin religión ni policía (orden), sin pueblo ni casa, sin cultivar ni sembrar la tierra, sin vestir ni cubrir sus carnes, porque no sabían labrar algodón ni lana para hacer vestir. Vivían de dos en dos, y de tres en tres, como acertaban a juntarse en las cuevas y en los resquicios de las peñas y las cavernas de la tierra, comian como bestias yerbas de campo y raíces de árboles, la fruta silvestre y la carne humana. Cubrían sus carnes con cortezas de árboles, pieles de animales y otros andaban en cueros, en suma vivían como venados y salvajinas.

Y continuó, nuestro Padre es el Sol, pues los inkas se preciaban ser descendientes del Sol, viendo a la gente en esas circunstancias, se apiadó de ellos y envió a la tierra un hijo y una hija, para que los doctrinasen en el conocimiento de nuestro Padre el Sol, lo adorasen y tuviesen por su dios, para que le diesen preceptos y leyes en que viviesen como hombres en razón y urbanidad, para que habitasen en casas y pueblos poblados, supiesen labrar la tierra, cultivar las plantas y mieses, criar los ganados y gozar de ellos y de los frutos de la tierra como seres racionales y no como brutos o bestias.

Con este mandato puso nuestro Padre el Sol a sus hijos en el lago Titiqaqa y les dijo que doquiera que paracen a comer o dormir, procurasen hincar en el suelo la varilla de oro, de media vara de largo y de dos dedos de grueso y donde aquella barra se les hundiese, con un solo golpe, allí paracen e hiciesen su asiento y corte. En consecuencia el Inka, era el ser divino y solar, a los ojos de la gente era la manifestación viva de la divinidad, la imagen divina que tenía el gran poder de comunicar Janaq Pacha o mundo de arriba, con el Kay Pacha o el mundo de abajo que habitamos.

A lo último les dijo: Cuando hayáis reducido a estas gentes a nuestro servicio, los mantendréis en razón y justicia, con piedad, clemencia, para este fin yo les doy mi luz y claridad para que hagan sus haciendas, las caliento cuando hay frío y hago fructificar sus árboles y multiplico su ganado, tengo cuidado de dar una vuelta cada día al mundo para ver las necesidades y proveer y socorrer, y así ellos salieron del lago Titiqaqa y caminaron al septentión y así entraron a un dormitorio pequeño que hoy día llaman Paqariq Tampu. Le puso este nombre porque de allí salió la pareja al tiempo que amanecía y en el valle del Cusco se hundió la varilla y allí mandó poblar este Inka y su mujer.

Antes del surgimiento del Tawantinsuyu o Estado Inka, estas extensas de tierras estaban pobladas por decenas de grupos muy diferentes, así los chupaychus de la región de Huanucu se componían de una jefatura de alrededor de 10.000 habitantes. Los inkas de la región de Cusco representaban al principio, un grupo étnico de menor importancia relativamente pequeña, que se distinguieron de los demás sólo por su singular puesto en la historia.

El Estado Inka, era de esta manera la cima de esta estructura inmensa de unidades interconectadas. Se impuso un aparato político y militar a todos estos grupos étnicos, mientras seguían confiando en la jerarquía de los señores kurakas. El ayllu era un núcleo endogámico de un determinado número de parentescos, que poseían colectivamente un territorio concreto, análogo a los kallpullí mexicano. Dentro del ayllu los pastos eran sostenidos por la comunidad y la tierra cultivable repartida en unidades familiares domésticas en proporción a su tamaño, en teoría este reparto tenía lugar periódicamente.

DICOTOMÍAS CULTURALES

Lucía Fox Lockeit de Michigan State University expresa que el Inka Garcilaso de la Vega fue el primer mestizo escritor del Perú. Cuando ya vivía en España, fue la nostalgia y el deseo de hacerle justicia a la raza india que lo llevaron a escribir sus *Comentarios Reales*. Desde que él era hijo de una princesa inkaica palla Chimpu Uqllu, podía recordar a menudo las conversaciones que los indios nobles tenían sobre su pasado grandioso y que terminaban en la frase "Trocásenos el reinar en un vasallaje".

El pensador Manuel Gonzalez Prada en 1888 afirmó que el Perú estaba poblado principalmente "por indios semicivilizados" y que si se alfabetizara recuperarían muy pronto su dignidad humana. A esta dicotomía civilización, ignorancia, se añade el análisis de la novelista Clorinda Matto de Turner que en su obra *Aves sin nido* observó la dicotomía hacendados, autoridades civiles y curas versus las víctimas explotadas.

Carlos Mariátegui en sus *Siete ensayos sobre la realidad peruana*, exploró la dicotomía; los pocos versus los muchos. Ciro Alegría en su obra *El mundo es ancho y ajeno*, hace énfasis en la polaridad del blanco malo y el indio bueno. José María Arguedas en su obra *Agua*, él pone énfasis en una dicotomía del mestizo bueno y el mestizo malo, también hay mestizaje lingüístico.

HISTORIADORES ECLESIASTICOS

Dominicos: Fray Antonio de Montesinos, Bartolomé de las Casas y Fray Francisco de Victoria. **Franciscanos**: Bernardino de Sahagún, Alonso de Molina, Andrés de Olmos, Juan de Zumárraga, Fray Luis Jerónimo de Oré (1554-1630) oriundo de Huamanga, Fray Diego de Mendoza, Fray Bernardino de Cárdenas (1579-1668) nació en La Paz, a los ochenta y nueve años murió en Arani. Fray Manuel Mingo de la Concepción, nació en Cuenca, Castilla la Nueva (26/II/1716). Antonio de Comajuncosa (1749-1814). Cronista e historiador que nació en Atajulla (13/VI/1749), que es una población catalana muy cerca de Tarragona. Fray Alejandro Corrado. **Agustinos**: Fray Antonio de la Calancha, Fray Bernardo de Torres. **Jesuitas**: Diego Francisco Altamirano, Fray Alonso Ramos Gavilán, Fray Gaspar de Villarroel y Fray José Antonio de San Alberto, Fray Francisco de Toledo nacido en Toledo, España.

Fray Antonio de la Calancha (1584-1654). Nació en la ciudad de Charcas, cronista oficial de la Orden de San Agustín. Su obra *Crónica moralizadora del Orden de Nuestro Padre San Agustín* en dos volúmenes. Habla del origen de la imagen de *Nuestra Señora de Copacabana*. Su protagonista es un indio noble, sangre de los Inkas Reyes, don Francisco Titu Yupanki, que de un bulto informe sin talento artístico alguno, pero sí con grande fe, logra milagrosamente entallar la Sagrada Imagen de la Virgen de Copacabana.

Esta Santa Imagen desde aquel punto, es un asombro de la naturaleza, un pasmo de humanos ojos, y sin éxtasis de cualquier entendimiento, pues ninguno acaba de entender la grandeza o la maravilla que encierra en sí aquel rostro sobrenatural, porque en un cuarto de hora que le está mirando, la vista más atenta titubea, y los más cuidadosos miran raras transformaciones, sino en lo material, en la forma soberana, pues cada instante ven más aventajados primores de perigrina belleza, mostrando a momentos hermosuras nuevas de aquel rostro divino: cosa que experimentan cuantos la miran y que asombra a cuantos la cuentan. Fray Antonio de la Calancha hace referencia en su segundo volumen de *Crónica Moralizadora*, y Pedro Caldeón de la Barca en el teatro *La Aurora de Copacabana*.

Fray Bernardo de Torres (1610-1670). Nació en Valladolid. Su obra es *Crónica de la Provincia Peruana*. Fray Alonso Ramos Gavilán de la Orden de San Agustín, su obra *Historia de Copacabana y de su milagrosa imagen de la Virgen*, publicada en Lima en 1621. Diego Francisco Altamirano (1625-1715). Nació en Madrid el 26 de octubre de 1625) y falleció en Lima.

Blas Valera (1551-1597) religioso mestizo, nació en Chachapoyas, Perú. Su padre era el capitán de la guardia de Pizarro, y su madre una india de la Corte Imperial de Atawallpa. Su obra es *Relación de las costumbres antiguas de los naturales del Perú*, fue escrita en 1615.

P. Juan Anello Oliva (1572-1642). Jesuita de origen italiano, nacido en Nápoles. Su obra es *Vidas de varones ilustres de la Compañía de Jesús*. Illa, un antiguo amawta, inventor de los khipus. Chicama, el actual Tiyawanaku. Rey Raymi, cudrigésimo octavo monarca de esa dinastía tiyawanakuta.

Fray Juan Melendez (siglo XVII). Nacido en Lima, único cronista dominico del Perú. Su obra intitula T*esoros verdaderos de las Indias. Historia de la provincia de San Juan Bautista del Perú*, publicada en 1681 y en 1682, en Roma.

Fray Antonio Vasquez de Espinoza (1580-1630). Sacerdote de los Carmelitas Descalzos, nació en Jerez de la Frontera. Villa de Oropeza, se fundó en 1571. En lengua indígena se llama K'anata, que es cabeza de este valle, otros pueblos cercanos son Santiago del Paso, Sipesipe, Tikipaya donde hay buenos baños de agua caliente saludable.

Fray Gaspar de Villarroel (1587-1665). Poeta y cronista nacido en Quito y muerto en Chuquisaca. Fray Josef Antonio de San Alberto (1730-1804) de los Carmelitas Descalzos, nació en Fresno, Aragón.

Ulrico Sehmidi (1510-1581). Único germano, nacido en Straubing. Ruy Díaz de Guzmán (1560-1629). Nacido en Asunción. Enrique Finot (1891-1952).

Concolorcorvo (1715-1783) seudónimo con el que Alonso Carrió de la Mandera publicó su libro *Lazarillo de ciegos caminantes*, en 1773 o 1774. Era natural de Cusco, su obra es como una guía turística.

Francisco de Viedma (1737-1809). Nació en Jaen, gobernador de Santa Cruz con asiento en Cochabamba, defendió a los naturales, de todo género de abusos de los clérigos y funcionarios corruptos, falleció el 28 de junio de 1809. Su libro *Descripción geográfica y estadística*, se publicó en 1836. Qhuchapampa campos inundados o con lagunas. Está a los 17 grados, 22' y 3" de latitud sur, y 53 grados, 3' de longitud, al occidente del pico Tenerife, y media legua al sur de la cordillera, tiene suave primavera con poca variedad de invierno o del riguroso estío. Sus calles se empedraron en 1785 con la plaza principal y la San Sebastían, agua potable en 1786.

Juan de Pine Manrique, nació en Málaga, era Fiscal de la Real Audiencia de Charcas. Fray Diego Bolivar llegó a La Paz en 1603, su principal obra es *Relación de Moxos*.

Diego Aguiluz, tiene una obra *Relación de las Misiones de Moxos*. Jorge Juan Santacilla (1713-1779). Antonio de Ulloa (1719-1797), Cosmé Bueno. Crónica científica. El censo de 1570 de España indica que una cuarta parte de la población vestía de sotana.

Fray Domingo de Santo Tomás (1499-1570), es uno de los clásicos escritores, nació en Sevilla. Llegó al Perú en 1538. Su obra *Lexicon o Vocabulario*, se publicó en 1560, era de la Orden de Santo Domingo. En su libro *Gramática Quechua*, expone sobre la lengua y el imperio del vencido, con profundo conocimiento, expresa el gran orden que posee el quechua, la abundancia de vocablos, la armonía de los términos con las cosas que ellos significan, las diferentes y curiosas maneras de pronunciarla.

El sonido dulce y agradable de su pronunciación, la facilidad de escribirla con nuestros caracteres, y si la lengua es ordenada, a las gentes que la emplean no podemos incluirlas entre los bárbaros, sino entre las gentes civilizadas puesto que, como lo dice el filósofo Aristóteles en muchas ocasiones, no hay medio por el cual se conozca mejor, el genio del hombre que el habla y el lenguaje del cual se sirve, que es el fruto de los conceptos del entendimiento. Especialmente si se agrega a esto que se trata de una lengua se empleaba y se emplea todavía en todo el Imperio de este Gran Señor Wayna Qhapaq, que se extiende el río Maule (Chile) hasta el río Anqasmayu (Colombia).

FRAY BARTOLOMÉ DE LAS CASAS

Después de la conquista de los territorios americanos, uno de los aspectos más debatidos fue el de la racionalidad de los indígenas y el derecho de los invasores de esclavizarlos. Los dominicos protestaron contra los abusos del sistema de encomiendas y las guerras que exterminaban a los población nativa.

El paladin de esta causa el dominico fray Antonio de Montesinos, proclamó, ante la consternación de los colonizadores, que los indios eran seres humanos y debían ser tratados como tales. A esta lucha se unió después en Cuba y en la Española, Fray Bartolomé de las Casas, joven sacerdote que defendía ardientemente a los indígenas. En 1523 ingresa a la orden de Santo Domingo, estudia los tratados jurídicos, teológicos y filosóficos que le proporcionaron los fundamentos en favor de la población nativa.

En el año 1527 escribió su libro *Historia de las Indias*, que es el recuento de las primeras tres décadas de la colonización y en 1559 su obra *Apologética historia*, en forma manuscrita. En 1537 el Papa Pablo III había reconocido en una bula la racionalidad de los indígenas.

En estas obras propuso el empleo de métodos pacíficos para cristianizar a los nativos. Bartolomé de Las Casas y otros partidarios de la causa indígena como Fray Antonio de Montecinos, Fray Francisco de Victoria en 1542 lograron la proclamación de las Leyes Nuevas que suprimían las encomiendas, la esclavitud y otras formas de trabajo forzado.

El infatigable dominico ingresó a América con el título de Obispo de Chiapas con el deseo de hacer cumplir las leyes, sin embargo éstas y otras dadas por la Corona para proteger a la gente nativa, fueron "letra muerta".

Las Casas protector de los indígenas debatió con el apologista de la conquista Juan Jinés Sepúlveda, quien fundamentaba la conquista en la supuesta barbarie indigena, sus esfuerzos fueron recompenzados con algunas leyes favorables. Fue en esta época que publicó una de sus obras más polémicas *Brevísima relación de la destrucción de las Indias*, en 1552. Su rápida traducción al latín, al francés, al inglés, al alemán, al italiano y al holandés, divulgó los abusos de los conquistadores y contribuyó a crear la llamada "leyenda negra".

Esta obra de Las Casas es digna precursora en las letras continentales, la literatura indigenista, cultivada después por escritores como el ecuatoriano Jorge Icaza (1906-78), los peruanos Clorinda Matto de Turner (1854-1909), Ciro Alegría (1409-67), José María Arguedas (l911-69) y la mexicana Rosario Castellano (l925-74).

Fray Bartolomé de Las Casas aceptaba la avaricia o el hambre de oro de sus compatriotas, de no hallar cabida en los puestos públicos o clero "Iglesia, mar o casa real", la única esperanza de los segundones estaba en las Indias. Surgió la palabra encendida de Las Casas, reconociendo en ellos el móvil de la avaricia.

Los conquistadores, horda siniestra de usurpadores y ladrones, arrebataron a los indios "con violencia y crueldad, contra la voluntad de sus dueños el oro, la plata y el dinero", y despojaron a los reyes y señores naturales de sus dignidades reales, de sus títulos y honores, de sus derechos y jurisdicciones, solo les importaba el oro. Así Las Casas cumplía su alta misón histórica de salvar culturas indígenas. Lo hacía con inteligencia no sólo era brillante, sino de vislumbres geniales. Junto a las voces de Córdova, Montecinos y Las Casas, protestaron los franciscanos de México Jerónimo Mendieta, Bernardino de Sahagún y el Obispo Zumárraga.

FRAY BARTOLOME DE LAS CASAS
LA DEFENSA DE LOS INDIOS

Su fuente teórica más importante de Fray Bartolomé de las Casas, en cuanto a la reinterpretación de la conquista es su obra *Tratado de las doce dudas*, escrita en 1564, en el que insiste que los indios eran descendientes de Noé, creían en un Dios único. Las Casas, en 1514 renunció a su encomienda y a sus intereses comerciales en la isla, dedicando 52 años de su vida turbulenta a la defensa de los súbditos indios de América de la Corona Española.

El profesor M. Batallon A. Saint-Lu en su obra expresa que el defensor de los indios, Fray Bartolomé de las Casas, nació en Sevilla (1474-1566) en el mundo de los negocios en el gran puerto andaluz. Fray Antonio Montesinos al conocer el trato inhumano dado a los indios pronunció un sermón que los dejó atónitos, a muchos fuera de sentido, y a otros más empedernidos (pág. 81). El clérigo sevillano Fray Bartolomé de las Casas ha sido una de las personalidades más polémicas de la historia de España.

En su país de origen, la tradición colonialista y conservadora le ha acusado de "enemigo de España" en cambio en Hispanoamérica ha sido ensalzado. Las Casas denunció el etnocidio en que consistía la política colonial. La figura notable del defensor de los indios es reivindicada por destacados historiadores tales como Marcel Bataillon y el profesor André Saint-Lu.

En el año 1552 Bartolomé escribe en Sevilla la Introducción de su *Historia de las*

Indias, que ya empezó a escribir en 1527 en su Convento de Santo Domingo y también López de Gómara, historiógrafo de la Conquista de Mexico por Cortés y Cieza de León de todo el descubrimiento de las Indias. La obra de Bartolomé de las Casas recién fue publicada por primera vez en 1909.

En 1561, cuando ya tenía más de 80 años Bartolomé de las Casas compuso su tratado latino *De los tesoros del Perú*, publicado y traducido por primera vez en Madrid en 1758. El viejo defensor de los indios muere en Madrid en el Convento de los Atocha el 18 de junio de l566.

Ramón Menéndez Pidal en 1963 escribió: *El padre Las Casas*, su doble personalidad y lo declara paranoico. La leyenda negra, es una crítica a Las Casas considerado como el responsable de *La leyenda negra*. ¿Un genocidio? Sobre el total despoblamiento de la isla Española (Haití) la colonizada promesante la más afectada de las islas Antillas. De las 100.000 personas quedaron tan sólo 12.000 ánimas.

De España gente codiciosa y robabosa. Yendo ciertos cristianos vieron a una india que tenía un niño en los brazos, i porque un perro que ellos llevaban consigo, hacía hambre, tomaron al niño vivo de los brazos de la madre, echaron al perro, ea así lo despedazó en presencia de la madre (pág. 74). Alguna vez un cristiano llevaba 20 o 30 indios cargados y atraillados de sus pescuezos unos de otros, si alguno de ellos dejaba la carga y huía, inventaron los cristianos llevar consigo un perro y lo destripaba y otros porque lloraba el niño lo tomaban de las piernas i aparrálo en un peña.

Cuando Bartolomé de las Casas presenta la muerte de 7000 niños en meses. El Obispo Fonseca le dijo: ¡Qué se me da a mí y qué se le da al rey! Las Casas le respondió alzando la voz ¿Que ni a vuestra señoría ni al rey que mueran aquellas ánimas no se da nada? !Oh gran Dios eterno! ¿Y a quién se le ha de dar algo?

Los europeos trajeron muy pronto a América esclavos africanos que participaron en la empresa conquistadora. Cuando la población aborigen disminuyó debido al excesivo trabajo, la falta de alimentos y la poca resistencia a las nuevas enfermedades europeas, los esclavos africanos remplazaron esta población en tareas agrícolas y mineras. Se ha comprobado con documentacion, que entre 1518 y 1873 arribaron a América nueve millones y medio de africanos. La mayoría de ellos llegaron al Caribe, al sur de Los Estados Unidos y al Brasil.

BOTIN DEL EMPERADOR

Para Cristóbal de Molina el "chileno" las riquezas indígenas "cebaron a los españoles". Gómara pinta el saqueo del templo, las casas y la fortaleza de Cusco, los castellanos no se contentaban, fatigaban a los indios cavando y trastornando cuanto había y aún les hicieron hartos malos tratamientos y crueldades y asolaban todos los pueblos donde llegaban. Pizarro demostró menos codicia que su glorioso primo Hernán Cortés. Diego de Almagro aparece como el más hambriento.

El Inka Garcilaso de la Vega narra que el soldado Alonzo Ruiz, vuelve a España con enorme suma, habida lo más de ella en el rescate de Ataw Wallpaq en el botín de Cusco y decide entregar al emperador Carlos V., quien fino y comprensivo admite la restitución en cambio le hace merced de una estimable renta anual y así queda beneficiado. El oro como fuente de poder, tiene la virtud de acrecentar honores "El dinero es caballero" o "poderoso caballero", pues los conquistadores anhelaban colmar sus necesidades, ganar distinciones y poderío.

Franciso de Carvajal, el "demonio de los Andes", dijo que nadie hacía honra a otro por sus méritos, sino por interés. Carvajal, como Henriquez de Guzmán, era hombre a la tremenda sin Dios ni ley. Las Casas, les niega toda Gloria a los conquistadores, porque no sólo llevaban las escopetas, ni la artillería, sino hasta los enormes perros adiestrados que llevan los españoles.

SUMA Y NARRACIÓN DE LOS INKAS

La valiosa obra *Suma y Narración de los Inkas* de Juan de Betanzos es transcendental, aquí ofrecemos algunos detalles:

a). Es preciso leer las crónicas y documentos de la época, los excesos de crueldad a que se entregaban, tanto los españoles como los indígenas, para comprender hasta qué punto es capaz el ser humano de acumular tanto odio y desprecio hacia sí mismo (pág. 3).

b). Los europeos que llegaron al nuevo continente eran poseedores de una civilización superior; esto es relativamente falso (pág.3). Eran capaces de asesinar en un saqueo, sin distinción de niños ni mujeres, en desenfrenada soldadesca, y ello no les impedía dirigirse luego a un lugar sagrado para elevar a Dios las manos, todavía tintas en sangre, demandando el perdón de sus pecados (pág. 4).

c). Un historiador cita varias verdades de la época, como que el hombre tenía una costilla menos que la mujer; que la mujer tenía dos molares menos que el hombre, como lo había dicho Aristóteles; que la tierra era plana y centro del universo; que la sangre pasaba de un lado a otro del corazón por medio de unos diminutos agujeritos (pág. 4).

d). Juan de Betanzos junto con Cieza de León, Sarmiento de Gamboa, Garcilazo de la Vega, Santa Cruz Pachakuti Yamki, Huaman Poma de Ayala y Fray Martín de Morua, inician las primeras obras de carácter indegenista en contraposición de la mayoría de los autores (pág. 5).

e). Como todas las agrupaciones humanas, los naturales de estas tierras trataron de imaginar el principio y el origen del hombre; y sí, en la mitología judaica, Dios hace al hombre de barro, en la de los Inkas lo hace de piedra, si Jehová sólo da a luz una pareja humana, Cuntiti Wiraqucha, que hizo de piedra cierto número de gente y un principal que la gobernaba y señoreaba y muchas mujeres preñadas y otras paridas, según la historia de Betanzos; un concepto más lógico es el caso de querer darnos la explicación de una futura descendencia, ya que el judaico, me es muy difícil imaginar, por razones obvias, que sólo una pareja hubiese podido procrear todo un pueblo.

f). Tanto la mitología Andina como la Europea está llena de bestialidades tales como la inquisición, un Dios cruel y vengativo, etc. y de idolatrías bárbaras (pág. 7).

g). La Constitución de la Ciudad Estado del Cusco; que sí, esta vez, la puedo comparar con mucho más propiedad con la Ciudad Estado de Roma; o más propiamente, con Atenas, por su casi perfecta legislación, sólo comparable con Solón, Pisístrato, Clístenes y otros grandes legisladores atenienses (pág. 8).

h). Era un edificio tan insigne y suntuoso que se podría poner por una de las maravillas del mundo (pág. 9).

i). El comentador del libro *Suma y Narración de los Inkas*. Culturas Aborígenes de América, Marcos Canedo Eduardo expresa: No dejo de percibir la admiración que pudo sentir Juan de Betanzos por la personalidad, hazañas y sabiduría de este Inka Yupanki; para tal historia no puedo hallar otra similar entre la de los reyes bárbaros de Europa, que se sucedieron hasta muy entrado el siglo XVIII (pág. 9).

j). Juan de Betanzos narra exclusivamente, las gestas de Inka Yupanki, desde que toma el puesto del padre que huye ante el enemigo, para ser él, el que defienda la ciudad y la honra de su linaje. Wiraqucha Inka tenía siete hijos, el menor era Inka Yupanki (pág. 9).

k). Juan de Betanzos se convierte en uno de los más válidos intérpretes de la historia de Cusco, considerando la exactitud y veracidad de su versión por su posición en los restos de la jerarquía inka, por su matrimonio con la hermana y la exposa de Ataw Wallpaq, y el asesoramiento de Angélica Yupanki (Kusirimay Uqllu) que le dio, en todo tiempo (pág. 10-11).

l). Inka Yupanki el gran legislador que dio una orden coherente a todos estos conocimientos.

ll). Del que era informado que era pobre dábale hacienda de los depósitos que en cada pueblo había para este beneficio ordenados por Inka Yupanki; y ansí no vivían en necesidad porque ansí a los huérfanos como a las viudas y los demás, a todos les era dado lo necesario para su vivir de allí en adelante, sin tener necesidad. Polo de Ondegardo, en su obra hace resaltar esto y se maravilla de estas leyes y remarca el contraste con lo impuesto por el conquistador (pág. 19).

m). Ordenó fuesen hechos cada 40 leguas tambos y grandes depósitos de todos los mantenimientos, ansí de maíz, chuño, papa, quinua, ají, sal, carne seca, pescado y ovejas en pie (pág. 20).

n). El escritor Nestor Taboada Terán en la página 33 de su obra, expecula sobre el amor y respeto de Juan de Betanzos sobre el inkanato y expresa: Betanzos es sinónimo de cronista enamorado. Escritor con calentura de seductor. Y Angélica le ofrece un amor vaginado para inflamar sus valores. ¿Su libro trata del amor? No precisamente, pero es producto del gran amor de su vida, experimentado en el fragor de la conquista. No disimula su devoción por los hechos de la historia precolombina. Le apasiona el Inka Pachakutiq. Los orejones, los ayunos, las ceremonias, los sacrificios, etc. Juan de Betanzos sueña. Le interesa adquirir fama de cronista. Aspira a la inmortalidad. Acaso superar a Pedro de Cieza de León, Polo de Ondegardo, Garcilazo de la Vega, Sarmiento de Gamboa y Martín de Morúa, los grandes de la época.

EL CRONISTA JUAN DE BETANZOS

El cronista Juan de Betanzos escribió su obra *Suma y narración de los Inkas* en el año 1561 valiéndose de las informaciones vivas y directas de los khipukamayuq, consta de 346 hojas de papel, escrito en tinta y lápiz, debe considerarse como un auténtico monumento con nuevas formas de vida, de sociedad y cultura diferente a la civilización occidental.

Los españoles se preciaban de ser buenos y devotos católicos y sin embargo horrores que muchas dejaban pequeños a los excesos cometidos por los paganos. Algunos escritores describen a los indígenas como el arquetipo de la bondad y dulzura.

Juan de Betanzos se queda a vivir y morir en la capital sagrada de los Inkas, junto a Cieza de León, Sarmiento de Gamboa, Garcilazo de la Vega, Santa Cruz Pachakuti Yamki, Guaman Puma de Ayala y Fray Martín de Morua, inician las primeras obras de carácter indigenista, en contraposición de la mayoría de los autores que generan gran cantidad de obras con un enfoque "hacia los hechos realizados por los españoles".

En la cronología sucinta, de la sucesión de los inkas que siguieron a Manqu Qhapaq, hasta llegar a Wiraqucha Inka, padre del Inka Yupanki, se habla de la Constitución de la Ciudad Estado del Cusco; comparando con la Ciudad Estado de Roma; o más propiamente con Atenas, por su casi perfecta legislación, sólo comparable a las de Solón, Pisístrato, Clístenes y otros grandes legisladores atenienses.

También es la crónica de las batallas que sostuvo Cusco, en busca de la hegemonía regional, reforzada por matrimonios entre jóvenes de distintos pueblos, por orden del Inka con el afán de hermanar la diversidad de nacionalidades existentes en la región; la legislación y orden de sus orejones (tribunos o nobles); la educación de los jóvenes, tanto en la guerra como en la agricultura.

Betanzos narra, exclusivamente, las gestas del Inka Yupanki, desde que toma el puesto del padre que huye ante el enemigo, para ser él, el que defienda la ciudad y la honra de su linaje. Wiraqucha Inka tenía siete hijos y en especial uno de ellos, el menor de todos llamado Inka Yupanki, en aquel tiempo que Wiraqucha Inka se quería salir del Cusco, este su hijo menor Inka Yupanki era mancebo de gran presunción y hombre que tenía en mucho su persona y pareciéndole mal lo que su padre Wiraqucha Inka hacía al desamparar su pueblo, propuso él de no salir y juntar a la gente que pudiese para defender Cusco. Betanzos también nos deja consignado los meses y las fiestas; Inka Yupanki dijo: Puquy killa (diciembre); jatun puquy killa (enero); el mes tenía 30 días y el año 360 días.

En el capítulo XXII Betanzos consigna algunas de las leyes que dio el Inka para conformar su ejército; ordenó y mandó que el capitán que llevase gente de guerra, tuviese gran cuidado de llevar la tal gente bien disciplinada, mandando que si alguno de los que ansí llevase, forzase alguna mujer en cualquier pueblo donde pase, que allí donde el delito hizo el tal delincuente públicamente fuese ahorcado, y que si alguno de los que ansí llevase entrase en casa de algún morador del pueblo y tomase algo, aunque fuese un puño de maíz, que al tal le castigase confome a lo que hurtase. Ordenó y mandó que de cuarenta en cuarenta leguas desde la ciudad de Cusco, fuesen hechos tambos con grandes depósitos de todos los mantenimientos, ansí de maíz, chuño, papa, quinua, ají, sal, carne seca, pescado y ovejas en pie.

Las huestes europeas se movían en base al pillaje; las tropas del Inka tenían orden de no tocar la hacienda del pueblo y para esto el Inka Yupanki contaba con un sistema de apoyo que a su vez era el correo en tiempos de paz, los chaskis. En el camino en cada legua habían casetas para dos jóvenes indios, estos eran cambiados cada mes. Si el Inka quería mandar algo a algún gobernador se lo decía al primer chaski, éste salía a toda carrera y sin parar recorría legua y media; antes de llegar alzaba la voz para prevenir al otro; así apenas llegaba salía el otro.

En el contexto que abarca el Imperio Inkaico, existe un punto controversial, los sacrificios de muchachos o muchachas de 5 a 6 años y que fuesen enterrados en la tierra y en el mar, este sacrificio Betanzos lo llama "sacrificio solemne". En cambio Ondegardo escribía que sacrifican plumas de diversos colores, en especial coloradas y amarillas, llamadas pawqar, oro y plata con figuras, vasos, yerbas y legumbres, harina de maíz, masa y bolos hechos con maizena, chicha y otras comidas, coco, coca, sebo, cabellos, sangre humana o de animales, de todo cuanto sembraban y cuidaban. Esto de los niños parece que ha cesado, a las wak'as sacrificaban principalmente niños de diez años para abajo.

INTERPRETACIÓN DE LA CONQUISTA DEL PERÚ

El sometimiento del antiguo Imperio Inkaico comienza con la muerte en la horca de Ataw Wallpaq (1533) en manos de los invasores, y culmina con la decapitación despiadada de Tupaq Amaru (1572). Este último soberano del linaje real fue ordenado por el Virrey Francisco de Toledo (1569-89). Cuarenta años de resistencia andina a la hueste europea. A partir de este tiempo en el futuro la violencia se hizo ley.

Hay tres cronistas indígenas del Perú, Titu Kusi Yupanki y su *Relación de la conquista del Perú* (1570). Juan de Santa Cruz Pachakuti Yamki Salqamaywa autor de *Relación de antiguedades de este reino del Perú* (1613), y Felipe Waman Puma de Ayala muy conocido por su *Primer nueva corónica y buen gobierno* (1615).

Este discurso muestra las hondas fisuras del proceso de trans-culturación, cronológicamente hablando, la Relación de la Conquista del Perú es el primero de estos relatos. Allí Titu Kusi Yupanki, el penúltimo soberano del inkario, detalla tenaz resistencia de los suyus contra los europeos, tanto como las ambiciones imperiales de su padre, Manqu Inka. Ayudado por el fraile agustino Marcos García, a quien le dicta su historia, Titu Kusi Yupanki cuenta los hechos.

El Inka explica como el engaño, la falta a la palabra, la violencia y la traición, son estrategias decisivas en el triunfo europeo. Así este documento concebido como "probanza de servicios" dirigida al soberano español, se convierte en alegato acusatorio; recibidos en paz por su padre, los europeos no respetaron ni hospitalidad ni rango; es más lo humillaron y traicionaron para dejarles a él y a los suyos el único camino de la rebelión. Esta narración de la derrota del inkario, de la biografía de Manqu Inka y de los reclamos de su hijo, polemiza en la historia oficial para alterar, desmentirla y negarla.

La *Relación de antiguedades deste reyno del Perú* de Juan de Santa Cruz Pachakuti Yamki Salqamaywa, fue escrita alrededor de 1613 por un kuraka de rango medio de la etnia collagua, derrotada e incorporada al Tawantinsuyu por Inkas. Como narrador acude al igual que el Inka Garcilaso a su origen andino para explicar el origen del género humano, el ingreso de Pizarro a Cajamarca, la muerte de Ataw Wallpaq "ajusticiado por traidor", y como Manqu Inka II, los orejones y los kurakas adoraron la cruz y le ofrecieron vasallaje al rey de España.

Juan de Santa Cruz Pachakuti Yamki Salqamaywa describe escuetamente el triunfo de Pizarro, el asesinato de 12.000 hombres que lo recibieron en paz, la muerte de un Inka traidor. Desmiente la heroicidad europea, destaca el caos interno del Tawantinsuyu donde el Inka ha sido impuesto por los invasores y no de acuerdo al orden andino. De ahí que Manqu se vista como Wayna Qhapaq o sea se disfraza de soberano. Cuando Pizarro también se pone el traje de Inka, el carnaval se completa.

El Primer Nueva Corónica y Buen Gobierno de Felipe Waman Puma de Ayala cuestiona que no hubo conquista porque no hubo oposición a los europeos. Su padre Martín Waman Mallki de Ayala, virrey y segunda persona del Inka, viajó a Tumbes para "darse paz" con Francisco Pizarro en nombre de sus respectivos soberanos; así, el Tawantinsuyu fue donado al rey de España. El autor explica que cada uno debe permanecer donde Dios lo situó pues. El hizo el mundo y la tierra y plantó en ellas cada cimiento, el español en Castilla, el indio en las indias, el negro en Guynea, ni otro español ni padre no tiene que entrar, porque el Inka era el legítimo propietario. La presencia española en América ha alterado esta disposición divina. Entonces reclama para sí y los suyos lo que legítimamente les pertenece y debe restituirles.

En cuanto a la interpretación de la conquista, su fuente teórica más importante es el *Tratado de las doce dudas* (1564), de Fray Bartolomé de Las Casas, en el que insiste que los indios eran descendientes de Noé, creían en un Dios único, etc. El punto más controvertido radica en que Felipe Waman Puma de Ayala aplica el siguiente argumento lascasiano: no puede haber guerra justa contra quienes aceptan pacíficamente la autoridad de un soberano cristiano; tampoco un príncipe cristiano debe agredir a otra nación cristiana sin que ésta haya dado causa para ello. Como los indios son ahora cristianos se les debe restituir honra y bienes y Waman Puma dibuja a su padre Waman Mallki, dándole la bienvenida a Pizarro en Tumbes y también lo pinta en la batalla contra los rebeldes a la corona.

LITERATURA QUICHUA

El R.P.F. Honorio Mossi, expresa la siguiente idea: Los idiomas no son flores para que una diestra Glicéria pueda hacer de ellas un ramillete a su antojo, sino jardines montados en diferentes órdenes que no se pueden alterar sin quitarles toda su galanía. Continúa opinando que el quichua es perfecto de cuantas lenguas se conocen en el día y de cuantas puedan inventarse en los siglos posteriores. Es uno de aquellos que más se aproxima a las leyes que la naturaleza ha dejado para esprimir sus conceptos.

Según Anello Oliva, los khipus fueron inventados en el reinado de Mayta Qhapaq por un amauta conocido como Illa. La extinción de los khipus, fue decretada en el Concilio Provincial de Lima en 1583, persiguiéndose tenazmente a los khipukamayuq.

El Inka Pachakutiq, fue asesinado en una emboscada, al haber sido interceptado el mensaje donde se daba referencias del viaje del Inka. A consecuencia de ese hecho luctuoso, su hijo el Inka Tupaq Yupanki, habría prohibido la escritura, accesible sólo a la casta real.

Gracias a la memoria de sus intérpretes, sobre todo teniendo en cuenta la prohibición decretada en 1614, por parte de las autoridades eclesiásticas, de los bailes y fiestas indígenas, y en modo especial, de los cantos quichuas. La incineración de los khipus continuaba sistemáticamente, siendo arrancados de los edificios donde se halllaban depositados.

Después de la sublevación de Tupaq Amaru, el atentado contra esta cultura llegó a extremos inauditos, en 1780, cuando se prohibió legalmente la lengua quichua y la lectura de los Comentarios Reales en 1609, libro publicado en Lisboa por Inka Garcilaso de la Vega.

De los himnos procedían los jayllis que están agrupados en tres tipos: a) sagrado, b) agrícola, y c) heroico.

a). Jaylli sagrado. Era accesible a la casta real y a los sacerdotes: 1. Oración primera al hacedor. 2. Pachakamaq o gobierno del mundo y 3. Tijsi Wiraqucha.

b). Jaylli agricola. Dió origen al takipayanaku: 1. ¡Ajaw jaylli!, ¡Ea el triunfo! 2. ¡Ajaw jayllinina!, ¡Ea, ya he triunfado!

c). Jaylli heroico. El exterminio de los khipus y la prohibición de todo canto en quichua por parte de los colonizadores, tenía un carácter político que tendía a borrar el pasado inka.

Arawi o Jarawi. Procede de "arawiy o jarawiy" que significa verificar o más propiamente, componer con palabras. Los temas preferentes eran sobre el amor, que hoy se llama "yarabí": 1. Arawi. Sumaq nust'a. 2. Jaray arawi. 3. Primer arawi de Ollanta. 4. Segundo arawi del Ollantay. 5. El taki. 7. Canción de Chuchi Qhapaq. 7. El wawaki. 8. El wayñu o waynu. 9. Phullu llijllayki.

El wayñu para don Jesús Lara "es la expresión lírica más completa del indio quichua" para conjuncionar la música, la poesía y la danza. La qhashwa es un tipo de composición alegre y festiva que, como el wayñu, combina la danza y el canto. El aranway, procede del término "aranwa" teatro: 1. Atuq yarqay taki. 2. Pichinkurucha. El wanka, cantan a la muerte de un Inka o de alguien evocando la vida del deudo. Pachamama, es la Diosa de la naturaleza, la Madre Tierra que sustenta y cobija al hombre. Ayachaku, es una chullpa o un cadáver momificado. Ayar Kachi, según las narraciones literarias, quedó tapiado en su lugar de origen. Ayar Uchu, quedó cautivado de un Wak'a, en la cumbre del cerro Wanakawri, convirtiéndose en la divinidad tutelar de los inkas.

CH'ASKA ÑAWI
OJOS BELLOS COMO EL LUCERO

Chay ch'aska ñawiyki uj tuta,	Tus bellos ojos como el lucero,
llakiyniypi urmaykamun,	cayó en mi noche de pena,
sunquypi pakaykuq riqtiy,	quise guardarla en mi pecho,
luluq urpiman tukurqa.	se tornó en tierna paloma.

Chikikuq muyuq wayrari,
qichuwarqan makiymanta,
ñawiytan, chakiytan wataspa,
mana rinaypaq qhipanta.

Ñanpi tukuypa sarusqan,
intiqpa, paraqpa watasqan,
luluq urpinpi yuyaspan,
sapallan sunquy mullphasqan.

Y el envidioso torbellino,
me la quitó de las manos,
para impedir que le siga,
me volvió ciego y tullido.

Hecho escarnio de la gente,
por la lluvia y el sol flagelado,
mi corazón se consume,
anhelando a mi paloma.

LA TRADICIÓN ORAL

Los europeos encontraron en América una gran variedad de culturas indígenas. Algunas como la maya-quiché, la azteca y la inkaica, habían alcanzado un alto grado de civilización. Si bien no conocían la escritura alfabética, conservaban la memoria del pasado a través de la tradición oral, de dibujos y de símbolos abstractos. Los maya-quiché sobresalen por sus libros con sus símbolos jeroglíficos, los aztecas por sus codices con dibujos y los inkas por sus khipus o nudos y la yupana o ábaco andino. Lo que les sirvió para mantener vivos los mitos, las leyendas y los acontecimientos más sobresalientes y como vía de comunicación con las divinidades.

Tanto en la conquista así como en la colonización las tradiciones, sino alcanzaron a destruirlas totalmente, fueron incorporadas y alteradas en el proceso de transculturación por medio del cual España impuso sus leyes, su religión y su civilización, era como un terrible cataclismo para los nativos. Sin embargo los indígenas asimilaron y aprovecharon el saber europeo. Hubieron misioneros y colonizadores que defendieron la población nativa y en conocer su lengua y cultura.

Entre los aztecas o nahuas es notable la labor de Bernanrdino de Sahagún (1500-90). Este misionero franciscano fue maestro en el Colegio de Santa Cruz de Tlatelolco en México y allí enseñó a sus discípulos indígenas latin y castellano, y él se dedicó a estudiar lenguas y culturas en nahuatel y así llegó hasta nosotros el Popol Vuh o Libro del Consejo, el Memorial de Soldá y los libros de Chilam Balam.

Del área andina se conserva *Dioses y hombres de Huruchiri* (1608), obra escrita en quichua que presenta la cosmogonía de la zona, además de poemas, mitos, historias y crónicas por españoles. El legado de la civilización indígenas a la literatura y la cultura recopilado por los europeos curiosos y nativos o mestizos alfabetizados se hace evidente en la obra de destacados escritores como Miguel Angel Asturias, Pablo Neruda, José María Arguedas, Rosario Castellanos y Carlos Fuentes. El poder de España se había consolidado en la Península cuando los Reyes Católicos, Fernando e Isabel (1474-1504), reconquistaron en 1492 a Granada, el último baluarte moro.

LA POESÍA DESCRIPTIVA

La presencia de la mujer en esta etapa histórica es trascendental. La figura más importante del periodo colonial es la monja mexicana Sor Juana Inés de la Cruz (1651-95), escritora barroca, defensora de la mujer y cultivadora de varios géneros literarios como (poesía, ensayo, teatro). Sor Juana de la Cruz superó a los maestros peninsulares con poemas en español. El sueño (1692) llamado también *Primero sueño*.

Otra mexicana que sobresale es María de Estrada Medinilla. En Perú hay dos poetisas anónimas, la una es Clorinda que escribió en verso el *Discurso en loor de la poesía*, publicado en Sevilla (1608), y la otra Amarilis le dedicó a Lope de Vega una larga espístola o carta versificada.

Los inkas así como los nahuas del valle central de México le dieron gran importancia a la poesía. El canto estaba presente en las faenas agrícolas, en ceremonias fúnebres, y en las celebraciones oficiales. Los amautas o sabios consejeros tenían a su cargo las representaciones dramáticas. Eran parte del séquito imperial, creaban composiciones para exaltar las victorias guerreras, las ascensión al trono del nuevo Inka. Junto a ellos estaban jarawikus o poetas.

Estas composiciones inkaicas se cantaban, y se representaban, pues la poesía servía para conservar la memoria de los acontecimientos y estaba ligada a la música y a la danza. En el primer periodo de colonización recogieron el dolor de los pueblos indígenas.

Hubo también un teatro escrito en quichua, aymara y nahuatl dirigido por la población indígena, mestiza y criolla. La *Tragedia del fin de Ataw Wallpaq* en la zona andina. El Güegüense, representa en lo que hoy es Nicaragua, recreaban hechos históricos o se burlaban de las autoridades a través del chiste y la ironía.

Las expediciones científicas que llegaron a Hispanoamérica en el siglo XVIII para estudiar la geografía, la flora y la fauna, estimularon el interés por la naturaleza y por el conocimiento del continente. Entre ellos es notable el científico alemán Alejandro Von Humbolt (1769-1859) que entre l799 y l804, visitó diversas partes de México, Sud América y la isla de Cuba.

El poeta Andrés Bello era un joven de 18 años (l781-1865), cuando el Von Humbolt llegó a Caracas en 1799 acompañó al sabio alemán en varias excursiones por esa ciudad. Esta experiencia añadiría luego un matiz científico a sus descripciones de la naturaleza americana. El escritor venezolano Andrés Bello, el más sobresaliente de su época, su obra sirvió de puente entre el neoclasicismo y el romanticismo.

JUAN WALLPARIMACHI MAYTA

Juan Wallparimachi Mayta es un poeta guerrillero nativo quichua de la época colonial, nació en el departamento de Potosí en una región cerca del pueblo de Macha en l793. Nieto de un judio portugués, hijo de madre india y padre español, quedó huérfano a poco de nacer. Fue criado por los campesinos y después recogido por los guerrilleros Manuel Ascencio Padilla y Juana Azurduy de Padilla, con quienes luchó por la libertad y murió heroicamente en la batalla de las Carretas el 2 de agosto de 1816. Como sólo sabía el apellido de su abuelo materno, lo adoptó. hablaba castellano, pero escribió en quichua y solamente manejó la warak'a (honda indígena).

Su obra poética se caracteriza por la sencillez de su language, es llena de nostalgia, sus poesías "Mamay y Kacharpari" pasaron como anónimas al canto popular, de la que insertamos "Mamay" la más conocida, es el reclamo doliente y enamorado de la amada perdida por los avatares del destino.

Mamay
¿Ima phuyu, jaqay phuyu,
yanayaspan wasaykamun?
Mamaypaq waqayninchari,
paraman tukuspa jamun.

Mi Madre
¿Qué nube será aquella nube,
que viene entenebrecida?
Será el llanto de mi madre,
convertido en lluvia viene.

Tukuypaqpis inti k'anchan,	El sol a todos alumbra,
ñuqayllapaq manapuni.	a todos, menos a mí.
Tukuypaqpis kusi kawsay,	No falta la dicha a nadie,
ñuqay waqaspallapuni.	para mí tan solo hay dolor.
Pujyumanta aswan ashkata,	Porque no conocí a mi madre,
ma riqsispa waqarqani,	más que la fuente lloré.
Mana pipis pichaq kaqtin,	Como no hubo quien me ampare,
ñuqallataq mullp'urqani.	mi propio llanto bebí.
Yakumanpis urmaykuni,	También al agua me eché,
yaku apallawayña nispa.	queriendo que me arrastrara.
Yakupis aquykamuwan,	El agua me echó a la orilla,
"riyraq mask'amuyraq" nispa.	diciéndome: "Sigue buscándola".
Paychus sunquyta rikunman,	Si ella viera mi corazón,
yawar qhuchapi wayt'asqan.	flotando en lago de sangre,
Khiskamanta jarap'asqa,	Enmarañado de espinas.
pay jinallataq waqasqan.	igual que ella llorando.

JUAN WALLPARIMACHI MAYTA
LA CONCIENCIA NACIONAL-ETICA QUECHUA

Conferencia del colega ruso Yuri A. Zubritski. El nombre de Juan Wallparimachi Mayta, no es tan ampliamente conocido para preparar algún trabajo referente a su obra o su actividad social, sin relacionarlas con algunos momentos de su biografía. En los marcos de los conceptos y doctrinas racistas acerca de la llamada "incapacidad congenita de los indios", para un trabajo creador algunos autores deducen la línea genealógica de Juan Wallparimachi Mayta, nada menos que de un hijo bastardo del rey español Carlos III, y de la princesa napolitana.

Sin embargo esta leyenda y otras fantasias románticas acerca de la personalidad del poeta chocan con las fuentes serias. Juan Wallparimachi Mayta, nació cerca del poblado de

Macha el 24 de junio de 1793 (hoy territorio de Bolivia) en una familia indígena muy pobre. Era niño cuando murieron sus padres. La vida de un huérfano es poco envidiada en todos los tiempos y en todas las latitudes. Pero los mayores sufrimientos esperaban a cualquier huérfano indio. El ayllu o sea la comunidad no pudo defenderlo en el caso si algún latifundista "blanco" manifestaba su voluntad, su deseo de apoderarse de tal niño huérfano, destinándolo a la suerte de un esclavo sirviente. El pequeño Juanito no pudo evitar tal suerte. Lo recogió un criollo rico Manuel Asencio Padilla para que un pequeño indio sirviera a los hijos de este señor.

En aquella época entre las familias criollas era muy de uso la educación en casa a los niños, y Ascencio Padilla enseñaba a sus hijos a leer y escribir, mientras que el pequeño Juanito tuvo que estar de pie para cualquier momento en caso de necesidad cualquiera con sus obligaciones de sirviente. Para el asombro de sus amos dentro de poco en las paredes comenzaron a aparecer palabras escritas con carbón. Resulta que las escribió el pequeño Juanito, aprendió la lectura y la escritura contemplando de lejos el proceso de enseñanza a los hijos del señor.

En aquél tiempo la escritura se consideraba como una **propiedad** de los "blancos" y el hecho de que se apoderó de ella un indio, pudo juzgarse como un delito digno de un castigo riguroso. Pero Manuel Asencio Padilla era hombre de ideas avanzadas y emancipadoras. No castigó al niño indígena por su "delito" y al revés llegó a ser su profesor en muchos aspectos, actuando como padre del huérfano, sin tratar de hacer olvidar a Juan su pueblo quechua.

Ahora parece ser necesario decir un par de palabras no solamente de los destinos de Juan Wallparimachi Mayta, sino también sobre su pueblo quechua.

Antes de la llegada de los europeos bajo la hegemonía de los Inkas en la región Andina, tuvo lugar el proceso de la consolidación de las macroetnias y microetnias en una sola nacionalidad quechua; nacionalidad de tal tipo que se forma en las condiciones del despotismo esclavista temprano. El proceso tuvo el carácter progresista lo que se manifestó en el aumento de las fuerzas productivas y en el desarrollo de la cultura material y espiritual en el Imperio Antiguo de los Inkas (Tawantinsuyu). La invasión española puso fin a cualquier desarrollo independiente de los pueblos indígenas, fue cortado también el proceso de formación de la antigua nacionalidad quechua. No obstante a pesar de la destrucción catastrófica de los valores culturales del Tawantinsuyu, el potencial cultural-étnico de la población andina no resultó destruido por completo.

La nacionalidad quechua antigua -derrotada, aplastada y mutilada- a pesar de todo, sirvió de base para la formación de la nacionalidad quechua de tipo feudalista, porque precisamente tal tipo de sociedad se instaló en las colonias españolas, si partimos desde sus principales pirámides socio-económicas, políticas y cultural-ideológicos.

Consideramos que el momento concluyente de la formación de la nueva nacionalidad quechua, era un poderoso movimiento revolucionario del comienzo de la década de los ochenta del siglo XVIII, encabezado por José Gabriel Condorkanki Tupaq Amaru y sus compañeros de lucha. Los ecos de este movimiento resonaron casi en todas las colonias sudamericanas de España y entre los grupos social-raciales más diferentes: criollos, mestizos, negros, mulatos y zambos, pero la fuerza promotora principal de la revolución tuparu-amarista, fue constituida principalmente por los indios quechuas y aymaras.

Atemorizada por las proporciones de dicho movimiento, la corona española hizo algunas concesiones de índole social, pero al mismo tiempo emprendió las medidas más crueles, despiadadas y enérgicas encauzadas a la destrucción premeditada de la cultura nacional-étnica del pueblo quechua así como aymara y otros, para paralizar el mismo desarrollo nacional-étnico de la población indígena y conseguir su plena castellanización.

Los textos de ordenanzas y edictos reales no dejan la menor duda, al respecto, voy a permitirme leer la cita bastante vasta de una de estas disposiciones, en la cual las medidas de la opresión a la población indígena y de la destrucción de su cultura representaban como un castigo por su lucha de liberación nacional.

"Por causa del rebelde mándase que los naturales se deshagan o entreguen a sus corregidores cuantas vestiduras tuvieran, como igualmente las pinturas o retratos de los Inkas, los cuales se borrarán indefectiblemente como que no merecen la dignidad de estar pintados en tales sitios.

Por causa del rebelde, celarán lo mismo corregidores que no se presenten en ningún pueblo de sus respectivas provincias comedias u otras funciones públicas de las que suelen usar los indios para memoria de sus hechos antiguos.

Por causa del rebelde, prohíbense los trompetas o clarines que usan los indios en sus funciones, a las que llaman pututus y que son unos caracoles marinos con un sonido extraño y lúgubre.

Por causa del rebelde, mándase a los naturales que sigan los trajes que se los señalan las leyes; se vistan de nuestras costumbres españolas y hablen la lengua castellana bajo las penas más rigurosas y justas contra los desobedientes.

En esta sombra negra de tal legislación nació Juan Wallparimachi Mayta en 1793; es decir 10 años después de la derrota definitiva del movimiento de Tupaq Amaru.

Al conseguir la victoria sembrando la división y enemistad entre los indios y otros grupos étnico-raciales, las autoridades coloniales trataban de mantener esta enemistad incluyendo a los criollos, mestizos e incluso negros, mulatos y zambos en el mecanismo de la opresión a la población indígena. En estas circunstancias para mantener la vitalidad de la nacionalidad quechua tenía su importancia cualquier paso en el plano de proteger y fomentar su cultura étnica como antítesis de la política de su aplastamiento.

La vida y la obra del joven indio, ex-sirviente, llegó a ser precisamente la personificación práctica de esta antítesis. El contenido (argumento) de la mayoría de los poemas de Wallparimachi Mayta, son accesibles al lector contemporáneo. Era un reto, un desafío a la moral de la sociedad colonialista, según la cual el amor de un indio a una mujer blanca y tanto más al enlace íntimo entre ellos, se consideraba como un gran delito. Pero Wallparimachi Mayta lanza un reto no solamente a la moral colonial, sino a todo el sistema colonialista que oprime a su pueblo.

Recordemos las formulas del edicto real: "Por causa del rebelde, mándase a los naturales que se vistan de nuestras costumbres españolas" y Wallparimachi Mayta, que sin duda tuvo posibilidad de vestirse como su protector Asencio Padilla, es decir como los españoles y criollos, pero él se vestía solamente de traje típico indio.

La disposición real persigue a las dramas indias más populares como al enemigo más peligroso, y Wallparimachi absorbe el texto del drama: "Apu Ollantáy", lo que se revela con toda la claridad en las imágenes y figuras poéticas de su obra.

Por causa del rebelde, mándese a los naturales que "hablen la lengua castellana bajo las penas más rigurosas contra los desobedientes", y como respuesta esta amenaza Juan Wallparimachi Mayta quien domina el castellano con perfección, no solamente aprovecha cualquier ocasión para hablar en quechua, sino que compone en misk'i runasimi (en el dulce idioma del hombre) los poemas de belleza y expresividad extraordinarias, enriqueciendo la lengua de su pueblo.

Cabe la pregunta ¿Cómo podían mantenerse relaciones de amistad y casi de parentesco entre un pobre indio, quien era huérfano pero quien subrayaba su orgullo y su dignidad nacional, y por otra parte, de un rico criollo, representante de la comunidad nacional étnica, destinado por el propio y mismo sistema de las relaciones social-políticas, a encontrarse en el estado de conflicto con la población indígena oprimida?

Claro está, que en este caso jugaron un papel de importancia los sentimientos de respeto, de simpatía, de disposición, y de gratitud que muchas veces cruzan las fronteras que dividen a los seres humanos en base de principios sociales o políticos. Pero también es evidente que esta amistad expresaba y simbolizaba los fenómenos y procesos del profundo contenido social e histórico de aquella época.

Sin duda alguna a comienzos del XIX, lo mismo que en los períodos anteriores y poteriores, los indios, mestizos y criollos y negros constituían no solamente los grupos étnico-raciales, sino también las capas sociales, y por eso cada una de ellos tuvo sus intereses sociales y politicos diferentes.

Sin embargo, la marcha objetiva de la historia, planteó una tarea común entre todos estos grupos, la liberación del yugo español colonialista. La verdad es, que la expresión subjetiva de la lucha por realizar esta tarea adquirió las formas dramáticas. En el momento de la revolución de Tupaq Amaru y de sus compañeros de lucha, hermanos Tupaq Katari y Julián Apasa Tupaq Katari, los criollos prácticamente traicionaron la causa de liberación de la patria y tomaron la parte de los colonizadores. Los mestizos siguieron el ejemplo de los criollos.

Al comienzo del siglo XIX, cuando se levantaron criollos, indios, casi pordoquier mostraron la indiferencia y pasividad respecto de la lucha de los blancos contra los blancos, e incluso en algunas partes los indios apoyaron a los españoles. Repito casi pordoquier, pero no pordoquier. Y como excepción diferentes autores citan muchas veces el ejemplo de México. Pero también Collasuyu es decir Bolivia, mostró su ejemplo significativo cuando ya en el período inicial de la Guerra de Emancipación, llamado el período de republiquetas, junto con la tropa de criollos y mestizos, encabezados por Manuel Asencio Padilla combatían una gran unidad de indios, unidad bastante numerosa para aquel tiempo (1900 combatientes), comandada por Juan Wallpa Rimachi Mayta.

Y otra vez queda fiel a sí mismo el poeta, dominando con destreza armas europeas (tanto blanca como de fuego) sigue el arma predilecto de Wallparimachi, la warak'a, es decir la honda arma tradicional típica indígena. Como testimonian fuentes, la audacia de Wallparimachi Mayta, no tenía límites. Siete de agosto de 1814, en la famosa batalla de las Carretas, la bala enemiga atravesó el corazón ardiente del gran poeta y patriota. Murió apenas cumpliendo los 21 años.

La obra de Juan Wallparimachi Mayta contiene solamente 12 poemas. No obstante entre los que han estudiado la obra, está muy difundida, la opinión de que es solamente una parte de lo que él ha creado, el resto se ha perdido. Para tal suposición sirve de pretexto el hecho de la gran madurez poética, que puede ser conseguida solamente por un maestro con experiencia, que inevitablemente tendría que recorrer el camino de la poesía menos madura y de menor perfección.

Pero existe una razón más entre el folklore oral quechua de extrema abundancia, se encuentran a veces coplas, refranes, estrofas, canciones y poesías enteras que asombran por el parentezco y semejanza de su peculiaridades poéticas a los versos escritos por Wallparimachi, aunque en este caso es difícil precisar quién es el maestro y quién es el alumno-poeta o pueblo. Lo más probable es, que este cambio de valores tuvo un carácter bilateral recíproco, y de esta manera la cultura étnica-nacional, incluyendo la conciencia y la sicología etno-sociales, han obtenido nuevos impulsos para su desarrollo.

La mayoría de los poemas de Wallparimachi que llegaron a nosotros pertenecen a la lírica amorosa, creada al estilo de los géneros del sistema antiguo inkaico; sistema poético que fue elaborado en detalles.

Estos géneros seguían subsistiendo en el pueblo a pesar de toda la rigurosidad de los edictos y ordenanzas reales, y si estas ordenanzas disponían por doquier borrar las pinturas de los inkas y de todos los modos arrancar la conciencia indígena o cualquier imagen del esplendor de la antigua civilización. Wallparimachi Mayta restaurando y enriqueciendo las antiguas tradiciones poéticas, al mismo tiempo hacía resurgir dichas imágines, cimentando así la conciencia nacional-étnica.

Pero no solamente con el renacimiento de los valores culturales del pasado se determina la importacia social de la lírica amorosa de Juan Wallparimachi Mayta. Sobre el significado de esta poesía para la educación de los sentimientos del patriotismo y de la igualdad nacional quechua, dijo el muy destacado filólogo, escritor e indigenista Jesús Lara, lo siguiente:

Los poemas de Wallparimachi Mayta, escritos en un quechua noble, de admirable pureza, fueron elaborados con elementos auténticamente indígenas. En ellos todo nos habla de lo nuestro. En su paisaje, en sus imágenes, en sus símbolos palpita el espíritu de la raza.

En su vida tiene una importancia especial el poema que figura fuera del cielo de la lírica amorosa. Fue dedicado a la madre del poeta, perdida en la tierna infancia. Este poema también fue compuesto según el género inkaico tradicional del "Wanka", el cual en la poesía europea corresponde más o menos al concepto de "elegía".

En este caso se trata de los lamentos de un huérfano y el tema de la orfandad adquirió una resonancia especial, no solamente en la poesía quechua, sino también en la conciencia social quechua general. Desde el Ecuador hasta las provincias argentinas de Jujuy y Santiago de Estero. En el folklore quechua oral, suenan los lamentos de los huérfanos y la angustia por los padres que se han ido al otro mundo.

Este fenómeno puede ser explicado si prestamos atención a algunas peculiaridades de la historia social y étnica del pueblo quechua. Mencionemos una de las importantes instituciones de la sociedad inka, que era el paternalismo. Se trata del paternalismo en el sentido original de esta palabra. El único Inka, el rey, fue adorado por sus súbditos, no solamente como el hijo del sol, sino también como el padre de aquellos. La muerte del único Inka Atawallpa, asesinado por el verdugo español, ocasionó una pesada trauma moral a las amplias capas de la población del Tawantinsuyu y se grabó en su conciencia y psicología como "orfandad".

Tres siglos seguidos de la explotación despiadada y opresión cruel a los indios, dejando de ser ellos los dueños de su tierra y de sí mismos, reforzó los sentimientos de orfandad y desamparo. Se trata de la influencia de sus poemas experimentada por los poetas quechuas de las generaciones posteriores, incluyendo al mismo Andrés Alencastre (K'illku Warak'a), poeta quechua nás fructífero y alentoso de los tiempos contemporaneous.

Los autores que escribían sobre Wallparimachi Mayta, casi nada comunican sobre él, como tampoco sobre un orador, tal como un tribuno propagandista político. Entre tanto, un hecho alumbra un poco esta parte de su corta pero brillante vida. Tenemos encuenta su traducción al quechua de la histórica proclama de Juan José Castelli, jefe del Primer Ejército Auxiliar, mandado al Alto Perú (hoy Bolivia) en 1810 por el gobierno de Buenos Aires.

No es difícil suponer que el hombre, que supo traducir al quechua un texto politico bastante complicado, también sabía exponer en esta lengua los conceptos sociales, politicos e incluso filosóficos. Es posible (y hemos oído sobre esto de la boca de algunos quechuas bolivianos) que las pausas entre combates Wallparimachi las utilizó no solamente para arreglar el armamento primitivo indígena y para los ejercicios militares, sino también para la educación política de sus combatientes en el espíritu del patriotismo, amor a la libertad, dignidad nacional y humana.

Con el democraticismo que reinaba en su tropa, parecen muy verosímiles algunas tradiciones orales, según las cuales las pláticas políticas patrióticas, Wallparimachi las combinaba con recitar o cantar sus poesías. Los guerreros indios asimilaban pláticas y poesías unidas como elementos de un solo sistema.

No es casual que en nuestros días la recitación de los versos de Wallparimachi muchas veces provoque entre los quechuas contemporáneos las asociaciones con las imágenes o ideas de la lucha por sus derechos tanto en el pasado como en el presente.

Finalizando mi plática quisiera subrayar que ella de ninguna manera pretende agotar el tema y es solamente un planteamiento. Al mismo tiempo incluso la exposición tan breve del tema nos permite deducir, que la vida y obra de Juan Wallparimachi Mayta, es uno de los ejemplos del fenómeno que se observa con frecuencia en la historia humana, cuando a base de la cultura popular de repente florece el don creador de una personalidad destacada y talentosa, cuya obra a su vez llega a ser un aporte valioso a la cultura popular, incluyendo su elemento tan importante como es la conciencia nacional-étnica.

Conferencia en la Universidad de Illinois at Urbana-Champaing del profesor Yuri A. Zubritski. Colaborador científico del Instituto de América Latina Academia de Ciencias de la URSS.

DIVINIDAD DE LOS KALLAWAYAS

Las principales divinidades de los kallawayas eran: Tutujanawin, Pachaqaman y Uwaru Qhuchaq. Tutujanawin en la lengua kallawaya es "principio y fin de las cosas".

Pachaqaman quiere decir "Supremo día o Suprema luz". Su hijo predilecto Qamañitu o Inti, tiene dos hijas: la diosa Pachamili o Pacas Mili o Pachamama, y la diosa Uqu (Oqo) o luna, Pacha Mili es la madre divina y bondadosa del campesino, al que le da vida y felicidad. Pachaqaman, envió a la tierra a Uwaru Qunchaq (hijo de Inti) vestido de Unku y Yaqulla de color blanco como la nieve.

Uwaru Qunchaq, en idioma kallawaya quiere decir: "el que camina muy recto". Este santo predicó el amor, instituyó el saludo tradicional "Ama llulla, ama qhilla, ama suwa", cuando la gente se pervirtió descendió de la montaña a los llanos y predicó su doctrina: "Todos somos hermanos y debemos amarnos, todos somos iguales, porque Pachamama creó sin linajes ni castas. Nadie trate de superponerse sobre otro, ni atente contra los bienes de su prójimo, sólo el trabajo y el amor ennoblecen al hombre y conquistan la simpatía de Dios".

Según la leyenda Ch'aska es la hermana menor de Ñust'a Wara, es la estrella Venus, es una mujer de extraordinaria hermosura, que tiene enormes ojos que despiden luz tan viva que llega a cegar a los metales, tiene cejas muy pobladas y el rostro blanquesino. La diosa Qutu (Qoto) que es la hermana menor de la Ñust'a Wara se caracteriza por su fecundidad.

LA LIRICA KALLAWAYA. QUCHU PACHAMAMAPAQ

Sutiykita aysarispa, k'umuykamuni, Pachamama.	Invocando tu nombre me acerco a ti, Pachamama.
Panti t'ikata mast'aspa, k'umuykamuni, Pachamama.	Esparciendo flores de panti me prosterno ante ti, Pachamama.
Yawar qunqurlla suchuspa, chayjatamuni, Pachamama.	Con la rodilla ensangrentada llego hacia a ti, Pachamama.
Quri qaqa, k'uychi p'acha, quyllur t'ika, Pachamama.	Peñón de oro, saya color arco iris, flor de estrella, Pachamama.
Imantintin munayniyuq, kay tukuy rikuq, Pachakamaq.	Todopoderoso, que todo lo ves, Pachakamaq.
Janaq Pacha k'anchaq qhucha, qulqi akilla, Pachakamaq.	Cielo celestial, vaso de plata, Pachakamaq.

Inti q'uñi kawsaytapas apamuwayku, Pachakamaq.	Mándanos tu calor celestial, Pachakamaq.
Unu para qarpatapas ch'aqchumuwayku, Pachakamaq.	También envíanos el riego de tu cielo, Pachakamaq.
Ama yarqay watapas chayamuchunchu, Pachakamaq.	No nos envíes el año de hambruna, Pachakamaq.
Waqcha wawaykikunata rikullawayku, Pachakamaq.	Compadécete de la horfandad de tus hijos, Pachakamaq.

JARAWIWAN ARANWAWAN
POESÍA Y TEATRO

Manchay Puytu. Es la obra cumbre de la poesía quichua colonial. Existen dos versiones; la boliviana y la peruana. La obra original se atribuye a un sacerdote potosino, de origen quichua, que vivió como beneficiario de la Iglesia Matriz de la Villa Imperial, a mediados del siglo XVIII. En Bolivia fue publicado en 1940 por el compositor Teófilo Vargas. La versión peruana fue publicada en Lima en 1872 por Ricardo Palma.

Teatro quichua colonial. La diablada de Oruro, con personajes como Satanás o Luzbel y el Arcángel San Gabriel sacados de la tradición occidental. Estas danzas al salir del medio rural a la ciudad, tuvo que castellanizar su "relato", arraigándose como manifestación folklórica de los Carnavales de Oruro, al igual que otras danzas como la de los inkas, los morenos, los caporales, los wakatuquris, y mucho más.

Entre otros podemos mencionar: El pobre más rico de Gabriel Centeno de Osma, presbítero de la Iglesia de Belén, Cusco. Usca Paucar es el Auto Sacramental de Nuestra Señora María Santísima de Copacabana, el autor es atribuido a Juan Espinoza Medrano, apodado el "Lunarejo" y el Hijo Pródigo, todas escritas en lengua quichua.

Guaraní. Es una raza selvícola de guerreros y cazadores por excelencia. Como todo pueblo cazador, el chiriguano tiene una serie de cantos originados en la cacería de animales, invocando a los dioses propicios. Cazar es un acto de celebración divina. Se recomienda cazar sin herirlos, maltratarlos o hacerlos padecer, ya que según sus creencias, "el animal se iría donde su dueño a quejarse y éste lo tendría que curar". En consecuencia vendrá el enojo con el cazador y la suspensión en el envio de los animales.

EL MITO DEL INKARRÍ

Cien años antes de la invasión europea, sobre una cosmovisión muy antigua en el área sur de los Andes, pero reestructurada en torno a una divinidad "ordenadora-solar" se organizó en Cusco el Tawantinsuyu.

La élite sacerdotal inkaica elaboró entonces en el Cusco, la imagen de un dios dinámico y asimilable a una suerte de vocación expansiva (que los cronistas consideran militar) de la nueva organización política. El Inka gobernante, padre arquetiplo, dios "era el hijo del Sol", igual a él, eternamente renovado como él.

Con la presencia española en los Andes, se inició una larga y acentuada aculturación que aún continua por un lado y por otro lado, la forma cómo los hombres andinos vieron a los españoles o la manera cómo los españoles creyeron ser vistos, y la formación de un mesianismo, con la resurrección del Inka.

Efraín Morote Best al publicar una de las versiones de los Mitos Andinos, no titubeó en hablar de uno nuevo de fundación inkaico, el célebre **Mito Inkarrí**, recogido en Q'iru (Q'eru) en el año 1958. Inkarrí es el Inka (inka-rey), ya se notó, no es sólo gobernante, sino un ser divino que sirve de modelo al hombre, es un arquetipo.

El Inkarrí regresará cuando el mundo vuelva a ser el de antes, entonces el mundo estará nuevamente ordenado. Inkarrí es un ordenador del mundo, un héroe fundador como la fue Manqu Qhapaq, y que proporciona las bases de la forma de vida humana, manda a las piedras que se muevan y ordenen, detiene el tiempo, Inkarrí amarró al Sol, para que el tiempo durara. Gran hombre, mandaba todo, hacía caminar las piedras a modo de mazos o rodillos, arreó las piedras con azote, ordenándolas.

HALLARON UNA LENGUA COMÚN

Según W. Cameron Townsend, la leyenda dice que cuando se envió a un angel con gran costal de idiomas sobre la tierra, voló tan junto al despeñadero sobre el Cáucaso que se rasgó el costal. Un ciento de ellos cayó antes de que la rasgudura se cerrara.

Sin embargo debió haber quedado dentro una gran cantidad, puesto que hoy se hablan de cuatro a cinco mil lenguas no inteligibles unas con otras en el mundo. Todas son admirables en su estructura, especialmente aquellas que son habladas por grupos humanos con menos contacto con el mundo exterior.

Vino Lenin y la Revolución con un diferente criterio. Cincuenta años más tarde, del laberinto de cien lenguas emergió una predominante y útil. De cien voluntades fuertes y orgullosas se ha forjado un pueblo unido. No obstante, cien lenguas continúan en uso diario y cien voluntades encuentran expresión.

La revolución cultural llegó a la atrasada Daguestan y después a las tres repúblicas caucasianas Georgia, Armenia y Azerbaidjan. El profesor Danielov la denomina "Revolución del fusil a la pluma, de la guerra al trabajo, de la lucha ancestral a la amistad". Como ejemplo Benito Juarez que sólo sabía el dialecto de zapoteca de Oaxaca y pasó a la ciudad, fue uno de los más grandes estadistas del Hemisferio Occidental. Otro caso el hijo del curandero brujo de Cushillococha en la zona del río Amazonas del Perú.

Lenin dijo: "Sin completar alfabetización" sin enseñarle al pueblo lo necesario para utilizar los libros sería imposible lograr nuestro objetivo: el socialismo. Por eso, en medio de la guerra civil el día 26 de diciembre de l919, firmó un decreto: "Se tomarán las medidas concernientes para eliminar el analfabetismo".

Esta enorme responsabilidad se confió al Ministerio de Educación, que era la dinámica educadora Sra. Nadeshda Khupskaya, nada menos que esposa de Lenin. Tal fue la importancia que el naciente gobierno soviético concedió a la tarea de enseñar.

México recibió un gran impulso en l939 con el ministro Jaime Torres Bodet y en 1944 se emprendió una gran campaña de alfabetización a nivel nacional. Tenían más de 2500 promotores bilingües. Igual impulso se dió al Perú a comienzos de l971 para la zona amazónica (30 lenguas).

El aprendizaje en su propia lengua es: más rápido, más sólido, más espontáneo. En Nueva Guinea y Australia hay 700 lenguajes. El castellano es un idioma fonético o sea un sonido significativo para cada símbolo. Se puede enseñar en 3 o 4 meses a hablar. El inglés o francés no son idiomas fonéticos, por eso se tarda cerca de un año en enseñar. Jaime Torres Bodet expresa: "Mientras convivan, en una nación, seres dotados de todos los adelantos técnicos de la educación y de la ciencia y masas carentes hasta el conocimiento del alfabeto, será irrisorio espejismo la paz social".

El pidgin era casi idioma nacional en Australia y en 1995 era desconocido. En el mundo hay 2500 lenguas y 160 millones hablan lenguas ágrafas.

V. PERIODO DE LA INDEPENDENCIA
DESAFÍOS DE LA INTERCULTURALIDAD

Siguiendo la tendencia cada vez más transnacional de la política indígena, la profesora María Elena García textualmente expresa: Realicé el trabajo de campo durante periodos breves entre estudiantes ecuatorianos, peruanos, bolivianos, chilenos y colombianos en el Programa de Formación en Educación Intercultural Bilingüe para los Países Andinos (PROEIB Andes) en Cochabamba, Bolivia.

En el Perú el gobierno de Juan Velasco Alvarado (1968-73) prohibió el uso del término indio para los pueblos de la sierra. Los peruanos de hoy en día se refieren a las personas de la sierra principalmente con el término campesino, los terminos indígena y nativo se utilizan para referirse a los grupos de la selva.

El término indio, actualmente y en la mayoría de los casos se considera y se utiliza como menosprecio racial. De manera similar, la mayoría de los peruanos hoy en día utilizan como insulto, los términos serrano y cholo, generalmente para referirse a una persona de piel oscura de origen andino. Los diminutivos cholita y cholito se usa como terminos cariñosos, aunque sólo entre amigos y parientes. La mayoría de los politicos de Lima consideran a los habitantes de la sierra andina radicalmente inferiores, tanto racial como culturalmente.

En el año 1989 cayó el Muro de Berlín y el comunismo, y la Organización Internacional del Trabajo revisó su convención sobre los pueblos indígenas, y elaboró un borrador de la Convención OIT No.169 sobre pueblos Indígenas y Tribales en Países Independientes (1989).

Según Mariátegui la literatura era muy importante y distinguía tres géneros literarios acerca del indio -indianista, indigenista e indígena- y analizaba su significado politico. La literatura indianista retrataría una imagen exótica e idealizada del indio. Consideraba que los escritores indianistas fomentaban la explotación de los pueblos indígenas. Más aún, describía la ideología indianista como racista.

A diferencia del indianismo, Mariátegue definía la literatura indigenista como el reflejo del compromiso de los escritores no indígenas, de proteger y defender al indio. Según Mariátegui los indigenistas jamás serán capaces de retratar la "verdadera esencia de la vida indígena". Luis Valcárcel rechazaba enérgicamente la mezcla cultural y racial y alegaba que el mestizaje producía tan sólo deformaciones.

Miguel Gonzales Prada, poeta y analista social de fines de la década de 1800, arguía que el Perú había perdido la guerra porque no era una nación unificada. La escritora indigenista Clorinda Matto de Turner en su famoso libro "*Aves sin nido*" (1889), retrata un panorama brutalmente franco de opresión de los indios en la sierra. Pero, más allá culpa a los sacerdotes, jueces, gobernadores y a la nación peruana en general de abandonar y destruir la cultura indígena y, por extensión, impedir el progreso del país.

El borrador de la Constitución Peruana de 1921 por primera vez desde la independencia, otorgaba un reconocimiento legal a las comunidades indígenas, fue preparado bajo el gobierno de Leguía y también se realizó el Primer Congreso Indigenista.

Luis E. Valcarcel, un destacado intelectual indigenista, era parte de la planta editorial del principal periódico de Cusco, escribió *Análisis académico de la historia y la cultura de los inkas*, y promovió una visión más radical de la liberación indígena en los Andes, reciamente expresada en su libro *Tempestad en los Andes*.

INDIANISMO E INDIGENISMO

La novela indigenista en América Latina existe entre dos términos que llevan el común denominador el mismo elemento: "el indio".

Indianismo. Algunos autores años después del descubrimiento de América tomaron al indio como adorno exótico, como elemento decorativo, buscando en él la rareza, como se puede ver en las primeras novelas americanas: "*Comandé*" de Juan León Mesa, "*Guatimozín*" de G. Goméz de Avellaneda y del mimo modo en poemas, pinturas, escenografía y en propaganda. La reacción no se dejó esperar y nace el indianismo que es doctrina social y movimiento que defiende las reindicaciones políticas, sociales y económicas del indio.

Indigenismo. En este moviviento de reivindicación el indio es una fuerza social, parte de la estructura sociopolítica, un ser con hábitos y costumbres. Esta tendencia lucha por una reivindicación social, cultural y étnica del indio. Se sitúa básicamente en Perú, Bolivia y Ecuador. Se inicia en 1889 con "*Aves sin Nidos*" de Clorindda Matto de Turner del Perú, novela en la que se reclama la libertad del indio, le sigue "*Raza de Bronce*" de Alcides Arguedas de Bolivia, publicada en 1919, "*Wasipungu*" de Jorge Icasa, 1934, Ecuador, *El Mundo es ancho y ajeno* de Ciro Alegría, 1941, Perú.

Raza de Bronce, es una de las primeras novelas indigenistas, pero pasó por la tragedia de la ausencia de lectores y hoy circula en multitud de ediciones. En Bolivia la línea indigenista ha sido continuado con obras de Jesús Lara, "*Surumi*", 1943, "*Yanakuna*", 1952, "*Indios en rebelión*", 1968, de Nestor Toboada Terán.

La escena donde se desarrolla la novela de Arguedas, es una hacienda altiplánica en el yermo, "Kohahuyo", explica las circunstancias históricas y vergonzosas del gobierno de Melgarejo, que despojó impunemente a los campesinos de sus territorios que estaba unida al lago Titicaca.

"*Raza de Bronce*" denuncia el sistema de despojo de la tierra a los campesinos y la servidumbre gratuita y obligatoria de los indígenas como Pantoja, patrón de la hacienda de "Kohahuyo" con las secuelas sobre el campesinado como ser: pongueaje, servicio de mit'anis, maltrato, uso de la violencia física, humillación racial, violencia sexual, miseria, ausencia de escolaridad, privación de los derechos humanos y muerte de Watawara en manos de Pantoja y sus amigos. Watawara, una bella joven campesina amada de Agiali, fue violada por Pantoja, tres veces víctima sexual: de Troche, del cura y de Pantoja.

El escritor, periodista y parlamentario Alcides Arguedas (La Paz 1879-1946) estudió en el colegio "Ayacucho" y en la "Universidad Mayor de San Andrés" obtuvo su título de abogado en 1903. Se ausentó del país por un cuarto de siglo, su espíritu inconforme le obliga a viajar. Francia es casi su residencia fija. En Bolivia ocupa secretarías de legaciones, consulados jefatutas de partidos politicos, ministerios y muere en en las alturas andinas de Chulumani, La Paz.

Alcides Arguedas es considerado como el verdadero creador de la novela boliviana y uno de los más genuinos representantes del indigenismo. Es el novelista indio, el primero en sentir y transmitir su drama. Fecundo escritor, abarca géneros literarios, el relato, la novela, el ensayo, la historia. Su primera novela es "*Pisagua*", 1903, en Barcelona publica "*Watawara*", 1904, "*Vida Criolla*", 1905, "*Pueblo enfermo*", 1909, "*Raza de Bronce*", 1919 en La Paz.

QAYNA ÑAK'ARINCHIS. PAQARINTAQ JAWKALLA KAWSAYNINCHIS

Esta revista de diciembre del 2003 del hermano pueblo peruano en quichua y en español, trata de "Un pasado de violencia y un futuro de paz" que le tocó vivir al país durante 20 años de violencia desde 1980 hasta el 2000. La guerra que desangró al Perú se inició a fines de los años 1980, periodo en que todavía mi persona estaba dirigiendo y dando clases de metodología para la enseñanza del runasimi en el Instituto de Pastoral Andina en Cusco, capital del Imperio de los Inkas.

Entonces empezó la violencia, la destrucción y el dolor en las localidades ignoradas de la Sierra Central y del Sur y no así en la capital ciudad de Lima o en la costa por un grupo guerrillero conocido como Sendero Luminoso que empezó su lucha armada el 17 de mayo de 1980. Al inicio del terrorismo el presidente Belaunde, creyó que se trataba de un juego politico de la oposición y no le dio mayor importancia. Era el tiempo en que el país se recuperaba después de 12 años de gobierno militar de Juan Velasco Alvarado y luego de Francisco Morales Bermudez.

Las Fuerzas Policiales no alcnzaron a controlar el terrorismo que empezó a surgir, por el que el gobierno de Fernando Velaunde Terry el día 27 de diciembre de 1982 solicitó a las Fuerzas Armadas que se encargara de restablecer el orden en Ayacucho, que para entonces ya se contaba con campesinos muertos y también autoridades locales. Entonces a partir de 1983 el gobierno instaló comandos politicos-militares en varios departamentos del centro y sur del país.

Por su parte el Sendero Luminoso organizó su Ejército Guerrillero Popular y atacó puestos policiales y emboscadas a patrullas militares y masacró a dirigentes y autoridades y persiguió ferozmente a los campesinos que se resistían ingresar a su Ejército Guerrillero.

En el año 1984 surgió una nueva organización suversiva, el MRTA o Movimiento Revolucionario Tupaq Amaru. Combinaba paros, ataques armados y secuestros en las ciudades con emboscadas y con la organización de columnas militares en el campo. Utilizaba uniformes y reivindicaba sus acciones a diferencia de Sendero Luminoso, pero en los últimos conflictos el MRTA fue responsable de muchos crímenes, como secuestros de empresarios, a quienes exigían dinero para financiar sus acciones.

Al igual que el Maoista Sendero Luminoso, el MRTA o Movimiento Revolucionario Tupaq Amaru, terminó realizando asesinatos. Con la llegada de Alan García a la Presidencia, se cambió de estrategia, se criticó por primera vez las violaciones de los Derechos Humanos que fueron cometidos por las Fuerzas Armadas, se creó una Comisión de Paz. Alan García para combatir la subversión, dio medidas favorables para los sectores más pobres y excluidos, pero después se instaló una crisis social y económica profunda y Sendero Luminoso se sentía muy fuerte, salió de Ayacucho y espandió su "Guerra Popular" en los departamentos de Junín, Pasco, Puno, Huallaga, Huanuco, Huancavelica, San Martín, Ucayali y parte de Loreto.

Empezaron los asesinatos de personalidades y dirigentes, la matanza en los penales, Sendero Luminoso extendió su Guerra Popular a las zonas urbanas incluyendo Lima y optó por asesinatos colectivos de autoridades para sembrar el terror y debilitar al Gobierno y el MRTA creó un frente guerrillero en el departamento de San Martín y en alianza con los narcotraficantes, realizó una de las mayores operaciones militares de ataque a la base policial de Uchiza, en mayo de 1989, y el gobierno mostró su falta de preparación para proteger a la ciudadanía.

Recién en 1989 las Fuerzas Armadas elaboró una verdadera estrategia contra-suversiva y se crearon "Escuadrones de la muerte" para eliminar a los enemigos. Esto trajo consigo más violencia. El MRTA realizó una operación militar en Tarma pero fracazó y luego tomó represalias y no pudo liberar a su máximo dirigente Victor Polay Campos y en venganza asesinó al general López Albújar.

Al asumir la Presidencia, Alberto Fujimori luchó contra la subversión y dio un golpe de Estado el 5 de abril de 1992, sin tomar encuenta las leyes ni la Constitución, dio normas y mayor poder a las fuerzas del orden para actuar contra la subversión. Sendero Luminoso en Lima asesinó a María Elena Moyano y el atentado en la calle Tarata en 1992. Con estos crímenes y otros atentados con coches bombas, el grupo subversivo aceleró su ofensiva sobre la capital, ocasionando mayor inestabilidad y emocional en la población.

Los policias contra el terrorismo (Dincote) sorprendieron al país con la captura de altos dirigentes subersivos. Entre ellas destacan la de Victor Polay Campos y Abimail Guzmán Reinoso. Sendero Luminoso empezó a dividirse y debilitarse y Fujimori ganó popularidad. En octubre de 1993, desde su prisión en la Base Naval del Callao y conversaciones entre dirigentes senderistas facilitadas por Vladimiro Montesinos, Abimail Guzmán Reinoso, propuso firmar con el Gobierno un Acuerdo de Paz. Este gesto aumentó la popularidad del gobierno de Alberto Fujimori.

El MRTA continuó sus acciones armadas en San Martín dirigidos por Nestor Cerpa Cartolini y tomaron la ciudad de Moyabamba. En 1995 las fuerzas del orden frustraron la toma del Congreso, pero en 1996 el MRTA tomó la residencia del embajador del Japón, aprovechando una fiesta. El conflicto armado terminó con el asalto a la residencia del embajador del Japón, que concluyó con la operación de rescate Chavín de Huantar.

En Julio de 1999 fue capturado Oscar Ramirez Durand llamado "Feliciano", considerado el sucesor de Abimail Guzmán Reinoso. Apesar del control de la subversión, Fujimori mantuvo el estado de emergencia en varios departamentos del país. En terminos estrictos, la política de pacificación consistió en mantener en prisión a la mayor cantidad posible de subversivos, bajo las condiciones más duras en penales de maxima seguridad.

JOSÉ MARÍA ARGUEDAS

El novelista y antropólogo José María Arguedas de Andahuaylas, era quizás el más apasionado defensor de la importancia cultural de los pueblos indígenas de la sierra. Su defensa de la lengua quechua se refleja específicamente en su trabajo literario y se difundió por el contenido amplio del quechua, junto al español, en su escritura, poesía, cuentos y novelas. En 1935 él publicó su primera colección de cuentos y novelas, la cual marcó un cambio radical en la literatura y en la política indigenistas, Arguedas anticipó la apreciación antropológica contemporánea de la multiplicidad cultural de las personas y de la sociedad.

José María Arguedas fue acusado de comunista y encarcelado en 1937. Mientras estuvo en la prisión, sus conversaciones con militantes del comunismo resaltaron para él las tensiones entre su admiración del pensamiento socialista y la preocupación por la culltura andina.

Arguedas trabajaba como custodio del folklore en el Ministerio de Educación, bajo la dirección del indigenista Luis Valcárcel, que había sido su profesor de historia y él por entonces Ministro de Educación. Arguedas enfatizó la importancia de enseñar en quechua a los pueblos indígenas de la sierra y en 1945 comenzó a ponerse en práctica la educación bilingüe en las escuelas indígenas.

Su experiencia como maestro de educación primaria en el campo, en una de las regiones más desoladas de Cusco, le ayudó a comprender claramente las adversidades que enfrentan los maestros que trabajan en áreas indígenas, por eso apoyó la capacitación docente en la pedagogía bilingüe. Existía una diferencia entre la educación bilingüe y la educación en español.

El gobierno revolucionario de las Fuerzas Armadas (1968-1975) del general Juan Velasco Alvarado, surgió como reacción al malestar social y al surgimiento de movimientos campesinos y guerrilleros de la sierra. Velasco anunció que su gobierno buscaría una tercera vía de desarrollo y no sería "ni capitalista ni comunista".

Velasco nacionalizó las empresas extranjeras, promocionó las empresas controladas por trabajadores e intentó elevar la conciencia popular. Velasco lanzó una serie de reformas sociales destinadas a mejor las condiciones de los pueblos campesinos e indígenas.

El 24 de junio de 1969 "Día Nacional del Indio" dictó la Ley de la Reforma Agraria y anunció la entrega masiva y obligatoria de todas las grandes haciendas por parte de los terratenientes, a sus antiguos siervos y empleados. Por otra parte prohibió el empleo del término indio y lo reemplazó por campesino y en el año 1974 Velasco Alvarado reconoció y organizó legalmente a los pueblos amazónicos como "comunidades nativas", que a su vez reconocía los derechos territoriales indígenas.

En 1975, se aprobó una ley que hacía del quechua la lengua nacional en igualdad de condiciones que el español. La ley señalaba que a partir de abril de 1976, la enseñanza del quechua sería obligatoria en todos los niveles educativos. Además los trámites legales que involucran a quechua hablantes monolingües debían ser realizados en esa lengua.

Este hecho llevó a su reemplazo en 1975 por Francisco Morales Bermudez, otro lider militar. La ley que hacía al quechua lengua oficial del Perú, se modificó como "lengua de uso oficial en áreas y en la forma en que rige la ley" y muchas de las reformas de Velasco fueron desmanteladas. En 1985 sancionaron oficialmente los alfabetos quechua y aymara. En 1987 el presidente Alan García (1988-1990) reinstituyó la Dirección General de Educación Bilingüe. En 1989 el gobierno de García aprobó la política de Educación Intercultural Bilingüe.

El gobierno de Alberto Fujimori promovió su Política Nacional de Educación Intercultural Bilingüe. Un coordinador de un programa de una ONG habló sobre la importancia de la educación bilingüe, señalando que: Al enseñarles en las lenguas nativas y proporcionarles la oportunidad de aprender la lengua dominante como la segunda lengua, los niños aprenderán a valorar su cultura y su lengua y así podrán aumentar su autoestima, defenderse de la discriminación y el abuso y ser protagonista de su propia historia.

Un maestro de Cusco en el año 1977 en identidad y política intercultural expresa lo siguiente: Si nosotros los peruanos, queremos transformar este país en un lugar más democrático, el concepto de una nación multicultural y pluricultural tiene que ir más allá del papel (la Constitución) y meterse en nuestras escuelas y en nuestra realidad, para que nuestros hijos puedan sentir que ser quechua es pertenecer, no ser extranjeros en su propio país.

ECONOMIA DEL ESTADO INKA

El célebre etnohistoriador andino Dr. John V. Murra, no cree que haya muchos reinos ágrafos, precapitalistas que hayan sido objeto de tan frecuente y prolongado estudio como los inkas.

Como lo indican los testigos oculares, se trataba de "gente de razón", con ciudades y caminos, riego y señores con depósitos para almacenar los excedentes; "nadie era pobre, ni se moría de hambre".

Este último rasgo causó la más profunda impresión; con los años se difundió la idea de que el momento de su encuentro con los europeos, la sociedad inka era una especie de "estado de bienestar", un welfare state arcaico, algunos hablan de estado "socialista".

La argumentación más elaborada, en los últimos años, es la de Arthur Morgan, quien sostiene que la Utopía de Tomás Moro, fue inspirada por el modelo inka. No es fácil demostrarlo, ya que Tomas Moro, perdió la vida en el patíbulo el mismo año que Pizarro llega a Cajamarca, y hacía dieciséis años ya, que la Utopía estaba impresa. Para defender su tesis el Dr. Arthur Morgan postula un descubrimiento portugués de América, secreto y precolombino.

Se trata del portugués Aleixo García quien en 1526 acompañó a un grupo de chiriguanos que atacaron el reino Inka. Este viajero, deslumbrado no sólo por la riqueza sino también por la justicia social imperante, fue más tarde el informante de Tomás Moro en Amberes.

John Rowe expresa que el gobierno inka, protegía al individuo de toda clase de necesidades y exigía a su vez, un pesado tributo. Abundan comparaciones con Roma, China, con los germanos descritos por Tácito y con celtas.

LA COCA EN LOS ANDES

La coca (Erytroxilum coca), es una planta de la familia de las erytroxíláis. En la cosmovisión de la sociedad andina era y es sagrada, la hoja seca se ofrenda a los dioses en las diferentes actividades agrícolas, religiosas, negocios y en todo tipo de trabajo tanto en la iniciación de obras así como en su apertura, tiene un alto valor en la nutrición y en la medicina tradicional. En periodo inkaico a la gente que cosechaba la hoja de coca, se la conocía como kuka pallaq y generalmente eran adolescentes entre 12 a 16 años.

La hoja de coca en la medicina cura muchas dolencias, como el dolor de cabeza, el dolor de estómago, el dolor de muelas, el entero gastro intestinal, las infecciones, las inflamaciones, las úlceras, la resaca, etc. Si se mastica evita el mal de altura llamado suruqch'i, la fatiga, la depresión, las náuseas, el mareo y quita el hambre.

La hoja de coca según los estudios de los ciéntificos en las universidades de los diferentes países es nutritiva, porque posee un alto grado de proteinas, carbohidratos, calcio, fósforo, hierro, potasio, magnesio, calorías, vitamina A, C, D, riboflovina, fibra cruda, alfa y beta carotina. Tiene más calcio que la leche, tanto fósforo como el pescado, más hierro que la espinaca. Fortalece los huesos, los dientes, y da energía, fuerza o vigor al cuerpo.

Según los investigadores doctores Duke (1975), Bedford y Wilson (1981), Kantak (1991) y Idrobo (1997) la coca supera a las 52 especies vegetales que alimentan a toda la América Latina en valor nutricional, porque la ingestión de 100 gramos de coca supera la dieta diaria de calcio, hierro, fósforo, vitamina A, vitamina B2 y vitamina E recomendada por la OMS para una persona.

La hoja de coca quita el apetito momentáneamente y calma la sed. Es un tónico normalizador y purificador de la sangre y de las funciones del cuerpo. Es muy usado en la terapia de la dieta y la mantención de las buenas condiones físicas del cuerpo.

Las propiedades de la hoja de coca que los científicos han obtenido en laboratorio, han permitido la supervivencia de la gente de los Andes que fue sometida a la esclavitud por los invasores españoles bajo el término "indio".

El alcaloide de la coca la cocaina, es producto de un proceso químico largo y complicado, se obtuvo para su uso en la medicina como anestésico, desafortunadamente se ha convertido en narcótico por las reacciones psicológicas que produce en las personas que la consumen, esto hace que algunas gentes se dediquen a su producción y venta.

Las Naciones Unidas en 1961 inscribe la coca en la lista de las drogas y OEA en 1971 prohibe su cultivo, consumo y exportación. Prohibir es una reacción realmente simplista, estéril y demagógica, se niega reconocer los derechos ancestrales y cultura. Lo ideal sería que junto a la prohibición también sugieran los medios para evitar el consumo con programas educativos de basto contenido de concientización en todos los niveles de la sociedad mundial.

Durante el periodo colonial un watuq (nativo adivino), tomó un puñado de coca entre sus manos, y dejando caer sobre una inkuña (servilleta tejida) como si presagiara la aparición de la cocaina, lanzó la siguiente sentencia: "Kay kuka laqhiqa yawar masinchiskunata qhispichinqa, yuraq sunkhasapa runatataq qhinchachanqa". Estas hojas de la coca liberarán de la esclavitud a nuestra raza y les traerá la mala suerte a los blancos barbudos.

Al respecto nos permitimos insertar el criterio del escritor del periodo colonial José de Acosta, quien en su obra *Historia natural y moral de las Indias* nos relata de que la extensión del uso de la coca en los Andes, era una muestra del fenómeno parecido al alcoholismo, aunque de consecuencias menos nocivas. La coca era una planta que como la chicha, se había utilizado principalmente en las ceremonias religiosas: "en tiempo de los Inkas no era lícito a los plebeyos usar la coca sin la licencia del Inka o su gobernador".

Después de la conquista, en el periodo colonial por la carencia de alimentos para los nativos, se incrementó considerablemente su producción. Los mismos españoles extendieron la superficie de las plantaciones de coca, a veces a costa de la producción de alimentos, aunque la planta conservó también el significado religioso. La coca era especialmente necesaria para el trabajo de los "indios" en las minas, dado que les permitía trabajar casi sin comer. Según José de Acosta, "en sólo Potosí montaba más de un millón de pesos cada contratación de la coca, por gastarse de 90 a 95 mil cestos de ella". Los mercaderes españoles controlaban el mercado de la hoja de coca, pero sólo la consumía la masa de población india.

La coca cuenta con muchas especies y variedades y su calidad depende del terreno en que se cultiva, fue utilizada desde hace 5000 años por las civilizaciones precolombinas. Según la leyenda inkaica el **Dios Sol** creó la coca para hartar la sed y matar el hambre y hacer que los hombres no se cancen.

SIMBOLOGÍA DE LOS TEXTILES
LOS TEJIDOS DE K'ULTHA

Los autores de K'ultha Marka, un interesante trabajo sobre el tejido inkaico que a continuación lo transcribimos, son los señores Bernardo Condori Llanque, Ramón Conde Mamani y el asistente Aymar Ccopacatti.

El pueblo K'ultha conocido como K'ultha Marka en la época del Qullasuyu fue parte del reino de Killakas Asanjaqi, esto ha sido recogido en los documentos coloniales de 1604, documento republicano de 1828 y de revisitas 1838 que tienen las autoridades mayores (pasarus) en su poder y también se encuentran citados en varios trabajos de investigación.

Actualmente se lo conoce como Cantón Culta, es parte de la provincia Abaroa del departamento de Oruro, Bolivia y es reconocido como subalcaldía indígena del Municipio de Challapata, primera sección. K'ultha, históricamente responde a la parcialidad de los Urqusuyu, por ser excelentes ganaderos de camélidos, mayormente qarwa (llama) por la aridez de su territorio; sin embargo, también cuentan con una considerable cantidad de allpachu (alpacas) en los juqhu (bofedal) que son espacios anegados por las aguas que bajan del Asanjaqi.

La organización social política está instituida según los sistemas de autoridad originaria propia, en esta marka a diferencia de las otras markas no hay una cabeza de gobierno. En la actualidad cada ayllu tiene su jilaqata, recientemente se está recuperando nuestra forma organizativa, como por ejemplo los tantachawi de los mallkus, la misma que se realiza cada año en el pueblo de Condo en el mes de junio. Por nuestro carácter pastoril somos excelentes tejedores y tejedoras, hemos tramitado nuestra personería juridica como Aylllu Sawuri.

El textil k'ultha.

1.**Tejido K'ultha**. Se caracteriza de los otros tejedores por mantener su originalidad, por tratarse de pastores de camélidos los tejidos son de fibra de estos animales y en poca cantidad de lana de oveja, en el teñido se utilizan las técnicas antiguas de tintes naturales, por ello el tejido K'ultha se destaca por su finura y la fibra de llama y alpaca.

Debemos destacar que en los últimos años los K'ultha hemos empezado a valorar nuestros tejidos y hemos visto que existe tráfico negativo e ilegal con los tejidos andinos, el ejemplo más conmovedor son los denominados "mercados de artesanías" en las ciudades.

2. **Qapuña**. Una joven experta, qapu (torcelar) un yawi (medida de fibra que pesa aproximadamente una libra) lo realiza en 8 días al que sigue el proceso del torcelado de fibra, para el cual emplea dos muruqu yawi, para el torcelado de K'antit Ch'ankha (hilo terminado) este trabajo se realiza en 30 días, y el producto es mä muruqu K'antit Ch'ankha (un ovillo de hilo terminado).

Para tejer un awayu se requiere 4 muruqu de K'antit Ch'ankha que se emplea en la parte de los sayas, asimismo se emplea un total de un muruqu de qhati ch'ankha (fibra de colores) que se utiliza para la tirkha y jalaqa y las pallas.

3. **Sawuña**. En las mujeres y varones de los ayllus de K'ultha el tejido juega un papel importante en las relaciones juveniles, particularmente en el enamoramiento del Maxt'a (joven varón) y Tawaqi (joven mujer). A diferencia de la conducta urbana citadina donde el enamoramiento expresado por los jóvenes se manifiesta por la atracción física, en cambio entre los jóvenes de K'ultha se lo expresa a través de los tejidos, la música y el canto.

4. Sawur Tawaqi y Maxt'a (tejedora o tejedor). En K'ultha las jóvenes atraen a sus futuras parejas con los tejidos, mediante el tejido cautivan, atraen y seducen a su galán, no es la ropa que lleva puesta su encanto ni la belleza de su rostro, ni su peinado, el encanto de la tawaqi (joven femenina) se manifiesta en el tejido de su awayu.

Este encanto se pone de manifiesto en las fiestas, donde la tawaqi luce su awayu, entre ellas se da una suerte de competencia de ataviarse con el mayor número de awayus de bella confección, los maxt'a se enamoran de la joven que tiene los mejores awayus. Durante las fiestas la tawaqi carga sus awayus y hace caer por encima de la espalda como pétalos de flor, es decir que visten como flores, que son muy coloridas y dan mucha vida a la pacha, es como ver un jardin de paqaras (flores), a ello se complementa la música, el canto y el baile.

La crítica es muy severa de parte de las personas mayores sobre todo de las mamanaka (señoras), que aprueban y desaprueban la calidad y la cantidad de los tejidos que llevan las jóvenes.

Las tawaqi que se atavian con varios awayus y de buena calidad, son consideradas bellas y q'apa tawaqi (joven hacendosa). Las jóvenes para distinguir su belleza y su hacendosidad tienen que ataviarse con 12 awayus, las que menos tienen son 5 awayus, sería hacer el ridículo presentarse en la fiesta solamente con 2 o 4 awayus, a las que se las considera jayra yaxir (floja despreocupada). Los padres incitan a los jóvenes a conquistar a la más bella y rica en el arte del tejido, estas jóvenes son muy mentadas y codiciadas, no sólo por los maxt'a sino por su familia. La participación de las tawaqi en las fiestas es como buscar pareja, es aquí donde puede empezar un buen romance hasta terminar en el matrimonio.

Para llevar la cantidad máxima de awayu las jóvenes lo tejen con mucho tiempo de anticipación, en muchos casos les llevan años, porque implica un largo proceso que va desde el trasquilado de la fibra, selección de la fibra, lavado, torcelado, teñido y tejido. Se dice que en esta etapa las jóvenes casi no duermen y se concentran en el tejido, estén en la casa o en el campo, siempre están tejiendo aún cuando están pasteando su ganado.

Por su parte los maxt'a (jóvenes) también se destacan en el tejido de ujanta (bufanda), al igual que las tawaqi para las fiestas se atavían con varias ujantas, también tejen sus ch'ullu (gorro andino), lo que se destaca en el tejido del ch'ullu, es un trabajo detallado para su eleboración, se emplean 5 piaju (agujas para tejer o palillos); a diferencia de las mujeres el atractivo y coqueteo en el enamoramiento no son sus tejidos, en el varón lo que se destaca y atrae a una joven es el dominio del charango al tocar, el canto y la creatividad de sus nuevas composiciones. El joven que lideriza en el canto y la música es visto en el futuro como un lider, buen esposo.

Para tener dominio en la **música y el canto** los jóvenes se esmeran, para ello tienen que practicar bastante, donde se encuentren están en práctica, cuando van a las ferias de los pueblos (Challapata, Cruce Macha, Huari) van tocando por el camino o tejiendo su ch'ullu, a su vez tienen que ser creativos y crear nueva música y canto, como todos están sujetos a la crítica de los mayores, estos les hacen recuerdo que los viejos siempre se han destacado, en la actualidad los jóvenes ya no tienen las mismas agallas, siempre están copiando de las músicas citadinas.

El thakhi de los tejidos en el jaqi.

5. **Thakhi**. En nuestra cultura nuestros tejidos también tienen su lectura, cada espacio tiene nombre, en K'ultha un awayu está configurado de la siguiente manera: tirkha (borde), jalaqa (costado), saya (también conocido como pamapa) que simboliza el territorio y las pallas (figuras) que representan nuestra cultura. Si hablaríamos solamente del awayu nos llevaría mucho tiempo, en su qamaña, yatiwi, sarawi, uraqi, qulla, uywa, yapu, taqikuna.

La relación del jaqi, también se encuentra representado en nuestra divinidad Achachila-Awicha. Wak'a Achachila (masculino) y Wak'a Awicha (femenino). Uno cuando no es jaqi, no tiene voz ni voto en la comunidad y son considerados lluqalla (niño).

En K'ultha hay varios thakhi (caminos), por ejemplo thakhi de la vida (ciclo generacional) que es el amino que todos seguimos, desde el nacimiento hasta la muerte.

En K'ultha, podemos decir que existe un thakhi de tejido que empieza a la edad de 8 años cuando los niños o niñas empiezan con el aprendizaje del torcelado de la fibra de camélido o lana de oveja, que consiste en el hilado en rueca, con prioridad en las niñas, es la madre la encargada de esta enseñanza, al que coadyuvan el padre y la abuela.

Sin embargo, existe el ritual donde la abuela transmite sus conocimientos de buena qapuri (hilandera) a las niñas y también a los niños, reciben pequeños golpes en las manos con el qapu tisi (rueca de madera), de esta forma reciben el conocimiento y el secreto del hilado.

Durante el proceso del aprendizaje del qapuña se lo hace con fibra de alpaca o llama denominada tarwa phich'u (fibra vieja y dura), esta fibra torcelada sirve para zurcir la ropa.

Las niñas en el tejido empiezan con la elaboración t'isnu (cinta) y chumpi (faja delgada) con la ayuda constante de la madre y la abuela va tejiendo el awayu, punchu, kustal, tari y otros, el aprendizaje es desde el trasquilado, lavado, selección y teñido.

Chachawarmi y tejido en el jach'a tama (ch'ixnu-qasiña).

6. **Jaqi**: El tejido de los jóvenes, sobre todo en las pallas (figuras) es la que las destaca, una vez que la mujer entra a la jach'a tama al mundo social, el arte no desaparece sino que va disminuyendo, en los awayu se puede apreciar claramente este cambio, porque las pallas son más simples y de menor envergadura y tamaño, se justifica a la poca disponibilidad de tiempo por parte de las mujeres jaqi, si tejen bastante su dedicación ya no será casi exclusivo al awayu, sino que empezará a tejer janaña (frazadas), costales, punchu, tari, inkuña, tejidos de utilidad para la familia, pero también tiene que dedicar su tiempo a otras actividades, como la atención de la uta (casa), el cuidado de los hijos, el pastoreo, la chacra, asistencia a los qatus (ferias), atender las relaciones comunales, participar de los tantachawi, las mink'as, trabajos comunales y asumir cargos.

Cuando se es jaqi, la primera bayeta tejida en el matrimonio por el esposo, la empleará en la confección de la primera prenda de vestir para la esposa. Allimilla (camisón de bayeta), la misma tiene que ser de 12 varas, eso implica prestigio ante los familiares y la comunidad, caso contrario tendrá mala reputación.

El primer tejido que la mujer hace para el esposo es el punchu, pero no es igual que tejer la bayeta, para tejer un puncho se requiere mayor tiempo, porque se tiene que acumular fibra de camélido o lana de oveja por lo menos dos años, y es de una selección cuidadosa, hilado, torcelado y teñido, cuidadosamente tratado. Generalmente la confección del primer punchu es para asumir el primer cargo politico la pareja chacha-warmi (hombre-mujer), entonces, el esposo lucirá su primer punchu (poncho) de autoridad que fue tejida con mucho esmero y amor por su esposa.

El tejido y las fiestas.

7. **Sincretismo**. Aunque los K'ultha religiosamente vivimos semetidos al colonialismo cristiano católico, hemos sabido articular las fiestas patronales cristianas católicas con las prácticas religiosas propias en nuestro mundo y los dioses, los mismos que están relacionados con las actividades textiles, son dos estas fiestas que están relacionadas directamente con el ganado camélido y el tejido.

La fiesta de la Virgen Guadalupe que se celebra del 7 al 8 de septiembre en la marka central de K'ultha a la que denominan Watalup Mamita Phista, esta patrona cristiana también es conocida como Watalup Mamita Qapuri Sauri (Guadalupe Mamita Hilandera y Tejedora), dicen que: "Sawu tuqit yanapistu, sawu tuqit waxt'istu" (Nos ayuda y bendice en los tejidos) [Testimonio de doña Ricarda Janco. Ayllu Maja Qawilli. K'ultha. mayo 2003).

La otra fiesta relacionada con el tejido es la fiesta del Señor de Exaltación conocida como Exaltasion Tatala Phista que se celebra el 14 de septiembre en marka central, esta fiesta también es conocida como la fiesta de Killakas Tatala (Señor Killakas). Dicen que es un Señor que bendice y ayuda en la reproducción y procreación de los camélidos, dice que es "Qarwani Tatala, qarwa waxt'asiri" (Señor de los camélidos), bendecidor de los camélidos). Testimonio de doña Ricarda Janco. Aylllu Maja Qawalli. K'ultha. mayo 2003.

Conclusión.

Este breve trabajo, nos permite reflexionar el cómo los pueblos como K'ultha, estamos viviendo bajo la enseñanza de nuestros mayores, sobre todo basado en la enseñanza de nuestros tejidos, pero también estamos viviendo la desaparición de nuestras costumbres y ritos relacionados al tejido, por esto nuestra organización de Akataksa con el objetivo de recuperar y fortalecer nuestra identidad y cultura como pueblo K'ultha, nos hemos asociado para hacerles conocer a nivel nacional como internacional nuestros tejidos, que guardan nuestra memoria, nuestro pasado, nuestra historia, y queremos que a travez del respeto a nuestros tejidos, se respete nuestra cultura.

Por ello mediante este evento, llamamos a la reflexión que los pueblos de los Andes, así como K'ultha y otros, somos portadores de una riqueza immensurable de conocimiento y sabiduría, tanto el hombre y la mujer k'ultheña, desde pequeño está acostumbrado a la vida en el tejido, vemos como hoy nuestros conocimientos son retaceados y no valorados. Así mismo mencionar que el conocimiento no tiene precio monetario, porque es la sabiduría que nuestros pueblos han sabido mantener desde siglos.

SUPERVIVENCIA DE LA PENTAFONÍA MUSICAL EN EL CALLEJÓN DE HUAYLAS-ANCASH

Este valioso artículo del Mag. Alberto Huamani Gallo, es ponderable en toda su magnitud, porque rememora la música andina y los instrumentos musicales autóctonos del Tawantinsuyu.

Resumen. El presente artículo expone la vigencia de la música pentafónica, en las festividades religiosas, patronales y otros de carácter funcional de los habitantes del Callejón de Huaylas del departamento de Ancash, Perú, como una clara muestra de la supervivencia, ante la presencia de los instrumentos musicales sofisticados acordes con el avance de la ciencia y la tecnología. Estos instrumentos autoctonos a las que se hacen referencia son: el wankar, la tinya, la chiska, flautas, roncadoras, entre otros, construidos con recursos y materiales del entorno, mediante el uso de la creatividad para expresar sus sentimientos y emociones, dando muestras de la supervivencia de la música andina de Ancash.

Introducción. La música desde la antiguedad hasta nuestros días, ha formado y aún forma parte de la vida cotidiana de los seres humanos. En la edad media formaba parte importante de la educación básica en la formación de los seres humanos y en muchas sociedades, sirve de expresión de ideas y pensamientos. Particularmente en nuestra región del Callejón de Huaylas, la música se complementa en la vida de las personas; se tiene la presencia viva de la música pentafónica, al son de los instrumentos musicales autóctonos como el wankar, la tinya, la chiska, flautas, roncadoras, caja, flautas, entre otras.

La música producida en estos instrumentos tiene carácter pentafónico, donde las festividades de carácter religioso como la fiesta de cruces, fiestas patronales, entre otras, se celebran al son de la pentafonía andina, como un legado histórico y tradicional de nuestros antepasados, en pleno siglo XXI. Expresión musical muy importante que se resiste a desaparecer, a pesar de la abrumadora presencia de los instrumentos electrónicos de tecnologías muy avanzadas. Lógicamente, al realizar una investigación musicológica, esta expresión musical se ubica dentro de las escalas pentafónicas usadas en diversos países del continente.

1. **La escala musical**. Una escala, es la base de un sistema musical formada por la profesión o sucesión convencional de sonidos en forma ascendente o descendente (Gago, 1997). Está compuesta por siete sonidos, de los cuales normalmente se repite el primero, después del séptimo grado para completar una octava.

2. **La escala Pentáfonica**. Pentafonía proviene de dos voces: Penta: cinco; y fonia: sonido, por su parte la diferencia de la escala anterior, es un sistema de escala musical compuesta por cinco sonidos, más la repetición del primero, al final de la escala para completar el sistema musical. Su composición es de segundas mayores y terceras menores.

3. **La Pentafonia**. Es una escala musical de uso muy común en la producción melódica de la música étnica de los andes, la selva y la costa, de las culturas antiguas del Perú. Probablemente apareció conjuntamente con los primeros pobladores, como una necesidad de expresión del sentimiento de los estados anímicos, como parte de las formas rituales de alabanza, en agradecimiento a los dioses, que les ha proveído de abundancia, buenas cosechas, buena pesca, caza, entre otros, como una forma de interrelación del hombre con su dios. La

mayor presencia y vivencia de la pentafonía además del territorio peruano, se registra en los vecinos países de Bolivia y el Ecuador (Distrito de Otavalo, provincia Imbabura).

Particularmente, en la música de las culturas antiguas peruanas, se han encontrado vestigios de quenas, flautas y antaras de tres, cuatro y cinco sonidos, elaborados de arcilla o construidos de huesos de aves, animales, entre otros.

Una de las más claras muestras de la presencia de la pentafonía peruana en la antigüedad es lo descubierto en la "Civilización Caral", donde se han encontrado un grupo de 52 flautas, las mismas que han sido clasificadas como "flautas traversas", construidas de huesos del ala de pelícano y otro conjunto de 38 instrumentos de viento, posiblemente cornetas hechas de hueso de camélido o venado, las mismas decoradas con respresentaciones de monos, aves, serpientes y figuras humanas. Estos instrumentos musicales, dependiendo del número de agujeros algunos de ellos producen sonidos guturales, bifónicos, trifónicos, terrafónicos o pentafónicos.

En la cultura preinka e inka, también se tienen claras muestras de la existencia de instrumentos musicales con sonidos pentafónicos, como las típicas antaras de bambú, quenas de arcilla, de madera, de caña, entre otros. En el departamento de Ancash, la cultura Recuay o Huaylas que tuvo como marco regional el valle de Guaray mayu hoy "río Santa", se han encontrado antaras de cuatro y cinco sonidos, como una clara muestra del uso de este tipo de instrumentos musicales en la vida cotidiana de los habitantes de esta cultura. Estos instrumentos, en la actualidad son fuentes de exhibición en el museo regional de Ancash.

En las festividades religiosas, patronales, culturales y cívicas de los pueblos de nuestro medio y en particular del Callejón de Huaylas, en la manifestación de la música étnica o folklórica se exhibe, una variedad de instrumentos musicales pentafónicos. Estos instrumentos a las que se hacen referencia son:

4. **La Chiska**. Es un instrumento musical melódico pentafónico, que produce sonidos altos y muy agudos, que conjuntamente con los tambores elaborados de la base de la Puya, acompañan la Danza de los Shacshas. La Chiska, presenta las siguientes características: Es un instrumento melódico de lengüeta autóctono de la región, de origen muy remoto. Está elaborado de soqos (carrizo), con una longitud de 8 a 10 pulgadas, posee 5 agujeros delanteros y un agujero posterior. En la boquilla (parte superior del tubo), presenta una característica similar a la flauta dulce, denominado shullun (tapón de madera), seguida de una pequeña abertura rectangular vicelado, por donde se produce el corte de aire para producir sonido y afinación del instrumento.

Los agujeros presentan por lo general un diámetro de 8 milímetros. En la parte inferior del tubo, presenta una especie de tapón propio provisto del mismo nudo de carrizo, con un agujero de regular tamaño, que influye en la afinación del instrumento. La extensión de los sonidos de este instrumento abarca un poco más de dos octavas en la clave de sol, índice acústico de Do3 a Do5. La afinación del instrumento varía según los fabricantes que en su mayoría lo realizan con características artesanales, siendo los modos más usados: Fa#, Sol y La.

5. **El Rayán**. Es otro instrumento musical pentafónico autoctono de la región. Está construido del tallo del árbol de rarama o sauco (árbol de racimo de uva serrana). Es un instrumento musical pentafónico de lengueta similar a la flauta dulce.

En la parte inferior no lleva tapón de afinación. Presenta 2 agujeros delanteros y un agujero posterior aproximadamente de 7 a 8 milímetros de diámetro. El instrumento es muy parecido a la roncadora. Algunos sonidos pentafónicos se obtienen esforzando guturalmente la técnica del ejecutante. La dimensión del tubo es aproximadamente de 25 pulgadas, es más pequeño que la roncadora, generalmente está afinado en el modo de Si Mayor.

6. **El Pinkullu**. Es otro instrumento pentafónico similar al Rayán y la Roncadora, provisto de tres agujeros, dos delanteros y uno posterior. La dimensión del tubo mide aproximadamente 13 plulgadas de longitud, poco mayor que la Chiska, su afinación generalmente está en el modo de Do y Re.

7. **La Roncadora**. Otro instrumento pentafónico perteneciente a la familia de los instrumentos de lengüeta, similar al Rayán, Pinkullo y Chiska, construido en su forma original del tallo de huaromo (planta silvestre andina), sin embargo en la actualidad ha sufrido modificaciones en el uso del material de construcción, siendo construido en su mayoría de tubos de plástico, provistos de lengüetas, conservando las propias características esenciales del original. Su longitud es aproximadamente de 28 a 30 pulgadas. Es el instrumento pentafónico gutural más grande.

El Pinkullo, Rayán y la Roncadora, en la producción musical, son acompañados por los instrumentos rítmicos llamado Wankar (tambor grande o bombo), los que al ser ejecutados en conjunto producen el sonido característico bailable de "te tumbo, te tumbo, te tumbo, te tumbo…".

Los instrumentos musicales descritos y otros más, son ejecutados en las festividades folklóricas y funcionales de nuestro medio. No es usual su aparición y ejecución en cualquier época del año o temporada. Siendo usualmente en las festividades religiosas, patronales, la semana santa, la temporada de los carnavales y en especial en la ciudad de Huaraz, en la festividad del Señor de Mayo. Es por esta razón que se le califica como "funcional", porque cumple una función.

Finalmente estos instrumentos musicales que aún superviven en pleno siglo XXI, merecen una atención especial para su supervivencia, pues forman parte de la identidad cultural, la identidad no se rescata, se vive y se practica.

TAKILI WAT'A
LA ISLA DE TAQUILI

Taquili es una pequeña isla en el lago más alto del mundo Titicaca, está a unos 36 kilómetros de Puno, Perú. Taquili es parte del inkario desde tiempos inmemoriales, aún mantiene sus ruinas inkaicas, en especial sus andenerías que están divididas en seis suyus. En la actualidad habitan unas 1500 personas, quienes mantienen su tradición cultural y su idioma quichua. Son básicamente autosuficientes, tienen cultivos de papa, ulluku, oca, qañiwa y otros, además crian animales principalmente llamas, alpacas, vacas y ovejas. Hilan la lana de los auquénidos y del ganado ovino y tejen ch'ullus y hermosos tejidos para vender a los turistas que visitan la isla en los días de fiesta.

Según la Sra. Nieves Yucra, en Taquili se celebran muchísimas fiestas sincretisadas con la religión católica desde la llegada de los españoles, entre ellas tenemos la fiesta de Virgen de la Candelaria, el día 2 de febrero de cada año. El Carnaval, que es una fiesta movible. Pascua de Resurrección que también es movible. La Santa Cruz, el 3 de mayo, época muy tradicional para celebrar matrimonios. San Isidro Labrador, el 15 de mayo, es el patrón de la agricultura y de la fertilidad de los animales. Pentecostés, fiesta también movible. San Juan, el 24 de junio que es el solsticio de invierno. Tata Santiago, el 25 de julio, es el santo patrón de Taquile. Octava de Santiago, que se celebra el 1ro. de agosto, dando las gracias por la cosecha y por último la Navidad.

VI. REIVINDICACIÓN CAMPESINA EN BOLIVIA
MITOS EN EL QULLASUYU

Entre los mitos del Qullasuyu, se destacan Wiraqucha (Weraqocha), Tunupa, Achachilas, Wari, Iqiqu (Eqeqo), Awchanchu y Miqala (Meqala). El mito Wiraqucha, Dios creador de la luz, la tierra y de los hombres, es el más antiguo, cuentan cómo este Dios, habría emergido de las profundidades del Titicaca (Titiqaqa), lago sagrado de los qullas (qollas) para crear el mundo y dejar a sus habitantes un gobernante y unas leyes que regirían; luego volvió al lago, pero al ver que las gentes no respetaban las leyes, salió de las aguas para castigar a los primeros habitantes del Tiyawanaku, convirtiéndolos en monolitos de piedra. Luego creó los astros, el sol y la luna, a la que el sol le echó con ceniza porque su luz era más radiante que la de él.

En el mito del dios civilizador, Wiraqucha después de su reinado desaparece misteriosamente en los mares del oeste, prometiendo a los hombres que un día volverá sin duda. Por lo tanto los inkas concibieron la llegada de los españoles como el retorno de los dioses. Entonces desde su llegada los españoles eran considerados como hijos del creador divino Wiraqucha.

Tunupa es el más humanizado de los dioses que lo martirizan los hombres, amarrándolo a una barca de totora (t'utura) lo echan al Titicaca, y luego de surcar el lago, él sigue por tierra, abriendo de esa manera el río Desaguadero, hasta llegar al lago Poopó.

Wari. Divinidad que aparece en la figura de un auquénido muy parecido a la llama. Wari runa. Es un animal mítico representado en la figura de un hombre rubio, con pelos como del maíz, y cuerpo de vicuña.

Pariaqaqa es el Dios que derrotó a Wallullu de Waruchiri del que se consideraba descendiente ritual de toda la etnia. Es símbolo del principio masculino.

Iqiqu (eqeqo). Procede de la mitología aymara, es el dios de la felicidad, representa la abundancia de bienes terrenales y así como también de la virilidad, de los hombres, según se ve en los idolillos que se han encontrado, que la muestran desnudo, con el miembro viril erecto y descomunal. Las mujeres le atribuían el poder de proporcionales marido. Su figura es la de un hombrecito risueño y panzudo, con los brazos abiertos, cargados de víveres y dones. Su fiesta es el 24 de enero y con las tradicionales "alacitas", donde se venden miniaturas, con sentido simbólico.

Auchanchu y Miqala (Meqala), son divinidades consideradas maléficas de la mitología andina.

Kharisiri. Según la tradición nativa quechua, el kharisiri es un fantasma victimador, los andinos creen que él espera a su víctima en los caminos más solitarios, especialmente en la quebrada por donde cruza el camino, aparece sorpresivamente delante de la persona que viaja y lo hipnotiza con su mirada. Luego con una especie de visturí, le hace un tajo en el vientre y le saca la grasa del peritóneo sin dejar huella, y al poco tiempo la víctima muere de dolor de estómago.

Según el Diccionario Mitológico de Bolivia de Antonio Paredes Candia, kharisiri para el aymara es un fraile franciscano que lleva una campanilla y una cajita con afilados cuchillos; que se presenta en los soledosos caminos a los viajeros que descuidadamente quedan dormidos o que él premeditadamente les provoca el sueño, soplándoles polvillos maravillosos, para después aprovechando el sueño de los incautos, sacarles la grasa humana en forma invisible. El individuo muere al poco tiempo de una enfermedad, cuyos síntomas son la anemia absoluta.

LITERATURA Y POESIA AYMARA

Aymara es la Lengua de Adán, según Emeterio Villamil de Rada (1805-1876). Liqiliqi (Leqeleqe) es ave de plumas blancas y negras, cuyo nombre científico nos lo da Rigoberto Paredes como Venellus Resplandens.

"Pilpintu"

Kallta:
¡Ay, warawarani!
pilpint'uywa,
quri warawarani,
pilpint'uywa.
Entrada:
¡Oh, tan estrellada!
tierna mariposa,
de estrellas doradas,
tierna mariposa.

Waynanaqa
Jilaqa sapaqi,
pilpint'uywa,
¿qawsats jutaja,
pilpint'uywa?
Mozos:
Sólo eres hermano,
tierna mariposa,
¿dónde está tu morada.
tierna mariposa?

Tawakunaqa
Nayaja qullaqa,
pilpint'uywa,
¿qanaruq jutaja,
pilpint'uywa?
Mozas:
Yo soy tu hermana,
tierna mariposa,
¿qué es lo que te trae,
tierna mariposa?

Jarawi
Ampachan suma pankara,
willjiriw chamajthasispa,
willirtata jachanakama, unjasin,
ampacham suma pankara.
Jarawi:
Calla, hermosa flor,
que el sol oscurecerá,
al ver lágrimas vertidas,
calla, hermosa flor.

LIQILIQI (LEQELEQE)

Liqiliqija, chiqa layqawa,
yatikiriwa, jumampi nayampi,
munasitasa.
Churitupaja infierno waythuña,
jipillapasa ajayu lazuña,
p'iqipasa pallalla,
nayrasa wilata,
munasitasa yatikirawa.

Liqiliqe, es un verdadero brujo,
lo que contigo y conmigo,
nos queremos.
Su pico remueve el infierno,
sus tripas aprisionan el alma,
su cabeza aplastada,
sus brillantes suelen saber,
lo que nos queremos.

PICHITANKA

Layqa pichitanka,
¿Kanatsa larchukista?
Munirijampisa,
apamulliyasista.

Gorrión brujo,
¿Por qué te has reído?
Por tu risa con mi amante,
me has hecho abandonar.

FELIPE PIZARRO
FUNDADOR DE LA ACADEMIA AYMARA

Felipe Pizarro (1877-1941), profesor y aymarólogo, editó varios periódicos bilingües (aymara-español) en defensa del indio: Ayuwiri, El Indio, El Andino, El Mallku, siendo también fundador de la Academia Aymara y de la primera escuela indigenal (1897).

| **Irpastay** | **Me La Llevo** |

Irpastay
Irpastay, irpastay,
jhankhu urpitu, irpasta,
chuyma jaru chuymachiri,
jhankhu urpi irpasta.
Chuyma jaru tapachiri,
jhankhu urpitu irpasta,
nayasti…., nayasti….,
¡chuyma wilampi unkasi!

Munasiw, munasiw,
churitumpi, chusurthasina,
chikhampis, chikhampis,
junthuchasi rakiwa munasin.

Jichasti mantanjham,
tapitama ru samariri,
nayasti jamachis,
munaski ukhama munasima.

Pa jhamachin jalasin,
kullu khipajha ru chaktassi,
ukhama munasima,
¡jiwaña kurpakama, urpila!

Me La Llevo
Me la llevo, me la llevo,
me la llevo a la paloma blanca,
para que consuele mi corazón,
me la llevo a la paloma blanca.
Para que anide en mi corazón,
me la llevo a la paloma blanca,
más yo….., más yo. ……
¡con la sangre de mi corazón la criaré!

He de quererla, quererla,
acariciarla de cariño,
con mis alas, con mis alas,
la abrigaré tiernamente.

Entra ahora,
a tu nido a descansar,
y yo, como arrulla el ave.
así mismo te amaré.

Como dos aves volando,
que se pierden tras el monte,
así te voy a querer,
¡hasta la muerte, palomita!

Antonio Gonzales Bravo (1885-1962), profesor de música, estudió ciencias y letras en la Universidad de San Andrés. Fue director del Conservatorio Nacional de Música en La Paz. Trabajó en favor del campesino, fue profesor en la escuela de Warisata. Sus obras están en verso: *Phaqcha-Phaqchita, Utama, Awki-Awkis, Quri Pilpintu, Unttaña*, etc. También nos ha legado: *José Joserín o Los amores del oso, Los ratones y un mono, El zorro Antonio y el gallo.*

AUTORES EN FAVOR DE LOS MARGINADOS

Entre los autores que consagraron sus obras en favor de los marginados tenemos: Carlos Felipe Beltrán (1816-1898), sacerdote potosino quizo alfabetizar a los indígenas en su lengua nativa. Su obra encabezaba con el rótulo de *Civilización del indio*. José David Berríos (1849-1912), abogado y profesor de latín. Su obra teatral en verso es: *Huascar y Atahuallpa* (1879). Adela Zamudio (1854-1928), maestra y poetisa, sus obras: *Soledad, Ensayos poéticos, Ráfagas, Peregrinando*. Su poema quichua pertenece a la colección de Fr. Pedro Corvera, *Wiñaypaq wiñayninkama* (Para siempre). Luis Nestor Aspiazu (1870-1924), *Quri t'ika Chuquisaca*. Saturnino Olañeta, canónigo predicador en lengua quichua, cochabambino. Arturo Peralta y Gamaliel Churata, vino de Puno a Potosí. su libro intitula *Pez de Oro* (1957).

RIJCH'ARIY. DESPIERTA
POESÍA HECHA CANCIÓN

Rijch'ariy puñullankichu,	Despierta, no duermas,
uyariway waqasqayta,	escucha mi llanto,
khuyaway llakikusqayta.	consuélame en mi pena.
Willarqaykiña,	Ya te lo confesé,
qanpa kasqayta,	que yo era tuyo,
yacharqankiña,	ya lo sabías,
munakususqayta.	que yo te amaba.
Nuqapis, nuqa kayniywan,	Yo, con ser dueño de mi mismo,
nis qunqayta atiykichu,	no puedo llegar a olvidarte,
ancha munasqa,	eres mi gran amor,
mana qunqana.	que no se puede olvidar.
Tutapis tuta kayninwan,	Aún en la noche, con ser noche,
manañas puñuniñachu,	ya no puedo ni dormir,
yuyayniypis qanllapiña.	mi pensamiento está solo en ti.

Imayna ari kunanqa,	Cómo puede ser ahora,
sunquyta waqachispa,	haciendo llorar mi corazón,
saqirpariwanki.	me has abandonado.

BOLIVIA PLURINACIONAL

En el Qullasuyu hoy República Plurinacional Bolivia existieron varias culturas precolombinas, entre ellas contamos con las siguientes: Wankarani, cultura que surgió en la parte norte del lago Poopó, en el Dep. de Oruro 1200 años a.C. Lipez, en el altiplano Sur. Tiyawanaku, emergió el siglo XII d.C. Wari, surgió en la puna del siglo IX al XII d.C. Qaraqara, charka, churumata, mayumayu y yamparas son culturas pre-incaicas en el departamento de Chuquisaca. Los grupos pastoriles quta (qota), chuy o chuwi y qawi, en el Dep. de Cochabamba y los tomatas en el departamento de Tarija y los churumatas en Cinti.

Los jukumanis y laymis habitan el norte de departamento de Potosí. El grupo étnico jukumani, es de origen qulla, de habla aymara que durante la colonia adoptaron el quechua. Son contrincantes de los laymi en las célebres fiestas del "tinku". Los laymi, fueron enviados como mitmas por Manqu Qhapaq a la región de Urqusuyu, colindante con la étnia jukumani. Ellos son de la familia quechua tanto en idioma como en cultura, luego tuvieron que aprender el aymara al ser trasladados al Norte Potosí

El grupo étnico chuwi o chuy estaba constituido por varios grupos de "mitimaes" que fueron instalados por Manqu Qhapaq en las actuales provincias de Quillacollo, Pocona, Mizque, compatiendo el espacio físico con los qutas. Su origen es desconocido aunque Thierry Siegues dice: Los indios de Pocona son transplantados del valle de Jauja. Los chuwis o chuys en su mayoría, se dedican a cultivar coca en el valle de Chunguri en la vertiente amazónica, en los valles de Pocona o en los de Tiraque.

Chuwi o chuy es frijol o semilla de judía para juego de niños. Los chuwis o chuys eran conocidos como "hombres de frijol o los hombres de poroto", por el color castaño de su piel, similar a los frijoles. Son pueblos instalados a partir de las disposiciones del Virrey Toledo, y que hoy constituyen los pueblos de Ayquile, Tiraque, Chuqui-Uma y Arepuchu, que sin duda son de origen quechua.

En la actualidad en Bolivia hay más de treinta culturas, empezando por el norte con los araonas, toronomas, pacaraguas, sirionos, mojeños, yuracares, chamas, tacanas, chimanes, movimas, siguiendo al centro con los chiquitanos, chiriguanos, choretis, hasta los matacos, tobas, chulupis, en el extremo sur y esto solamente contando con las culturas de la selva, porque en las alturas están aparte de los aymaras y quichuas, los chipayas, urus y muratus o urumuratus.

Muchos de estos núcleos humanos, se autoabastecen explotando sus recursos naturales para su propia industria. No saben de huelgas, ni padecen ninguna depresión económica o social, hasta que aparece el blanco para invadir su territorio, los contamina o aniquila, haciéndoles ver que la realidad imperante es otra. No existe ninguna política de integración que respete y preserve sus culturas. El avance de la civilización tiene un solo precio, el exterminio. Antes que el exterminio se consuma, antes de que la llamada "raza superior" imponga su voluntad, precisamos de un cambio sustancial en la educación, investigando y atesorando estas culturas.

Pensamos que la verdadera riqueza cultural de una país está en la variedad y no en la monotonía de la unidad mal entendida. Bolivia es un país multinacional, que participa de la meseta andina, de los valles y de los llanos amazónicos, se enriquece con las tradiciones colla y guaraní. Los collas, aymaras y quichuas, prefiguran la puna y los valles. Los cambas y guarayos, las selvas orientales.

La supervivencia del arte autóctono es real, tan real es que se ha impuesto en la música, llevando el folklore a una dimensión más universal. Ollantáy, Wallparrimachi, poetas indígenas del período de la independencia y, en la arquitectura de Tiyawanaku, Inkallaqta, en la alfarería, los tejidos y la música nativa.

Eduardo Galeano en su libro *Las venas abiertas de América Latina* advierte: "Desterrado de su propia tierra, condenados al éxodo eterno, los indígenas de América Latina fueron empujados hacia las zonas más pobres, las montañas más áridas o al fondo de los desiertos, a medida que se extendía la frontera de la civilización dominante".

MITIMAES EN EL VALLE DE COCHABAMBA

En tiempos de Wayna Qhapaq, el Tawantinsuyu movilizó un gran número de gente procedente de las unidades étnicas tanto del altiplano como de otras regiones. El Inka organizó una gigantezca mit'a en el valle de Cochabamba, Cotapachi y Pocona, dedicada a la mayor producción de maíz, movilizó unos 14000 mit'anis (28000 personas) de diversos grupos, algunos de estos tan alejados de la zona como los provenientes de Chillque, cerca de Cusco, diaguitas que procedían del norte chileno o los Chichas del sur de Potosí. No es novedad que bubiera mit'anis provenientes de regiones sumamente alejadas, ya que estos respondían a una política destinada a equilibrar la provisión de la mano de obra para alimentar las tareas de la redistribución, establecidas en escala global por el propio Tawantinsuyu.

Las crónicas señalan que se llevó a Cusco arena desde la costa de Chincha, para llenar la plaza de Cusco, de donde se había sacado a su vez, tierra para trasladarla a las nuevas fundaciones inkaicas, y también informaciones públicas en años recientes inciden en que hubo mitmaqkuna "ikayunkas" en Sipesipe, en el área de Cochabamba, tales mitmas eran de Ica y de Chincha. De otro lado, los documentos de la etnia lupaqa, dejan en claro la presencia de los mitmas Chinchaysuyu en Juli, a los que podemos presumir previos a los tiempos de la expansión del Tawantinsuyu.

Analizando el proceso de colonización de Cochabamba, por una parte según Nathan Wachtel en su obra *Los mitimaes de la valle de Cochabamba* y por otra *La politique de colonization de Wayna Qhapaq* en "Journal de la Societé de Americanistas" dice que Wayna Qhapaq, el penúltimo Inka, para cultivar esas ricas tierras, mandó a los chuwis, k'anas, qutas, qusqus, urumuratus, incluso de Chile llamados diaguitas y los asentó en los valles de Cochabamba mayormente en Cotapachi (Quillacollo) y en la región agrícola de Pocona, que está situada más al este, para proteger la frontera contra la invasión de los chiriguanos.

Los expertos en el campo agrícola trabajaron en los campos del departamento de Cochabamba, unos cerca de los qulqas o graneros de Qutapachi en Quillacollo y otros en las qulqas de Qiwiñal en las alturas de Pocona, pues eran mitmaqkuna en el verdadero sentido del término, tenían que cumplir los trabajos estatales, en cumplimiento de la mit'a. Cada conjunto de mit'anis trabajaba en un suyu o sector específico que correspondía a una unidad étnica. El maíz cosechado se destinaba al ejército, a los trabajadores, y se asignaba también a los kurakas, que distribuían los alimentos entre los súbditos.

Los nativos que fueron trasladados al valle de Cochabamba se habituaron al buen clima y a los nuevos hábitos de vida de las etnias, por eso tras la captura y muerte de Inka Ataw Wallpaq, unos mitmaq se quedaron definitivamente y otros volvieron a sus lugares de origen. Los "archipiélagos" que el Inka había organizado como los Sunqu y Abancay desaparecieron.

El antiguo reino de los lupaqas, se convirtió en un repartimiento de la corona, Polo de Ondegardo había recibido parte del valle de Cochabamba como encomienda; la que incluía el mitmaq que el Inka había establecido allí, y que entonces era reclamado por los kurakas del altiplano, sucesores de sus antiguos jefes carangas, soras, quillacas y charcas.

Los carangas perdieron sus colonias costeras, pero conservaron algunos de los suyus que el Inka les había concedido en el valle de Cochabamba, como hicieron también los soras, los quillacas y los charcas.

El español Francisco de Viedma, radicó definitivamente en Cochabamba, era intendente de espíritu reformista y desarrollista, utilizó los servicios de Tadeo Haenke, para explorar las zonas del oriente, y lograr principalmente informes sobre la posibilidad de elaborar vidrio, pólvora, explotar nitratos, etc. Tadeo Haenke (de Bohemia), formaba parte de la expedición Pralaspina (1789-1793) y luego de recorrer el Pacífico americano y las Filipinas, en Lima Haenke se separó de ella y se internó por Charcas a Cochabamba.

VISITA A POCONA EN 1557

Durante la dominación española Melchor de Horozco, y los casiques don Diego Xaraxuri y don Hernando Turumaya, fueron nombrados por Francisco de Mendoza y por Fray Francisco del Rincón para censar el repartimiento de Pocona. En este pueblo existió un repartimiento de coca entregado a Francisco de Mendoza, en este tiempo Pocona pertenecía a la provincia de Mizque y al gobierno de Santa Cruz de la Sierra. Estos caciques estaban obligados a realizar el censo de la gente que vive ahí y de sus bienes, sin esconder absolutamente nada bajo pena de privación de sus cargos y seis años de destierro.

Esta ordenanza fue dada a don Juan de Sandoval el 15 de febrero de 1556 y fue notificado en el asiento de Potosí Juan Xaraxuri, hijo de don Diego Xaraxuri que falleció y él le sucedió, los cuales nombraron a Pedro Portugal y Navarra el 29 de abril de 1556.

Notificación en Pocona. En Pocona jurisdicción de la Villa de la Plata a 19 de abril de 1556 yo Juan López de Aguilera, juez de comisión i legado por el Sr. capitán don Juan de Sandoval Corregidor i justicia mayor de la Villa de la Plata y sus términos notifiqué a don Hernando Turumaya y a Juan Xaraxuri, hijo del difunto don Diego Xaraxuri, señores principales de Pocona y a don Felipe Principal y a don Pedro Chirima y a don Tomás Cavacolla juntamente con todos los demás principales y se nombraron para hacer esa visita a don Pedro de Portugal y de Navarra o al padre guardian Fray Francisco del Rincón de la orden del señor San Francisco o Antonio Alvarez o al padre Fray Pedro Calvo de la orden del señor Santo Domingo. En el repartimiento de Pocona hay muchos indios y españoles que viven entre los indios y esto está prohibido, además los indios son defraudados y que salgan y vayan a vivir en pueblo poblado.

Casa de don Felipe. Primeramente los visitadores fueron a la casa de don Felipe, casique de dicho pueblo y le mandaron traer allí a todos los hombres grandes o pequeños que en ella están o viven el que los trujo y son: 1 casado, 14 solteras, 1 soltero, 8 muchachos, 1 muchacha, 2 muchachas y 2 solteros.

Luego pasaron a la casa de don Pedro Chirima, Juan Xaraxuri, Hernando Turumaya, Francisco Vilcachagua del ayllu Chinchaysuyu, Francisco principal casique. Luego fueron a otro pueblo llamado Machaqmarka de don Hernando Turumaya, luego a Chiwchi, a Chimpawat'a del casique principal don Tomás Caba luego a Chuquita, Tipatipa, Llallawa, Qhopi, Kunti.

El 22 de mayo de dicho año dichos visitadores fueron al pueblecillo de indios k'anas subjetos de dicho Turumaya, luego a Soras de la parcialidad de don Pedro Cayo, después a Ch'aqelli parcialidad de don Hernando Turumaya, también a Pocowata, después a Siyaku, a Toqori, a Piwla, a otro poblezuelo llamado Muela, luego a la parcialidad de don Hernando Turumaya llamado Aramasi, también a Toco que dijeron que era de la parcialidad y ayllu de dicho don Juan Xaraxuri (que yo sepa tuku es buho o lechuza, ave mal agüero), luego a Hero (posiblemente es Qiru), a Punata, luego a Coche (debe ser Qhochi), luego al pueblo de Totora (T'utura), de la parcialidad de don Juan Xaraxuri, después a Laramarka (Larimarka) de la parcialidad de Hernando Turumaya continuan al pueblo de Tukuma.

El 6 de agosto de 1556 los visitadores Fray Francisco del Rincón y el dicho Melchior de Orozco nombrados por parte de los indios o por parte de don Francisco de Mendoza, en cumplimiento del Sr. Corregidor Juan de León fueron hechas las preguntas por el intérprete sobre las chacaras que tienen, los frutos y los tributos que podrán dar, la cantidad y clase de tierras que dan maíz, trigo, ají, algodón y todo lo que suelen sembrar en el valle y en los yungas, las enfermedades que atacan dichas chacaras como la carache.

El señor Hernando Turumaya dijo que tiene una chacara de coca en el yunga y cosecha en cada mit'a 30 cestos de coca y ahora por causa de la enfermedad del carache solo 10 cestos de coca en cada mit'a y otros 10 cestos en tierra muy áspera donde ningún español puede entrar, don Felipe solía cosechar 30 cestos de coca, ahora por el carache sólo cosecha 10 cestos en cada mit'a, don Pedro Chirima antes 10 cestos ahora sólo 4, don Francisco Collasuyo cosechaba 10 cestos, ahora 3, don Tomás cacique principal dijo que su padre cosechaba 15 cestos cada mit'a, otro casique don Francisco Vilcachagua cosechaba 800 cestos de coca sin mucho trabajo.

En tambo de Pocona en la chacra de Conde (Kunti), producía 3 fanegas de maíz, mitad de trigo, gallinas, patos, puercos, etc. Gomez de Alvarado solía tener vacas en Copoata (Pocoata) y otros animales, si tienen mina, a Potosí dista 45 leguas. La entrada al valle de los yungas es muy trabajoso y por eso los cotas (qutas) regresan a sus repartmientos. En el valle de los yungas por demasiado trabajo mueren muchos, además falta comida y ropa. Estaría bien tasado en 1000 cestos de coca en cada año y en 6 fanegas de trigo o maíz dentro de 2 leguas de este tambo de Pocona. Al rededor de este tambo hay dos valles, uno se llama Cliza y el otro Mizque donde residen muchos españoles cultivando la tierra con los yanakunas y mujeres de su servicio. El tributo de la coca podrían dar 900 cestos de coca en cada año, son unos indios llamados condes (kuntis) que solían ser de tapia y segura, vecinos de la villa no dan más de la mitad de la tasa por haberse muerto casi todos los indios en dicha coca.

En el valle de Mizque hay un pueblezuelo llamado Tarugamarka, (Tarukamarka) otro llamado Cinse, otro pueblo Ch'usaqmarka donde producen ajíes y algodón. El visitador fue a otro pueblo llamado Titicaca. El visitador Melchior de Horozco fue al valle de los yungas donde dichos indios tienen chacras de coca del que tributan a su encomendero. El encomendero, el 16 de junio fue al asiento de Tiraque donde es el depósito de coca del valle de los yungas.

Se han hallado 1128 casas pobladas y 183 casas deshabitadas, en dichas casas se hallaron 582 indios casados y 97 indios solteros y 232 mujeres solteras, 314 muchachos y 330 muchachas, 98 viejos y 373 mujeres viejas. Así mismo se han hallado en dicho repartimiento de Pocona 120 casas con un indio, su mujer e hijos en cada casa, que los indios los llaman llaqta runas, que son indios venedizos a los pueblos.

Dicen que 3 casiques de la parcialidad de los cotas (la étnia quta), que son de don Juan Xaraxuri, casique principal y don Felipe y don Pedro Chirima sus súbditos tienen coca y los dos valles llamados Aripuchu e Ikuna donde no entran ni habitan españoles, y así no se sabe la coca que tienen, allí ni los indios que en ella ocupan, el camino es ruin y sólo pueden sacar coca los indios.

El libro que contiene este documento intitula *Historia y Cultura* de la escritora María Ramirez Velarde, Perú, Museo Nacional de Historia del Perú (1965-71) página 269. Se encuentra en el Archivo General de Indias, Justicia, leg. 428 y consta de 128 hojas.

Al presente Pocona es la tercera sección de la provincia Carrasco, su jurisdicción es muy amplia, tiene las siguientes comunidades parroquiales: Muntunqayara, Escalante, Pilapata, Wayapacha, Qiwiñapampa, Mamawasi, Kuistapunta, Veliz-Ranchu, Chawpi-Ranchu, Pikiriya Q'asa, Uphallumayu, Yakupartikuq, Pukapuka, Inkallaqta, Chhullchunqani, Larimarka, Quqapata, Tranka, Ch'aqili, Laymiña, Muntipunku, Siwinqani, Chiwchi, Puquna, Tumuyu, Qullpa, Q'illumayu, Llach'uqmayu, Qaqawasi, K'anapata, T'iwt'iw, Pizurqa, Chimpawat'a, Chilijchi, Qullpana, Mishkamayu, Qhupi, Qunda-Iskina, Quparanchu, Qunda, Yuraqmulinu, Pilanchu, Cañada, Mullimulli y Tipatipa.

Durante la colonia el pueblo desarrolló muchísimo, pues tenía mucha población, autoridades administrativas y judiciales, inclusive cárcel pública y era la única vía de paso para viajar a Santa Cruz de la Sierra. La primera iglesia se contruyó en el año 1577 y la segunda en 1581 pero resultaron muy pequeñas y por eso en 1673 se construyó el templo espacioso y grande, y fue retechado en 1825. Este templo fue destruido en parte por un moviento sísmico, se reconstruyó en el año 1958, su nueva fachada se la hizo en 1968. El templo actual se retechó en el año 1984. Como la torre original también cayó con el movimiento sísmico, se contruyó la torre actual en 1987 y la galeria de entrada en 1991.

EL ORIGEN DEL MAÍZ
MITOLOGÍA INKA

Al principio el planeta Tierra, estaba despoblado, no tenía ni una sola persona y reinaba un silencio absoluto. Por eso vino el Supremo Dios Pachakamaq y de una piedra creó un hombre y una mujer para que puedan poblar y vivir en este planeta. Los esposos para sobrevivir habían peregrinado buscando productos alimenticios y no encontraron absolutamente nada. El Supremo Dios Pachakamaq no había creado ningún tipo de producto sobre la tierra para que se alimenten. En esas circunstancias el hombre había padecido mucho y murió de hambre. La mujer quedó sola y sin producto alguno para su nutición, pero un día se le iluminó la mente con una brillante idea de ir al Dios Sol en busca de ayuda y contarle cómo el Dios Pachakamaq los había abandonado totalmente sin un céntimo de producto para su subsistencia.

La mujer emprendió el viaje hacia el astro Rey, y cuando arribó allí, el Dios Sol tan pronto como la vió, se quedó estupefacto y deslumbrado por su belleza. Ella era una joven floreciente con labios carnesí como la flor de cantuta. El Dios Sol se había compadecido y en su corazón se encendió la chispa de un profundo amor. La consoló y le dijo: "No sufras tanto, yo te voy a ayudar en todo lo que pueda, regresa a tu tierra y allí encontrarás todo tipo de productos para tu comida y también líquidos para beber. Luego de escuchar estas palabras del Dios Sol, la mujer regresó al planeta Tierra y encontró buenos productos y se llenó de dicha y felicidad.

Transcurrieron algunos meses y un día la mujer se dió cuenta que estaba embarazada y no podia darse cuenta de qué manera, cómo, cuándo y para quién, porque ella desde el momento en que murió su esposo, estaba completamente sola. Una de esas noches se había soñado con el Dios Sol y él le dijo: "Que la amaba con todo el corazón a ella y que él era el autor del embarazo" y después de algún tiempo dió a luz un niño.

El Supremo Dios Pachakamaq al tener conocimiento de todo lo que estaba pasando con la mujer, se llenó de celos y se encolerizó, entonces vino al planeta Tierra a buscar al niño que era hijo del Dios Sol. Tan pronto como llegó, vio al niño en la cama de la madre, se abalanzó con furia, lo tomó en sus brazos y le dijo a la mujer: "De manera que tú fuiste a quejarte al Dios Sol, con que querías comida, de hoy en adelante para que no te quejes nunca más, voy a convertir tu hijo en productos y así tendrás abundante comida". Al escuchar hablar de ese modo, la mujer intentó quitarle a su hijo pero no pudo. El Supremo Dios Pachakamaq le dio un empujón a la mujer y la botó muy lejos. Luego lo despedazó al niño en fracciones diminutas, estas fracciones las usó como semilla y la sembró. De los dientes del niño brotó el maíz, de sus huesitos la yuca, de los pedacitos de carne el pepino, la oca, la quinua y las plantas frutales, de esta manera había aparecido en el planeta Tierra toda clase de productos alimenticios.

La mujer llorando amargamente deambuló por todos los sitios buscando a su hijo. No comía ni bebía absolutamente nada, estaba cegada con el sufrimiento por la pérdida de su hijo. Le gritaba con todas sus fuerzas al Supremo Dios Pachakamaq para que le devuelva a su hijo, así como también al Dios Sol pidiéndole ayuda para encontrarlo. Ella ya no quería vivir más en este mundo sin la presencia de su hijo. El Dios Sol al escuchar sus gritos desesperados de auxilio vino a este mundo. Luego de llegar le consoló a la mujer con estas palabras: "Ya no llores mi gran amor, yo voy a hacer resucitar a nuestro hijo, tú solamente muéstrame el sitio en donde el Pachakamaq lo abandonó luego de hacerlo pedazos".

Al escuchar esas palabras la mujer se apaciguó y lo condujo al Dios Sol en esa dirección. El Dios Sol buscó los pedacitos de su hijo para reunir en un solo cuerpo, logró encontrar el ombligo del niño, y murmurando algunas palabras empezó a soplar el ombligo y el niño resucitó. Y desde aquel instante en este mundo hay para la humanidad toda clase de productos alimenticios y una vida llena de felicidad.

Este producto divino llamado maíz, llevaron a lo largo y a lo ancho de la tierra para que siembren y les sirva de alimento. El maíz se desarrolla maravillosamente en los valles y en las zonas subtropicales y no así en la puna o regiones de clima frígido. Por esta razón la gente durante el periodo inkaico, había empezado a buscar este tipo de terrenos para sembrar y llegaron hasta un inmenso valle lleno de lagunas llamado Qhuchapampa. Para su sorpresa en este valle encontraron hermosos maizales en plena producción con enormes choclos y al contrario de allí llevaron semillas de maíz a otros lugares.

En la actualidad ese valle es Cochabamba, hay abundante producción de maíz. El maíz es un producto para la nutrición, no se desperdicia ni siquiera sus tallos secos. Desde que aparece el choclo se cuese y come chuqllu wayk'u (choclo cocido), chuqllu lawa o jak'a lawa (sopa de los granos de choclo molido) e igualmene la deliciosa jumint'a (humita). De la mazorca se hace mut'i (mote), sara jak'u lawa (sopa de harina de maíz), sara t'anta (pan de harina de maíz), sara jank'a (tostado maíz), jank'akipa (maíz semi tostado) y tamal.

Desde el periodo inkaico y actualmente en los países andinos del maíz, se fabrica la chicha, una bebida muy popular que se ofrece a Pachamama (Madre tierra) al iniciar todo tipo de trabajo y se consume mucho en las fiestas. El tallo verde o seco del maíz comen los animales. El phuñi o achallqu (cabello del maíz) es diurético, por eso se toma como mate. El maíz se cultiva muchísimo en los valles y en menor escala en las regiones subtropicales.

BOLIVAR, MELGAREJO Y TUPAQ KATARI

Mediante el Decreto de 8 de abril de 1824 y el del 4 de julio de 1825 el Libertador Simón Bolivar restituye a las mayorías indígenas la tenencia de sus tierras y el ejercicio de todos sus derechos usurpados por el régimen colonial, sin embargo no se dio cumplimiento.

Melgarejo, un mestizo, fue el que despojó de sus tierras a los campesinos. En la hacienda el pongo era más sumiso que un perro, marchaba siempre con la mirada en el suelo, pues hasta mirar de frente podría ser interpretado como una falta de respeto, aguantaba las palizas despiadadas, golpes a granel e insultos a causa de la falta más pequeña.

Tupaq Katari, fue descuartizado por cuatro caballos en la plaza del pueblo de Peñas (Qaqa Marka). Su cuerpo descuartizado fue expuesto en el territorio del Qullasuyu, como escarmiento a los indios rebeldes, su cabeza en el cerro de K'ilik'ili (La Paz), su pierna derecha en Chulumani y la izquierda en Caquiaviri. Más tarde su esposa Bartolina Sisa, moriría estrangulada por los mismos verdugos.

LA LEYENDA DE AMOR DEL VOLCÁN SAJAMA

En la concepción de la genta nativa del Imperio del Tawantinsuyu, todo cuanto existe en la naturaleza tiene vida y está protegida por los dioses andinos; eh aquí les ofrecemos una de las leyendas recogida por el Sr. Javier Badani y narrada por el jilaqata Tomás Huarachi Mamani de la comunidad de Suni Uta Chuqimarka sobre los amores del volcán Sajama y los combates del gigante andino.

Mujeriego, peleador, celoso…Así era el sagrado volcán Sajama en los tiempos en que los cerros caminaban con total libertad por la extensa altiplanicie del continente y la presencia del hombre era todavía insospechada. Era una época en la que no existían las fronteras y los colosos de la región dominaban el planeta y tanteaban su poder a través de titánicas batallas, que modificaban una y otra vez la fisonomía de sus entrañas.

Ahora Sajama, el pico más alto de Bolivia –a 6542 m.s/m.- ubicado al noroeste del departamento de Oruro, se encuentra en estado de letargo. "Medio escarbado, medio jodido está", comenta Tomás Huarachi Mamani, jilaqata de la comunidad Suni Uta Chuqimarka, uno de los cinco ayllus que habitan las más de las 100.000 hectáreas que conforman el Parque Nacional Sajama, en la frontera con la vecina república de Chile.

Bajo la mirada y protección del nevado, los habitantes del área protegida se han propuesto mejorar su calidad de vida a través del desarrollo sostenible del turismo y los camélidos. Todo ello, sin dejar de lado sus tradiciones ni creencias culturales y alimentando aquellas leyendas que sus antepasados convirtieron, con los siglos, en un símbolo de identidad.

Los eternos rivales. "Grave se peleaban siempre", inicia su relato Huarachi (66 años), mientras su mirada se dirige a la cima del volcán y luego hacia un horizonte vacío en dirección a la ubicación del eterno rival del Sajama, el Tata Sabaya, con 5385 metros de altura.

Ambos gigantes luchaban palmo a palmo por mantener en su regazo a la mayor cantidad de amantes y, por consiguiente, ganarse el respeto de sus pares. Los sangrientos encuentros, que en su mayoría eran ganados por el Sajama, retumbaban en la altipampa y tenían a la fauna andina como único testigo y un esporádico aliado.

"La lucha más terrible fue un día cuando el Sajama, ¡laq'aq!, de un sopapo le voló los dientes al Tata Sabaya por celos. Su sangre grave salió de la cara del Tata, y manchó para siempre sus entrañas. Por eso, ahora rojiza es siempre su tierra de Sabaya", -mezclando el castellano con el aymara- la autoridad de la comunidad, donde en octubre se inauguró la segunda ampliación del albergue ecoturístico Tomarapi, ubicado en las mismas faldas del imponente volcán, extinto, según los expertos, hace aproximadamente unos 10.000 años.

Un nevado en agonía. "Una vez, el Sajama era más alto", masculla con ingenuidad Felix Huarachi, mientras sus ojos recorren la cara oeste del volcán, que el producto de la radiación ultravioleta ha perdido un 60% de su cobertura de nieve. Así confirma Franz Guzmán, actual director del Parque Nacional Sajama, quien se enorgullece al recordar que el nevado boliviano es el octavo más grande de Latinoamérica, pero también muestra su pesar ante la constante pérdida de nieve que sufre cada año el coloso andino.

Felix Guzmán, en cambio está sereno. Confía que el Illimani saldrá en ayuda de su hermano mayor, el Sajama, así como lo hizo anteriormente en varias oportunidades, según los relatos que contaban antes los abuelos y que el joven y emprendedor aymara bien conoce.

"Dice que los tujus (topos gigantes) querían destruir al Sajama. Día y noche escarbaban con sus garras su cuerpo y le quitaron altura. A un zorro mandó el Sajama para pedir ayuda a su hermano, el Illimani. Entonces él en un frasco le mandó nubes, pero el zorro curioso lo abrió en Ayo Ayo y la lluvia se precipitó. Por eso ahora harto llueve en Ayo Ayo, ¿no ve?", dirige la voz a sus amigos, que con timidez responden afirmativamente con la cabeza. Luego Felix retoma con mucha habilidad el relato.

"Rápido volvió a guardar algunas nubes el zorro y, asustado, le entregó el frasco al Sajama. El Tata abrió éste y, en vez de lluvia, harta nieve cayó, matando a los tujus, salvando así a la montaña de su muerte".

La suerte del Sajama y su dominio en el altiplano cambió después con la aparición de un coloso de 5775 metros de altura, el Mururata, que se enamoró de la montaña Anallaqchi, esposa del Sajama, a quien el recién llegado se propuso poseer.

"Con qurawa (honda andina) el Mururata le arrancó el corazón del Sajama y dando una vuelta y otra hasta Chile llegó, formando una montaña. Pero grave se enojó el Sajama y de un golpe muy certero le arrancó la cabeza al Mururata".

Luego, continúa Felix –quien espera estudiar turismo para formar parte de la empresa Tomarapi como guía para los visitantes-. Anallaqchi le dijo: "Demasiado celoso eres, ya no te quiero". Así diciendo eso, se fue y su hijito, el cerro Ch'askaqullu, siguió detrás de ella".

Pero jamás logró alcanzarle, ya que la llegada del hombre marcó el final del tranquilo deambular de las montañas de un lado para otro. Aunque no todo fue negativo. Al menos, se consolidó la excepcional belleza escénica actual, dominada por la presencia incomparable de los ahora inmóviles volcanes.

INKATAKA. CIUDADELA PREHISPÁNICA

La periodista Jimena Nuñez Larraín de "ASÍ" reportó el trabajo de la investigadora Patrizia di Cosimo, de la Universidad de Bolonia, quien le dedicó 11 años a la investigación del complejo arqueológico de Inkataka una Ciudadela Prehispánica, situada en una montaña alta en la zona de Irupana, en el cruce de los ríos Chungamayu y Choqueyapu, a los pies del Illimani, en el departameto de La Paz, Bolivia. Este complejo Inkataka cuenta con casi un centenar de estructuras, entre casas, templos, plazas, plataformas, muros altos escalonados y grandes terrazas de cultivo, está asentado a 151 kilómetros de la ciudad de La Paz.

Según la investigadora Patrizia di Cosimo, Inkataka tiene forma de serpiente y está cargada de mucha energía, debido a los poderes de la tierra y el agua. Ella cree que este lugar presenta asombrosas similitudes con Machu Pijchu del Perú, ya que está en la cresta del cerro construida al resguardo y por debajo pasan los ríos, lo que da difícil acceso.

Según Patrizia di Casimo podrían existir tres hipótesis respecto a su origen. La primera pueda que haya sido edificada por la cultura "Chunga Mayu" y florecido en los siglos IX-XII d.C. La segunda supone la ocupación de la cultura Tiyawanaku en su fase tardía y la última hay rastros inkaicos.

CREACIÓN DE LA PEDAGOGÍA NACIONAL

Franz Tamayo en su obra *Creación de la Pedagogía Nacional*, de mayo 1975 La Paz, expresa: Lo que hay que estudiar, no son métodos extraños, trabajo compilatorio, sino el alma de nuestra raza, que es un trabajo de verdadera creación. Las costumbres son cosas muy importantes, son la materia misma de la historia.

La ciencia se adquiere, la voluntad se cultiva, busquemos los medios de cultivarla y desarrollarla. Hay la necesidad de la pedagogía nacional, es decir una pedagogía nuestra, medida a nuestras fuerzas, de acuerdo a nuestras costumbres, conforme a nuestras naturales tendencias y gustos y en armonía con nuestras condiciones físicas y morales.

El estudio hecho en Europa servirá en el mejor caso como un trabajo preparatorio, pero nunca será un trabajo definitivo. No existe en el globo raza absolutamente pura y sin mezcla. Despertar la conciencia nacional, equivale a despertar la energía de la raza, hacer que el boliviano sepa lo que quiere y quiera lo que sepa.

La supervivencia del campesino es una victoria. Es la vitalidad asombrosa de su sangre. Son depositarios de la energía nacional. El español jamás ha podido penetrar al alma del nativo andino. Todas las taras y vicios modernos, neurasthenia, desviaciones mentales, psicosis, etc. no existen para el indio. Su salud mental es una de las cosas más admirables. El blanco en el instante histórico en que vivimos, es diputado, ministro, juez, poeta, profesor, cura, intelectual, etc. y para decirlo todo de una vez, ¡parásito!

El indio andino es todo músculos, el cholo es zapatero o sastre, y en el peor caso cerrajero. El blanco es intelectual de vocación, consumidor de oficio. El indio es minero, labrador, viajero a pie, consume el mínimo, se basta así mismo y basta a los demás. No es el indio que debe aprender algo del blanco, en ciertas materias, las más importantes y vitalidad como son la moralidad pública y práctica, el respeto de los hijos a los padres, el de los padres a los hijos, la felicidad conyugal, el trabajo constante hasta la más extrema vejez, la sobriedad, la sobriedad en las comidas, la mesura en el discurso, la paciencia, la seriedad en los tratos y contratos, el respeto de la propia palabra, la obediencia a la ley, la reverencia a la tradición.

Toda la cultura es escultura, y el alma del indio parece hecha del granito de las montañas. Esta es su dificultad y su grandeza.

Al letrarse se aproxima al cholo y al blanco, y al aproximarse a ellos pierden parte de sus buenas costumbres y adquiere los vicios del cholo y del blanco. El ideal será letrar al indio, aproximarlo a las clases superiores por medio de esta letradura, y características. Necesitamos una pedagogía polifacética respecto al indio. Necesitamos comenzar reeducando a todos los blancos o pseudo blancos; en seguida a los mestizos y acabar incluyendo a los indios. Sólo así destruiremos el veneno moral que significa para el indio su contacto con el blanco, y un poco menos con el mestizo. Probablemente el indio es una inteligencia secularmente dormida.

¿La conquista salvaje y la colonia insensata han desaparecido de América? Estamos vociferando nuestra independencia y manumisión del yugo español, pero fijaos bien, el yugo existe aún sobre nuestras frentes, y consiste justamente en que aún no podemos sacudir la carga de prejuicios absurdos que nos han impuesto y de la que no podemos liberarnos todavía. ¡Esos prejuicios fueron su ruina y serán la nuestra! Tenemos que librar aún la última campaña de la independencia y destruir definitivamente el espectro español que aún domina nuestra historia.

JESUS LARA. BIOGRAFÍA

El escritor indigenista Dn. Jesús Lara nació el 1ro. de enero 1898 en Muela, hoy Villa Rivero, provincia Punata, departamento de Cochabamba, Bolivia. Hijo de Gabino Lara y Amelia Lara de Lara. Hizo los primeros estudios en su pueblo natal y en Arani, prosiguéndolos en la Escuela Fiscal No.1 y en los Colegios Nacional "Bolivar" y "Sucre" de la ciudad de Cochabamba, hasta el bachillerato en 1917, año en el que obtuvo el primer premio de poesía en el concurso del "Centro Intelectual" de dicha ciudad, con el tema intitulado "Visionaria". Estudió Derecho una temporada. Ejerció el periodismo, en 1920, en La Paz como corrector de pruebas y redactor del "El Hombre Libre", de Franz Tamayo. Ese mismo año, unos meses, en "La Patria", en Oruro, dirigido por Demetrio Canelas; y en Cochabamba en "El Republicano" de Daniel Salamanca, en 1943 en "Los Tiempos" de esta capital. Trabajó como secretario general de la Universidad Mayor de San Simón de Cochabamba de 1921 a 1923.

Dn. Jesús Lara en 1921 publicó su primer poemario: "*Cantigas de la Cigarra*", con prólogo de Franz Tamayo, al que siguió en 1923 "*El Monte de la Myrrha*". En 1927, "*Viaje a Inkallajta*", libro de impresiones en el que anticipó su pasión por la reivindicación y el esclarecimiento de la civilización inkaica. En el indicado año vio la luz "*Harahuiy, Harahuico*" ("Haz canciones, poeta), reimpreso en 1964 con el título de "*Khatira y Ariwaki*" (égloga quichua), en el que empezó a manifestarse su más fina sensibilidad de poeta inmerso en motivaciones típicamente indígenas. De 1934 a 1935 intervino en la Guerra del Chaco con el Paraguay, en primera línea. Sus impresiones culminaron con su diario de campaña "*Repete*" en 1937, que le valió el Premio Municipal de ese año y batirse a duelo con un militar que se sintió ofendido por la relación de un curioso y singular episodio que protagonizó. En 1943 editó en Buenos Aires su primera novela de gran envergadura: "*Surumi*", traducida al portugués en el Brasil en 1946. En 1947 con su poemario "*Pauqarwara*" ("Tiempo Florido"), publicado en La Plata (Argentina), obtuvo el premio de la Municipalidad de Cochabamba. Tal año casi simultáneamente se imprimió en La Plata y México (Fondo de Cultura Económica) su valioso ensayo y antología "*La Poesía Quechua*", fruto de largas y pacientes investigaciones de las actividades económicas, políticas, sociales, culturales del Inkario. De 1923 a 1949, con algunos intervalos, se desempeñó como Director de la Biblioteca Municipal de Cochabamba.

En 1952 publicó su novella "*Yanakuna*", considerada por la crítica, especialmente extranjera, como la más lograda en ese género literario. Se la tradujo al ruso (150.000 ejemplares), polaco, checo, húngaro y alemán. En ese año ingresó al Partido Comunista de Bolivia. En 1951 viajó a Lima, con motivo del Primer Congreso Internacional de Peruanistas. En 1952, a Viena (Austria), al Congreso de los Pueblos por la Paz.

En el año 1934 compartieron en Tarija con Antonio Lazo de la Vega. En 1953, viajó a Polonia, Hungría y la Unión Soviética. En 1959, a la República Popular China; en 1961, a Cuba, al Congreso de Escritores. En 1962, a Valparaiso (Chile), cursos de verano. En 1967, a México al encuentro de Escritores. En 1971, nuevamente a Lima. En 1979, a México a propósito de un Congreso Indigenista.

En 1956 publicó su "*Poesía Popular Quechua*", estudio y antología. Segunda edición, "Qheshwataki", 1975. "*Tragedia del Fin de Atawallpa*", monografía y traducción del quechua,

1957. "*Yawarninchij*", 1959, segunda edición, La Habana, Cuba 1962, 30.000 ejemplares, traducida al ruso, húngaro, checo y rumano. Esta novela que analiza el proceso de la Reforma Agraria del país, se complementa con "*Sinchikay*", 1962 traducida al ruso y "*Llalliypacha*", en 1965. "*Leyendas Quechuas*" y "*Flor de Loto*" datan de 1960. "*La Literatura de los Quechuas*" de 1961; "*La Cultura de los Quechuas*" dos tomos, de 1966-67, reeditada como el "*Tawantinsuyu*", primer tomo, en 1974, y propiamente, "*La Cultura de los Quechuas*", volumen II; "*Inkallajta-Inkaráqay*", 1967; "*Ñancahuazú*" sueños, 1970; "*Ollanta*", drama quechua, "*Sujnapura*", novela; "*Diccionario Quechua-Castellano y Castellano-Quechua*" y "*Guerrillero Inti*", 1971; "*Mitos y Leyendas y Cuentos de los Quechuas*", 1973. Su labor autobiográfica, en forma de relatos íntimos, comprende "*Paqarin*", 1974; "*Sasañan*" 1975; "*Wichay Uray*", 1977 y "*Wiñaypaj*" (póstuma), 1986; "*Chajma*" (Obra Dispersa), 1978 y "*Tapuy Jayñiy*" (Entrevistas), 1980.

En 1969 renunció al Partido Comunista por la traición de sus más altos dirigentes a la guerrilla del Che Guevara. En 1979, la Universidad Mayor de San Simón de Cochabamba le confirió el título de Doctor Honoris Causa. Fue integrante de la "Unión Nacional de Poetas y Escritores de Cochabamba". Felleció en Cochabamba el 6 de septiembre de 1980. Es el escritor boliviano que más traducciones ha merecido. Su obra guarda muy íntima relación con su vida, con la conducta rectilínea, insobornable, paradigmática que asumió en todos los frentes de la existencia.

EDUCACIÓN LIBERADORA

Mi vivencia de profesor enfatiza que toda actividad educativa tiene el propósito de lograr un cambio de conducta en los educandos, porque ellos son los que conducirán los destinos de la sociedad y por ende del país, por esta razón precisan un sólido y basto conocimiento. Todos los humanos somos educadores y educandos al mismo tiempo, todo podemos aprender y enseñar por los ejemplos que uno recibe de la familia o la sociedad, empero se consolida la educación en un alto nivel en los centros educativos y en especial en las universidades.

Como mentor de la niñez y la juventud especialmente andina nativa, es preciso comprender el grandioso valor de la educación, nuestros nativos hablantes en su mayoría no conocen la historia, mucho menos el valor cultural de nuestros antepasados los inkas antes de la invasión de los españoles, por esta razón me voy a permitir transcribir el criterio de señor Alfredo Quiroz Villarroel.

La educación es un medio de promoción y de transformación social, que favorece al desarrollo pleno de la persona para que pueda aportar en forma positiva a la comunidad. Así se sostiene que las escuelas deben continuar, su labor de socialización del niño o niña iniciada en su hogar que deben transmitir valores y alentar el desarrollo integral y la creatividad del niño, niña o adolescente.

De ahí se deduce que la Educación Liberadora fundamentalmente consiste en trabajar para que otros puedan expresarse sin complejos. Sin embargo en la práctica a veces se impone criterios, sin tener encuenta la realidad, por ejemplo sirve para imponer algunas ideas ajenas alienantes que dan énfasis en la asimilación de contenidos y en la adquisición de destrezas, que estratifica al campo en sectores y discrimina la función de contenidos y métodos.

Por otro lado la enseñanza en el área rural es repetitiva y memorística y carece de criticidad sobre la realidad social, los alumnos aprenden en las aulas a leer y escribir pero no tienen creatividad. Además la escuela es portadora de valores alienantes, poco a poco va expulsando del campo a los alumnos, con el consiguiente abandono de sus valores nativos. Se educa en el campo para ir a la ciudad y no para que se permanezca en su propia comunidad, porque no conoce los altos valores de su cultura ancestral del cual descienden.

Algunos maestros que son nativos del campo, no siempre están capacitados para fomentar la integracción. Así desligan sin querer al alumno de su propia familia y lo encadenan a la búsqueda del prestigio personal o individual. Los programas escolares no toman encuenta el periodo de las siembras y las cosechas, consiguientemente el alumno o la alumna abandona la escuela por etapas o por años, hay necesidad de adoptar el calendario escolar al ambiente del campo para realizar una actividad complementaria. Las mujeres son las más discriminadas, se añade la falta de materiales y de libros pedagógicos. En conclusión la escuela del campo es alienante, alejada de la realidad, por ende no es agente de la transformación social.

UNESCO Y LENGUAS INDIGENAS

Los indígenas han sido discriminados, segregados y marginados. Los programas educativos generalme casi siempre han tenido carácter de discriminacdión y aculturación porque solamente son programas de castellanización, bajo el ideal de unificación nacional. En el año 1951 surgió en **UNESCO**, la idea de usar la lengua materna como puente de transición para la castellanización.

Justificaciones:
1. La lengua materna es el medio natural de expresión de una persona, y una de las primeras necesidades es desarrollar al máximo su aptitud de expresarse.
2. Todo alumno o alumna deberá comenzar sus cursos escolares en la lengua materna.
3. Nada en la estructura impide que ésta se convierta en un vehículo de civilización moderna.
4. Ninguna lengua es adecuada para satisfacer las necesidades del niño o niña en los primeros meses de la enseñanza escolar.
5. Para la alfabetización de adultos se debe emplear su lengua materna, pasando luego al idioma oficial, si así lo desean los interesados y pueden hacerlo.
6. La alfabetización sólo puede ser mantenida, si se dispone de una previsión adecuada en material de lectura para adultos, adolescentes y niños o niñas en edad escolar, tanto para su entrenamiento como para su estudio.
7. Si la lengua materna no es la oficial en el país, necesita desde luego aprender ésta.
8. Durante el primer año o el segundo año de asistencia del niño o niña a la escuela, el estudio del idioma no vernáculo, puede ser introducido como asignatura.
9. La enseñanza del idioma nacional, debe progresar gradualmente y no emplearse como medio de instrucción hasta que los alumnos o alumnas estén suficientemente familiarizados con ella.

Otras razones son: lingüísticas, sociopolíticas, étnicas, culturales, psicológicas, económicas, modernización y financieras, por ejemplo en México, en 1979 iniciaron la preparación de profesionales académicos científicos etnolingüistas de un grupo de indígenas hablantes nativos para que dirijan la Educación Indígena.

Afortunadamente la Educación Boliviana, permite el uso de las lenguas indígenas antes que el castellano. El castellano sería enseñado formalmente como segunda lengua.

El Ecuador tiene 12 lenguas que todavía se hablan en mayor o menor proporción, siendo el quichua, la mayor lengua hablada en las altas montañas, colorado, cayapa y coaiquer en el litoral del occidente; siona, secoya, tete, cofan, auca, shuar, achuar, zaparo en las tierras bajas. En 1940 nace la política indigenista con la fundación del Instituto Indigenista Interamericano, con sede en México, para apoyar los problemas relacionados con el mundo indígena de América y señalaron el 19 de abril de cada año como el "Día del Indio Americano".

La lengua materna es el medio de expresión natural del individuo, y ningún otro lenguaje es adecuado para satisfacer las necesidades expresivas del niño o niña en su hogar, ni en sus primeros años de la escuela. Nada en la estructura del idioma impide convertirse en un instrumento de comunicación para la civilización moderna. El indigenismo no es una política formulada por los indios para la solución de sus propios problemas, sino de los no indios respecto a los grupos étnicos heterogéneos que reciben la designación general de indígenas.

En Ecuador la primera Ley de Reforma Agraria, fue el 23 de Julio de l964 con características modernas. La Misión Andina pertenece a las Naciones Unidas. Cuanto más un país se moderniza, hay más riesgo de terminar con la identidad indígena, su lengua y cultura.

DECRETOS SUPREMOS PARA ESCUELAS INDÍGENAS

Aproximadamente un siglo después de la Independencia de Bolivia, surgen algunos presidentes civiles y militares, quienes conocían la despiadada explotación de los campesinos al igual o peor que en el periodo de la esclavitud llamado colonial. Los Presidentes que vivieron esa realidad, querían elevar de algún modo el nivel cultural de los discriminados campesinos, que seguían siendo pisoteados por los patrones en pleno siglo XIX y parte del XX. Ellos promulgaron los siguientes Decretos Supremos para la apertura de las Escuelas Indígenas, desafortunadamente no se dió cumplimiento con excepción de la Escuela de Huarisata.

1908. El presidente Ismael Montes emitió el primer Decreto creando la Instrucción Primaria para los campesinos, empero no se llevó a la práctica.

1911. El presidente Eliodoro Villazón emite un Decreto Supremo el día 8 de abril de 1911, para que se organice en la ciudad de La Paz una "Escuela Normal de Preceptores de Indígenas" y los maestros estarán destinados a educar a la raza indígena, ya sean fijos o ambulantes.

1928. El presidente Hernán Siles emite un Decreto Supremo en el año 1928 cuyo primer artículo espresa: "Todos los propietarios de fundos rústicos que cuentan con 25 colonos, deberán fundar una escuela primaria para la enseñanza de los indígenas" bajo la supervision del Rectorado de la Universidad.

1931. La Junta Militar de Gobierno promulga un Decreto Supremo el 21 de enero de 1931 creando una "Escuela Normal para formar Maestros del área Rural" dependiente del Ministerio de Educación Pública.

1936. El presidente David Toro que preside la Junta Militar de Gobierno, emite un Decreto Supremo el 19 de agosto de 1936, señalando el carácter obligatorio de la apertura de "Escuelas Indigenales" al interior de las haciendas. Los hacendados se aferran a las ideas racistas para sujetar a los indios en sus haciendas y seguir explotándolos excluyendo de los proyectos políticos.

EDUCACION BILINGÜE

Bilingüismo. Se entiende no sólo el uso de dos lenguas, sino por extensión el uso de dos o más lenguas. El bilingüismo se define a nivel nacional y a nivel individual. A nivel nacional, implica coexistencia de dos o más lenguas dentro de un mismo marco geográfico-político. A nivel individual, implica el empleo de dos o más lenguas, adquiridas en el ambiente familiar (bilingüismo de cuna) o en el proceso educativo.

Desde el punto de vista semántico hay dos tipos de bilingüsmo: coordinado y subordinado. El coordinado se refiere al uso de dos o más sistemas lingüísticos con la connotación y denotación propias de cada una de las lenguas, y el subordinado al uso de dos o más sistemas lingüísticos proyectando la connotación y denotación de dos o más sistemas lingüísticos.

Lengua. Es un conjunto de símbolos con los que el hombre se comunica. Se comunica expresando sus ideas y emociones a los miembros de su comunidad lingüística.

Un centro educativo bilingüe, es aquél donde la población en edad escolar o adulta de lengua vernácula, recibe educación desde los primeros grados, en su propia lengua simultánea y progresivamente adquiere una segunda lengua.

La política oficial de la educación, tiene que ser respetuosa de la diversidad lingüística y la castellanización debe ser un proceso armonioso y dignamente humano.

TATANCHISPA P'UNCHAYNIN
EL DÍA DEL PADRE

Antukuq jatun tatanqa "hacienda-runa" kasqa, chayrayku, "tarpuy-tiempo" hacienda ruwanallapipuni sayaq kasqa. Chaymanta lluqsisparaq, jina sayk'usqa wasinpi chaqra ruwanata ayllunkunawan ruwaq kasqa. Mana p'unchay "lugarsitun" kaqtinqa, tutasñataq ñawpaq galluwaqayta sayarispa, warmintin phishqa t'una wawasnintin, ruwaq kasqa, haciendaman llank'aq rinan "horakama". Ajinapi chaqrayuq kasqanku, mana tarpuy "tiempowan" saruchikuqchu kasqa, chaqraqa mana "tiemponpi" tarpusqaqa ma allintachu puqon, wakin kutiri mana puquqchu kasqa.

Jinata Antukuq jantun tatan llank'aqtinqa, wawasninqa, mana yarqhayta riqsisqankuchu, mana ni piqpa uyanta qhawasqankuchu, nitaq llakiyta k'umuykachasqankuchu. Mana wakin runa jinachu patronmanta manuchakuq kasqa. Q'unchanku patapiqa, wawas imallatapis mikhuykunankupaq, kaqpuni kasqa mut'illapis, uqa wayk'upis manacháy papa wayk'upis, sarankupis kallasqataq ima ratullapis jank'urqukunankupaq. Manapuni wawasninqa ni imamanta usuqchu kasqanku, kusallata kawsakuq kasqanku.

Tata Lanchikupis, tatanpis, tatanpa tatasninpis, tukuy tatas sinchita llank'aq kasqanku, ama wawasninku yarqhasqa nitaq ususqa kanankurayku, sumaq mikhuspa kaspa ama unqunankupaq.

Chantapis sumaqta wawasninkuta p'achallichiq kasqanku, yachay wasiman churaq kasqanku, ñawiyuq kanankupaq. Mayman rispapis, ni imaynamanta wawasninkuta qunqaqchu kasqanku, imitallatapis pujllakunankupaq apampuqpuni kasqanku. Wakin tatasqa mana qulqinku kaqtinqa, k'acha mayu rumisitusllatapis, manachayri llink'i t'uritullatapis apampuq kasqanku, chayta q'apispa imaymanata ruwakunankupaq.

Imaynallapis, mayllapipis tataqa tatapuni, wawasnintaqa munakunpuni. Tataqa sumaq sunquyuq runa, atisqanta llank'an wawasninrayku, ama ni imamanta usunankupaq, kusisqa kawsanankupaq, ni piqpa uyanta qhawanankupaq.

Diwsninchis Jesucristopis, Tata Dios kananpaqwan tatayuq karqa, tatanqa San José karqa. San Joseqa tukuy tatas jinallataq karqa, llank'arqa wawan Jesucristuta munakusqanrayku, ama ni imamanta usunanpaq. Sumaq mikhunatapis mikhuchiq, aswan yachayniyuq kananpaq. Jesucristori sumaq wawa kasqa, tata Joseq tukuy ima nisqanta, ch'insutumanta tukuy sunqu kasuq. Qanpis wawa, ch'insitullamantataq tataykita kasunayki tiyan. Paytaqa manchachikunayki tiyan, imaraykuchus payqa, qan allin kanaykirayku tukuy imata ruwan.

Tukuy tatas munanku wawasninkuta, chiqan yanman churayta, tukuy ima mana allinmanta jamach'anchu. Tatasqa mayllapipis allin runas kanku, atikuqta ruwaspa, mana atikuqtaqa, mana. Chayta rikuspa, wawasninkupis tatasninku jinallataq, sumaq runa kananku tiyan, tatasninkuta tukuy sunqu allinta qhawananku tiyan, wañupuqtinkupis mana ni jayk'aq qunqanankuchu.

Tatas chay tukuyta ruwanku, wawasninkuta munakuspa. Chayrayku, wawasqa sapa wata, chunka jisq'uniyuq p'unchaypi, marzo killa nisqapi, tatasninchista yuyarinanchis, imaraykuchus chay p'unchayqa Bolivia llaqtanchiqpi, tukuy "Tataspa Jatun P'unchaynin".

Chayrayku wawasqa, tatasninchista munakuspa, sumaqta qhawana. Jatun p'unchaynin chayamuqtinri, chay p'unchayqa mana phiñachinachu, mana imanchis qunapaq kaqtinpis, t'ikitasllawanpis qhalliykurispa, mat'i uqllaykuspa niy: "Munasqa tatáy, qanpa jatun p'unchayniyki", nispa, uqllaykurispa much'aykuy.

BIBLIOGRAFÍA

Albo, Xavier. 1974. Los mil rostros del quechua. Lima: L.E. P.
Alegría, Ciro. 1941. El mundo es ancho y ajeno.
Arguedas, José María. 1966. Hombres y dioses de Huarochiri.
Baudin, Louis. 1940. El Imperio socialista de los Incas. Tercera Edición, Santiago de Chile.
Barreda Murillo, Luis. Las culturas inka y preinca.
Betanzos, Juan de. 1987. Suma y narración de los Incas. Madrid: Ediciones Atlas.
Busto, José Antonio del. Los caidos en Vicaconga.
Carrasco, Pedro, Guillermo Céspedes. Historia de la América Latina. América Indígena.
Castro Rojas, Victoria, Virginia Varela Guardia, Leonor Adán Alfaro, Claudio Mercado **Muñoz** y Mauricio **Uribe Rodriguez**. Ceremonias de tierra y agua. Ritos Milenarios Andinos. FONDART, Ministerio de Educación y Fundación Andes.
Chang-Rodriguez, Raquel. Interpretación de la conquista del Perú. City University of New York.
Comisión de la verdad y reconciliación. Un pasado de violencia, un futuro de paz. 20 años de violencia 1980-2000. Qayna nak'ariyninchik, paqarintaq hawkalla kawsakuyninchik. Iskay chunka wata sipinakuy. 1980 watamanta 2000 watakama.
Conde, Ramón. Derechos Humanos en los Pueblos Indígenas (Tierras Altas). Informe de consultoría Defensor del Pueblo. La Paz, Bolivia. 2003.
De la Vega, Garcilaso, 1609. De la geometría, geografía, aritmética y música. Libro II. Capítulo XXVI.
De las Casas, Fray Bartolomé. 1564. Tratado de las doce dudas.
De Rupertis, Victor, 1937. Teoría completa de la música, Buenos Aires: Ed. Ricordi.
Durán, José. La transformación social del conquistador. Escritores de Lima, editorial nuevos rumbos. Segunda edición 1958.
Flores Ochoa, Jorge A. 1966. El reino Lupaqa y el actual control de la ecología.
Fox Luckeit, Lucía. Dicotomías culturales en José María Arguedas. Michigan State University.
Gago, Luis Carlos. 1997. Diccionario Harvard de la Música. Madrid: Alianza Editora S.A.
Garcilaso de la Vega, Inca. 1754. Comentario Reales de los Incas. Lima: Biblioteca Peruana. Editorial Andina.
Godenzzi, Juan Carlos. 1992. Editor y compilador. El quechua en debate. Ideología, normalización y enseñanza. Centro de estudios regionales andinos. "Bartolomé de las casas" Cusco.

Guaman Puma de Ayala, Felipe. 1615. Nueva corónica y buen gobierno. París: Institut d'Ethnologie 1936.
Jimenez Coa, Marco E. 1994. Historia General de Espinar del origen a 1917. Los K'anas y la historia. Cusco.
Kauffmann Doig, Federico. 1963. Los Incas y el Tawantinsuyu.
Kauffmann Doig, Federico. Los dioses andinos.
Kauffmann, Federico. 1963. Felipe Guaman Puma de Ayala. Lima, Perú.
Lira, Jorge A. Diccionario kkechuwa-Español. 2a. Edición. Bogotá, D.E. Colombia 1982.
López de Gómora, Francisco. Historia general de las Indias. Madrid 1852.
Mariátegui, Carlos. Siete ensayos sobre la realidad peruana.
Matto de Turner, Clorinda. Aves sin nidos.
Mayer, Enrique. 1970. Un carnero por un saco de papa. Trueque en Chawpiwaranqa.
Millones, Luis. Historia y poder en los Andes Centrales.
Morató Peña, Luis y Luis Morató Lara. Quechua Boliviano Trilingüe. Curso Avanzado. Quechua / English / Castellano.
Morote Best, Efraín. 1958. Mito de Inkarrí recogida en Q'eru.
Murra, John V. Organización económica del Estado Inca.
Murra, John V. 1972. El control vertical de un máximo de pisos ecológicos en la economía de las naciones andinas. Universidad Hermilio Valdizan, Huanuco-Perú.
Pachakuti Yamki Salqamaywa, Juan de Santa Cruz. 1613. Relación de antiguedades deste el reino del Perú.
Pardo, Luis A. 1969. La guerra de los Quechuas con los Chancas. Edición ilustrada. Lima.
Pease G.Y. Franklin. Causas religiosas de la guerra entre el Cusco y Quito.
Pease, Franklin. 1972. Curacas, Reciprocidad y Riqueza.
Pease, Frankin G. Y. 1964. Waskar. Biblioteca Hombres del Perú.
Pease, Franklin. 1991. Los últimos Inkas del Cusco. Alianza Editorial, S. A.
Pineda, Josefath Roel. 1947. Creencias y prácticas religiosas en la provincia de Chumbivilcas: Inka, Awki, Pachamama.
Platt, Tristan. 1971. El yanantin entre los pobladores del norte de Potosí.
Porras Barrenechea, Raúl. 1973. Mito, tradición e historia del Perú. Ediciones Retablo de Papel. Lima.

Prieto, René. Miguel Angel Asturias y Enfoque sobre José María Arguedas. Southern Methodist University.
Purizaga, Medardo. 1.964. Huascar. Biblioteca Hombres del Perú.
Ramirez Velarde, María. 1970. Visita a Pocona [1571]. Historia y Cultura.
Ratto, Luis Alberto. 1964. Inka Garcilaso de la Vega. Lima, Perú.
Recurso Electrónico: <http:#www.arqueologiadelperu.com.ar/caral.htm> [En línea: octubre de 2010].
Rosales Aguirre, Jorge. 1.964. José Gabriel. Tupac Amaru. Lima, Perú.
Rostworowski de Diez Canseco, María. 1988. Historia del Tawantinsuyu, IEP, Serie Historia Andina, 13, Lima.
San José Tupac Inca, Fray Calixto de. 1750. Procurador de los indios y la "Exclamación Reivindicacionista".
Solá, Donald. Dialectalismo quechua y la Educación Bilingüe en el Perú.
Tamayo, Franz. 1975. Creación de la Pedagogía Nacional. Biblioteca del Sesquicentenario de la República. Tercera edición. La Paz, Bolivia.
Thoa. 1986. Mujer y Resistencia Comunaria. Historia y Memoria. Edición Hisbol. La Paz, Bolivia.
Torero, Alfredo. 1974. El quechua y la historia social andina, Universidad Ricardo Palma. Lima. "El reto del multilingüismo".
Valcarcel, Luis E. 1959. Etnohistoria del Perú antiguo. Lima.
Valderrama, Ricardo y Carmen Escalante. 1977. Gregorio Condori Mamani. Autobiografía, Centro "Bartolomé de las Casas", Cuzco.
Yupanki, Titu Kusi. 1570. Relación de la conquista del Perú.

OBRAS SOBRE EL QUECHUA O RUNASIMI

Autor: Luis Morató Peña

Quechua Boliviano Binlingüe. Curso Elemental. Quehua / Castellano. Tercera Edición. Editorial "Los Amig;os del Libro". Cochabamba, Bolivia.
Quechua Boliviano Trilingüe. Curso Intermedio. Intermediate Level. Qheshwa / English / Castellano. Editorial "Los Amigos del Libro". Cochabamba, Bolivia.
Quechua Boliviano Trilingüe. Curso Avanzado. Advanced Level. Qheshwa / English / Castellano. Editorial "Los Amigos del Libro". Cochabamba, Bolivia.
Diccionario Quechua Boliviano Trilingüe: Qheshwa / English / Castellano. Ministerio de Educación y Cultura. La Paz, Bolivia.
Guía Médica Trilingüe: Qheshwa / English / Castellano. Editorial "Los Amigos del Libro". Cochabamba, Bolivia.
Mama Frorencia. **Texto documental** sobre el periodo anterior, durante y posterior a la Reforma Agraria en Bolivia. Trilingüe: Qheshwa / English / Castellano. Edited by Summer Institute of Linguistics. Dallas, Texas.
Quechua Qosqo-Qollaw. Primer Nivel. Basic Level. Trilingüe: Quechua / English / Español. The Latin American Studies Program. Cornell University. Ithaca. New York.
Quechua Qosqo-Qollaw. Curso Intermedio. Intermediate Level. Trilingüe: Qheshwa / English / Español. Latin American Studies Program. Cornell University. Ithaca, New York.
Lecciones de quechua. Primer nivel. Bilingüe: Qheshwa / Castellano. Instituto de Idiomas Padres de Maryknoll. Cochabamba, Bolivia.
Lecciones de quechua. Segundo nivel. Bilingüe; Qheshwa / Castellano. Instituto de Idiomas Padres de Maryknoll. Cochabamba, Bolivia.
Lecciones de quechua. Tercer Nivel. Bilingüe. Qheshwa / Castellano. Instituto de Idiomas Padres de Maryknoll. Cochabamba, Bolivia.
Waqay Waqayllaypuni. Llora y sigue llorando. Narración. Ministerio de Educación y Cultura. La Paz, Bolivia.
Atoq Antuñu. El zorro Antonio. Cuento tradicional. Ministerio de Educación y Cultura. La Paz, Bolivia.

Kumpa Quwiwan Kumpa Atoqwan. El compadre Conejo con el Zorro. Cuentos populares. Ministerio de Educación y Cultura. La Paz, Bolivia.

Ajina Llaqtancheq. Bilingüe: Qheshwa / Castellano. Estudios Sociales. Ministerio de Educación y Cultura. La Paz, Bolivia.

Qallarisunchij. Vamos a empezar a estudiar. Texto escolar. Ministerio de Educación y Cultura. La Paz, Bolivia.

Satuku. Texto de enseñanza. Primera, segunda y tercera sección. Ministerio de Educación y Cultura. La Paz, Bolivia.

Breve diccionario. Bilingüe: Quechua / Castellano. Ministerio de Educación y Cultura. La Paz, Bolivia.

Los Inkas. Hijos del Sol en la Penumbra. Historia de los Inkas y descendientes.

Diccionario Quichua Interdialectal Trilingue: Qhishwa / English / Español.

www.ingramcontent.com/pod-product-compliance
Lightning Source LLC
Chambersburg PA
CBHW040903020526
44114CB00037B/44